劉玉才 主編

十三經注疏校勘記

北京大學出版社
PEKING UNIVERSITY PRESS

春秋公羊傳注疏校勘記

〔清〕阮元　總纂
臧庸　分校
唐田恬　整理

目録

整理説明

一、公羊傳的研究及主要版本

公羊傳是解釋春秋義理與體例的重要著作，歷經公羊氏五世口耳遞傳，至漢代胡毋生（字子都）始書於竹帛。東漢時，胡毋子都四傳弟子何休作春秋公羊傳解詁。唐人徐彦（一説北魏徐遵明）爲之作疏。這就是現今通行的十三經注疏中的公羊傳注疏。

公羊傳注重闡釋春秋的微言大義，公羊學家試圖通過解析春秋經的文字來闡發孔子的政治主張，解決現實生活中存在的問題。因此，公羊傳的研究往往帶有强烈的主觀性與鮮明的政治色彩。獨特的治學理路導致公羊傳在經學史上一直存在争議，其地位也幾經起落。漢代是公羊傳研究的全盛時期。漢世傳春秋者，只有公羊傳一直立於學官，不曾動摇。至東漢靈帝時，何休作解詁，爲兩漢公羊學集大成之作。魏晉以後，公羊傳的研究逐漸蕭條。至唐時，孔穎達修五經正義，並未包括公羊傳。雖然公羊傳仍列入九經之中，並産生了新的疏解——徐彦疏，但其整體研究已隨着今文經學的没落而日益消沉。自宋至明，公羊學更加趨於沉寂。雖然間有學者著書傳世，但始終缺乏影響巨大的研究成果。清代是公羊傳研究的復興時期。乾隆年間，學者莊存與治公羊，宣揚大一統的理論。其門生孔廣森著公羊通義，以考據方法來解釋公羊傳。莊存與外孫劉逢祿著有公羊何氏解詁箋、春秋公羊何氏釋例等系列著作，對後來的龔自珍、魏源等學者産生了較大影響。道咸以後，進步知識分子借助公羊學宣傳經世致用、托古改制的思想，推進了儒學的近代化，使公羊傳的研究産生了創造性的發展。

東漢靈帝熹平年間，蔡邕奏請刊刻石經，立於太學，是爲熹平石經，所刻七部經典中即包括公羊傳。這大概是公羊傳最早的官方勘定頒佈工作。唐開成二年（八三七），鄭覃等人在國子監刻成石經十二种，涵蓋了今日十三經中除孟子外的全部經典，成爲後世刻本經書經文的源頭。公羊傳的雕版刊刻始于五代。後唐長興三年（九三二）至後周廣順三年（九五三）年間，國子監以唐石經爲經文底本，合以注文，刊刻九經（實際經數與唐石經同），是爲經書雕版印本之始。北宋監本翻刻此五代監本，南宋監本又爲翻刻北宋監本而成。因此，五代九經乃是官刻經注本之祖本。此後，經書刊刻在宋代得到進一步發展。除了延續刻本時代之前就已經出現的經注本、白文本、單疏本之外，南宋初年，又將經注與疏文合刻，形成注疏本。爲了進一步適應學人需求，南宋中期開始，建安一帶的書坊又推出了一種附入經典釋文的注疏本。這種版本第一次將經文、注文、疏文和釋文合成一書，使用方便，遂成爲元明清歷朝經書刊刻的主流版本形式。明清以來，公羊傳的刻本益夥，除了十三經合刊外，還有不少單刻本或與其他春秋二傳叢刻的版本傳世。

公羊傳的存世版本衆多，兹依據經注的組合方式列舉數种，以供讀者參考。

單經本（白文本）：唐石經，殘石現存於西安碑林，民國十五年（一九二六），皕忍堂依拓本影模刻板，成景刊唐開成石經。宋刻公羊春秋不分卷，今藏國家圖書館。明刻春秋公羊傳十二卷，吴勉學刻，今藏國家圖書館。

經注本：宋刻春秋公羊經傳解詁十二卷釋文一卷，淳熙年間撫州公使庫刻紹熙四年（一一九三）本重修本，今藏國家圖書館。

經注附釋文本：春秋公羊經傳解詁十二卷，紹熙二年余仁仲萬卷堂刻本，今藏國家圖書館。

單疏本：宋刻元修春秋公羊疏三十卷，今存七卷，今藏國家圖書館。

注疏本：元刻明修監本附音公羊春秋注疏二十八卷，今藏國家圖書館。明刻春秋公羊注疏二十八卷，嘉靖年間李元陽刻十三經注疏本，今藏國家圖書館。明刻春秋公羊注疏二十八卷，萬曆年間北京國子監刻十三經注疏本，今藏國家圖書館。明刻春秋公羊注疏二十八卷，崇禎年間毛氏汲古閣刻十三經注疏本，今藏國家圖書館。清刻春秋公羊注疏二十八卷，乾隆年間武英殿刻十三經注疏本，今藏國家圖書館。清刻監本附音春秋公羊注疏二十八卷，嘉慶年間阮元刻十三經注疏本，今藏國家圖書館。

二、公羊傳注疏校勘記的承担者及其工作情況

公羊傳注疏校勘記由臧庸擔任分校。臧庸（一七六七—一八一一），武進（今屬江

蘇常州）人，清代考據學家。盧文弨主常州書院時，往受經學。後入阮元幕，襄助其撰修經籍纂詁、十三經注疏校勘記等，並與段玉裁等著名學者多有學術探討。臧庸治學嚴謹，著述頗豐，今有拜經日記、拜經堂文集等書存世。

公羊傳注疏校勘記依唐石經後改之分卷，注疏分十一卷，校記 2837 條，其中卷一 331 條，卷二 224 條，卷三 361 條，卷四 295 條，卷五 191 條，卷六 233 條，卷七 193 條，卷八 242 條，卷九 324 條，卷十 246 條，卷十一 197 條。另有釋文校勘記一卷 169 條。

校勘記的主要工作是羅列各本異文，並加以判斷，即校勘記序中所稱「屬武進監生臧庸臚其同異之字，臣爲訂其是非」❶。但實際上，公羊傳注疏校勘記不是簡單地經過初校和總校兩道工序便寫定刊板，參與者也並非只有臧庸和阮元二人。除了前人已經考證出有段玉裁的參與之外，❷其中恐怕還有嚴杰等人的審定和修正工作。如：

01－264　君不行使乎大夫此其行使乎大夫何　盧文弨曰：唐石經及各本皆無上「行」字。嚴杰曰：下節疏及閔二年疏引皆有上「行」字。

03－046　春秋説　嚴杰云：按穀梁疏此乃感精符文也，故知解中凡言春秋説，皆春秋緯書。作解者用漢人之法，不出書名耳。

09－177　宋樂世心　毛本「世」作「大」。鄂本不誤。公羊作「世心」，左氏作「大心」，廿五年釋文可證。嚴杰説。

由上述文例可以看到，嚴杰的意見或列在初校所羅列的各本異文之後，或有初校時並未出校記的情況；其觀點或與初校意見相反，或是對初校意見的進一步説明。而公羊傳校勘記中再沒有寫入其他初校學者的意見，因此，嚴杰的意見是由臧庸所引用的可能性不大。應該是在臧庸完成初校後，嚴杰進行統稿工作時，將個人的觀點補充進來的。

調查十三經注疏校勘記可以發現，除了公羊傳校勘記之外，在大部分校勘記中都留有嚴杰的意見。如：

穀梁傳注疏校勘記07—106「捝殺也」條：石經、閩、監、毛本同。嚴杰云：石經初刻「捝」作「梲」，後改從手，非也。捝殺，謂以杖殺之。後漢書禰衡傳「手持三尺梲杖」是也。

論語注疏校勘記10—095「炙炮夥清酤多」條：十行本、閩本「夥清酤」三字實闕。○嚴杰案，西京賦「夥」作「𢼌」，讀如支。

尚書釋文校勘記01—143「勠史記音力消反」條：○勠，十行、毛本俱作「戮」。消，葉本作「洛」字。按，説文云「勠，并力也」，與殺戮字有别。嚴杰云：集韻三「蕭」有「勠」字，亦訓并力也。葉抄作「力洛反」，非是。

在十三种校勘記中，除卻嚴杰自身負責的左傳、孝經之外，另有九种都留有嚴杰的校勘痕跡；而且在一些經書的釋文校勘記中也有署名嚴杰的結論。這是在其他初校學者身上都未發生的現象。可以推斷，嚴杰在校勘記的初校完成後，進行了一定的後續工作，因此，他的意見才會散見於大部分校勘記之中。

三、公羊傳注疏校勘記利用的經書版本

公羊傳注疏校勘記以監本附音春秋公羊注疏爲底本。關於此本的斷代，阮元在宋本十三經注疏併經典釋文校勘記凡例中稱公羊傳等十經「以宋板十行本爲據」。而引據各本目録中論述此本則没有詳細的年代説明，只是叙述其形制爲：「款式同周禮注疏。補刊修版至明正德止。」❸在江西校刻宋本十三經注疏書後（即重刻宋本注疏總目録）中則稱：「元家所藏十行宋本有十一經……元舊作十三經注疏校勘記，雖不專主十行本、單疏本，而大端實在此二本。」❹可見阮元將公羊傳校勘記依據的底本定爲宋刻本。又因其每半葉十行，不同於明閩、監、毛等注疏本的半葉九行，因又稱其爲「十行本」。

由於校勘記以及隨後阮元在江西重刻之十三經注疏影響巨大，「十行本」爲宋刻的觀點得到了清代不少學者的認同。如清瞿鏞（實爲季錫疇、王振聲撰）鐵琴銅劍樓藏書目録對阮元公羊傳校勘記進行了較爲詳細的補校工作，然其著録時亦稱此本爲宋刊本。

然而，自清以降，也有不少學者發出質疑的聲音，如清校勘學家顧廣圻、民國學者傅增湘等人，根據自身的校勘實踐，都認爲阮本並非宋本。除了中國學者外，日本學者長澤規矩也、阿部隆一等人，通過詳細考證，認爲含有正德補刊的十行本不是宋本，

而是元刻明修本。現在，十行本有宋本與元本之別，已經成爲了多數學者的共識。汪紹楹在阮元重刻宋本十三經注疏考、[5]張麗娟在宋代經書注疏刊刻研究中，[6]將十行本的演變歷史概括爲：十行本最早出自南宋建陽坊間注疏附音本，元代以宋刻附音本爲據加以翻刻，至明正德間遞有修補刷印。宋十行本與元十行本在外在版式、文字内容等方面都有一定差異，阮元所據的含有正德補刊葉的十行本當是元刻明修本。

除了對底本的斷代産生了誤判之外，公羊傳校勘記所參校的版本也相對簡單，僅包括單經本、經注本、注疏本三種類型的版本。其中，單經本只有唐石經一種，經注本只有經典釋文一卷，並不包含經注部分。注疏本除卻作爲底本的二十八卷監本公羊傳注疏之外，有清人校本一種惠棟校公羊二十八卷，以及明閩、監、毛本三種。此外，校勘記還吸收了清人浦鏜十三經正誤的校勘成果，故將其列於「注疏本」類的最末。

在這三類八種參校版本中，浦鏜的公羊傳正誤在性質上更應該算是一種參考著作，而不屬於校本範疇。實際上只有七种參校本。由於有獨立的釋文校勘記，因此在注疏部分的校勘記中，較少使用經注本的釋文來回校本文。唐石經因屢經改補，各拓本之間文字多有差異，阮元在儀禮石經校勘記序中稱：「唐開成石經所校未盡精審，且多朱梁補刻及明人補字之訛。」[7]可見其雖爲雕版經書之經文之祖，但實際上的校勘價值有限。明代三種注疏本流傳甚廣，尤以毛本最爲讀書人所常見。然而「閩、監二本錯字略少，脱簡特多。……（毛本）魯魚亥豕之訛，觸處皆是，棼不可理。近日坊間又將毛本重刊，則譌字又倍之」。[8]（宋本十三經注疏併經典釋文校勘記凡例）校勘記除了校訂底本文字之外，還有一個重要内容就是以宋本訂正閩、監、毛三本之失。因此，三個明刻本作爲參校本的意義不大，相反卻成爲了校改的對象。這樣來説，公羊傳校勘記實際上的校本範圍較其他校勘記而言相對狹窄，導致了校勘的質量不能盡如人意。鐵琴銅劍樓藏書目録即批評公羊傳校勘記：「阮氏挍勘此經，最多疏舛。」[9]

綜合看來，參校本中似乎只有惠棟校本發揮了較大作用。日本學者高橋智有論惠棟挍本春秋公羊傳注疏，[10]依據引據各本目録中惠校本下注文，對惠校本的意義論之甚詳。

惠棟校本來源於清人何煌校本。何煌，字心友，一字仲友，號小山，嘗自署何仲子，爲何焯弟。何煌熱衷於收藏校勘文獻，民國崇明縣志稱其「喜收舊籍，遇宋槧即一二殘帙亦購藏之。校書甚富，若前、後漢書、説文、通典尤精審」。[11]康熙五十六年（一七一七），何煌綜合儒學教官李秉成的宋槧官本，以及張進（字翼庭）、倪穎仲的校勘意見，又參考宋蜀大字本、元版注疏本（一説此二本爲惠棟所增校，見葉德輝郎園讀書志卷二）等本，[12]書於毛本上，形成了何校本。

乾隆十八年（一七五四），惠棟以通政使曹寅所藏宋本公羊合以何校諸本，又重校一本書於毛本之上。惠校本最早由惠棟門生朱邦衡臨校，後又有臧庸、段玉裁、江沅等名家遞相臨録。阮元修校勘記時，使用了惠校本，但無法確定其所用爲惠棟原本還是過録本。

惠校本與何校本使用的宋本多爲質量較高的宋本，如李秉成所購宋槧官本即是南宋鄂州官學藏本（當爲南宋國子監本置於各郡府學者），曹寅所藏公羊實際上就是撫州公使庫經注本，蜀大字本即爲南宋蜀刻單經注大字本。這些都是校勘記未能搜求到的，借由何、惠校本，校勘記在版本校勘上得到了很大的補充。

但是，結合今日存世之公羊傳版本來看，校勘記仍遺漏了不少較爲重要的版本。

如在版本類型上，缺少與經注别行的單疏本。單疏本即兩宋國子監所刻單行正義。清代藏書家錢謙益絳云樓書目曾著録「公羊注疏，疏三十卷」，然此單疏本隨絳云樓大火化爲灰燼。清内閣藏有南宋國子監所刻單疏本殘本，然此本在清時未爲外界所知。因此，無論是何煌、惠棟還是阮元，都未能利用單疏本公羊傳作爲參校本。

又如在經注本中，除了一卷經典釋文外，阮元再未利用其他版本，尤其是缺漏了南宋建安余仁仲萬卷堂所刻的附釋音經注本。葉德輝在郋園讀書志中稱：「嘉慶二十一年，阮文達刻十三經注疏於南昌府學，撰公羊校勘記。引據單經、注疏各本，僅載惠校何本，餘皆閩、監、毛刻諸本。當時余仁仲本在同鄉友人家，不知何以未暇借校，且校勘序中亦未語及，皆事理之不可解者。」⑬

但實際上公羊傳注疏校勘記中有六處校記提到了余本。如：

01—064　元年者何　宋余仁仲本同。閩本、監本、毛本上增「傳」字，非。通書並同。

04—135　久也　余本脱一頁，此「久也」之「也」字起至「曷爲先言六而後言鷁」「後」字止。

11—117　諸侯伐主治　閩、監、毛本同，誤也。鄂本作「諸侯代王治」，余本「伐」亦作「代」，當據正。

鐵琴銅劍樓藏書目録亦注意到這種情況，在著録所藏余本公羊傳時質疑公羊傳注疏校勘記稱：「觀記中別載數條，并言有闕葉兩處，此本不闕，似獲見此本，不知何以未經備録。且引據各本目録中亦不載及，殊不可解。」⑭

根據臧庸所負責的三種校勘記來看，上述情況極有可能是其在引用前人校本時，直接過録而不標出處造成的結果。日本學者関口順在十三經注疏校勘記略説一文中即稱：「臧庸的校語則多用前人校本，不見於引據各本目録的文本突然出現於校語中令人感到困惑。」⑮就公羊傳一經校勘記來看，多處出現「鄂本」、「元本」、「蜀大字本」等版本信息，皆未標記出於惠校何本，可見臧庸撰校勘記時多有暗用他人之書而隱没其名之舉。

而根據葉德輝讀書志來看，惠校何本「書中引校本今惟余仁仲本，道光中汪中問禮堂仿刻，宋刻原本猶藏常熟瞿氏。餘則散亡久矣」。⑯

可見，雖然引據各本目録中並未提及惠校、何校使用過余仁仲本，但實際上二者或曾得見余本，或是朱邦衡、段玉裁、江沅等人在臨録時加以增補。而公羊傳校勘記則直接使用前人校語卻不標舉其姓名。

四、公羊傳注疏校勘記的版本系統

阮刻十三經注疏校勘記的流傳版本不少，然而歸結起來，可以視爲文選樓本和江西南昌府學刻本兩大版本系統。其中，南昌府學所刻十三經注疏各卷末後附的校勘記業經盧宣旬等人節録，並非全貌。下面對這兩個版本的差異作以簡單的介紹。

在卷次分合上，文選樓本公羊傳注疏校勘記十一卷，釋文校勘記一卷；而南昌府學本公羊傳注疏校勘記附于各卷經注正文後，分裂成二十八卷，並完全删去了釋文校勘記。這種分卷上的不同，並非是源於兩次刊刻的底本不同，而是因爲文選樓本遵循唐石經的分卷方法，而南昌府學本則遵照底本「十行本」的面貌進行刊刻。

除了卷次分合的不同，南昌府學本公羊傳注疏校勘記在文字上也對阮元的校勘記原本做了很大改動，具體説來，主要分爲删削、增補、改易三種情況。

南昌府學本公羊傳注疏校勘記共删去原校勘記條目 663 條。其中，卷一 64 條，卷二 55 條，卷三 98 條，卷四 62 條，卷五 49 條，卷六 56 條，卷七 45 條，卷八 64 條，卷九 41 條，卷十 66 條，卷十一 63 條。

江西南昌府學本删削的條目，主要是保留其他版本異文或糾正他本文字訛誤的條目。雖然這種作法似乎使公羊傳注疏校勘記更加簡潔，卻不符合阮元編寫校勘記的本意。俞樾春在堂雜文四編六稱阮元十三經注疏校勘記：「羅列諸家異同，使人讀一本如遍讀各本。」可見，阮氏校勘記並非僅爲校勘底本訛誤而作。校勘記最初的修俗本的内容。

纂目的,是爲了勘正當時通行的經書,尤其是毛本的舛錯,因此才會有大量校勘通行俗本的内容。

但是,南昌府學本的删削並非完全是全無道理的。南昌府學本完整刊刻了各經注疏文字,校勘記只是注疏的附庸,與單行的校勘記功能不同。由於已經有了經書文本,在校勘記中繼續記録大量他本的錯誤和異文變得毫無意義,只會增加閱讀的負擔。同時,文選樓本校勘記中有大量重復的校記,校勘者反復辨析某些散見於各卷中的常用字,使校勘記産生了不必要的冗雜。南昌本在經書正文中統一字形後,删去了一部分贅餘的校記。

南昌府學本還增補了一些新條目,共計21條,其中卷一4條,卷二1條,卷三3條,卷四2條,卷六1條,卷八4條,卷九3條,卷十2條,卷十一1條。這些條目主要是補校閩、監、毛本的異文或正字。

除了對條目進行删削增補,南昌府學本對文選樓本公羊傳注疏校勘記的具體内容也進行了改動。從内容上説,有對出文進行改動的情況和對按語進行改動的情況。大部分改動並非是校勘意見上的分歧,而只是改變表述方法。另有一些是手民誤植造成的,這也是後來學者批評南昌本的主要原因。

南昌府學本十三經注疏首次將校勘記與經注文字合刻,本意是爲學界提供一種文字可靠、校勘精良的善本。然而因爲時間緊迫,計日程功,加之阮元調任後,校勘人員不如初時用心,使得南昌府學本校勘記未能完全忠實于阮元十三經注疏校勘記的原貌,而其所做出的改動又有失當之處,因此遭到了學者們的批評。

阮元長子阮福在爲阮元江西校刻宋本十三經注疏書後所作的案語中稱：「此書尚未刻校完竣，家大人即奉命移撫河南，校書之人不能如家大人在江西時細心，其中錯字甚多，有監本、毛本不錯而今反錯者，要在善讀書人，參觀而得益矣。校勘記去取亦不盡善，故家大人頗不以此刻本爲善也。」[17]可見阮元本人對南昌府學本的質量也不甚滿意。清人陳康祺亦稱：「校勘記雖梓于江右，實成於吾浙。蓋公撫浙時，出舊藏宋版十行本十一經及儀禮、爾雅單疏本爲主，更羅致他善本，屬詁經精舍高才生分撰成書。……惜南昌刊版時，原校諸君大半星散，公亦移節河南。刊者意在速成，遂不免小有舛誤云。」[18]清末版本學家葉德輝更稱：「文達一代碩儒，校刻未遂其志，豈非諸經之不幸哉！自今以往，欲求如當日之薈萃諸善本從事校勘，益無後望矣。」[19]

但是，也有學者認爲南昌本對文選樓本的增補和改動是值得肯定的：「盧宣旬等人固然將文選樓本删去多條，但對所增卻不敢輕下妄言。他們對文選樓本或作補充證明，或改換表述方式。補與改的校勘記置於注疏原文考察，亦多可信。嚴杰指責盧宣旬等將阮校『原文顛倒其是非』，或許有點過甚其詞。」[20]

根據江西南昌府學本公羊傳注疏校勘記與文選樓本的比對來看，筆者認爲，改動確實較大，又主要是删削阮氏校勘記的條目，這部分改動可能是因校勘理念和學術見地的差異所形成的。南昌府學本增加的條目在改動條目的比例中所占很少，並且增補的校勘意見比較平和，沒有太大的建樹，亦無明顯的過失。文字上的改動，多半爲糾正阮氏校勘記的錯誤之處，或是在不影響原校記的校勘意見的基礎上，對表達方式略作調整。南昌府學本校勘記雖然存在文字訛誤，但是僅就公羊傳注疏校勘記一種來看，只是小有舛誤，不宜責之過苛。

五、結語

公羊傳注疏校勘記是清代公羊傳注疏校勘研究的重要著作。我們不能否認，校勘記本身存在着一些問題，除了校勘内容的錯誤之外，還有版本斷代的失誤，參校版本的狹窄等。後續也有不少學者對此書進行了修正補改。但是，校勘記仍然是經學史上一部不能繞開的重要著作，它是我們研究公羊傳注疏的重要參考資料，是我們考察清代公羊傳存世文本的重要依據；同時，校勘記的編修體例、工作方法、校勘理念對今日我們構建新的善本和經典的校勘活動提供了很好的參考標準，具有極强的示範意義。筆者在這裏對公羊傳注疏校勘記的特點和價值加以蜻蜓點水的紹介，希望能夠抛磚引玉，引起方家同好對此書的關注，從而推動該書更深更廣的研究。

筆者負責公羊傳注疏校勘記的整理工作，對本書的整理主要包括：對校勘記每卷下的校記進行逐條標號，加標新式標點，比對文選樓本和江西南昌府學本的差異並撰寫校記等。具體整理方法一仍叢書凡例，兹不再一一贅述。

唐田恬

❶ 續修四庫全書影印文選樓本公羊傳注疏校勘記，册一八三，上海古籍出版社，一九九五年，頁四六。

❷ 参见刘盼遂編段玉裁先生年譜，清華學報第七卷第二期，一九三二年六月，頁一至五二。

❸ 續修四庫全書影印文選樓本公羊傳注疏校勘記，册一八三，上海古籍出版社，一九九五年，頁四七。

❹ 清阮元撰，鄧經元點校揅經室集，中華書局，一九九三年，頁六二〇。

❺ 文史第三輯，中華書局，一九六三年。

❻ 北京大學出版社，二〇一三年。

❼ 清阮元撰，鄧經元點校揅經室集，中華書局，一九九三年，頁四一。

❽ 清阮元宋本十三經注疏併經典釋文校勘記凡例，續修四庫全書影印文選樓本十三經注疏校勘記，册一八〇，上海古籍出版社，一九九五年，頁二八六。

❾ 鐵琴銅劍樓藏書目録卷五，咸豐瞿氏家塾本，葉二八。

❿ 中國經學第三輯，廣西師範大學出版社，二〇〇八年。

⓫ 中國地方志集成上海府縣志輯，册一〇，上海書店、巴蜀書社、江蘇古籍出版社，一九九一年，頁七一七。

⓬ 見葉德輝郋園讀書志卷二，葉啓倬郋園先生全書輯本，一九三五年。

⓭ 葉德輝郋園讀書志卷一，葉啓倬郋園先生全書輯本，一九三五年，葉二。

⓮ 鐵琴銅劍樓藏書目録卷五，咸豐瞿氏家塾本，葉一九。

⓯ 經典與校勘論叢，北京大學出版社，二〇一五年，頁二三一。

⓰ 葉德輝郋園讀書志卷一，葉啓倬郋園先生全書輯本，一九三五年，葉二。

⓱ 清阮元撰，鄧經元點校揅經室集，中華書局，一九九三年，頁六二一。

⓲ 清陳康祺郎潛紀聞卷九，光緒刻本。

⓳ 清葉德輝書林清話卷九國朝阮元刻十三經注疏本之優劣。

⓴ 錢宗武、陳樹論阮元十三經注疏校勘記兩個版本系統，揚州大學學報（人文社會科學版）二〇〇七年一月第一一卷第一期，頁二八。

春秋公羊傳注疏校勘記序

漢武帝好公羊，治其學者胡毋子都、董膠西爲最著。膠西下帷講誦，著書十餘萬言，皆明經術之意，至於今傳焉。子都爲景帝時博士，後年老歸教於齊。齊之言春秋者，莫不宗事之。公羊之著竹帛自子都始。戴宏序偁子夏傳與公羊高，高傳其子平，平傳其子地，地傳其子敢，敢傳其子壽，壽與弟子胡毋子都，著於竹帛是也。何休爲膠西四傳弟子，本子都條例以作注，著公羊墨守、公羊文謚例、公羊傳條例，尤邃於陰陽五行之學，多以讖緯釋傳。惟黜周王魯，傳無明文，晉王接以爲乖硋大體，非過毀也。❶公羊傳文初不與經相連綴，漢志各自爲卷。孔穎達詩正義云「漢世爲傳訓者，皆與經別行」，故蔡邕石經公羊殘碑無經，解詁亦但釋傳也。分經附傳大氏漢後人爲之，而唐開成始取而刻石。徐彥疏，唐志不載，崇文揔目始著録，亦無撰人名氏。宋董逌云：「世傳徐彥所作，其時代、里居不可得而詳矣。」光禄寺卿王鳴盛云即北史之徐遵明，不爲無見也。葢其文章似六朝人，不似唐人所爲者。郡齋讀書志、書録解題竝作三十卷，世所傳本乃止二十八卷，其參差之由亦無可考也。臣舊有挍本，今更以何煌所校蜀大字本、宋鄂州官本及唐石經本、宋元以來各注疏本，屬武進監生臧庸臚其同異之字，臣爲訂其是非，成公羊注疏挍勘記十一卷，釋文挍勘記一卷。後之爲昰學者，俾得有所考焉。臣阮元恭記。

引據各本目録

單經本

唐石經春秋公羊十二卷原刻如此，後改爲十一卷。閔公第四下添注云「附莊公卷」，故僖公第五改卷四，文公第六改卷五，宣公第七改卷六，成公第八改卷七，襄公第九改卷八，昭公第十改卷九，定公第十一改卷十，哀第十二改十一。

經注本

經典釋文公羊音義一卷

注疏本

惠棟挍本春秋公羊傳注疏二十八卷何煌字仲友，云：「康熙丁酉，假同門李廣文秉成所買宋槧官本手挍，再令張翼庭、倪穎仲各挍一過。」惠棟云：「有曹通政寅所藏宋本公羊，合何氏所挍宋槧官本、蜀大字本及元版注疏，并參以石經，用朱墨別異。癸酉冬月識。」按，惠云朱墨別異者，今不能詳。大約鄂州官書經注本最爲精美。

監本附音春秋公羊注疏二十八卷款式同周禮注疏。補刊修版至明正德止。首載景德二年中書門下牒一首，蓋此牒出北宋經注本也，閩本注疏亦首載此牒。

閩本春秋公羊傳注疏二十八卷

監本春秋公羊傳注疏二十八卷

毛本春秋公羊傳注疏二十八卷

浦鏜春秋公羊傳注疏正誤四卷

校記

❶「多以」至「毀也」二十八字，南昌本作「間以緯說釋傳疏。不詳其所據，漢志有公羊外傳五十篇，徵引或出此也」。

春秋公羊傳注疏校勘記卷一

01—001 **中書門下牒**　此本及閩本、監本卷首皆載此牒文，係景德二年也，毛本始刪去。此牒文下兩「勑」字、「中書」字俱跳行頂格，閩、監本改牒文皆低一格，「牒」字跳行，亦低一格，兩「勑」字始頂格。

002 **監本附音春秋公羊註疏序**　何煌挍宋監本公羊下有「傳」字，是也，此脱。閩、監、毛本改此爲「春秋公羊傳註疏」七字。閩本於此行下署「漢何休學□□□□疏」，另行署「明御史李元陽提學僉事江以達校刊」，監本改署「皇明朝列大夫國子監祭酒曾朝節等奉勑重挍刊」，毛本但存「漢何休學」四字，其實亦不當有也。

003 **漢司空掾任城樊何休序**　唐石經同。釋文祇作「春秋公羊序」五字。何校本、閩本、監本、毛本此題及下序并傳皆低一格，惟春秋經文始頂格，通書並然，蓋後人以意爲之，非也，此本從唐石經，題、序、經傳皆頂格。「掾」字從手，釋文、唐石經、何校本並同；閩本、監本、毛本改從木旁，非，疏中同。

004 **巴漢之間地名也**　補刊本「地」字誤作「也」，原刻及閩本、監本、毛本不誤，此類皆不具著，有當著者始出之。

005 **二年八月**　諸本同，誤也。「二」當作「三」。

* **子嬰降〇年春正月**　補：毛本「〇」作「其」。

006 **六年正月乃稱皇帝**　漢書高皇紀：五年十二月斬羽，二月即皇帝位。此「六年正月」當本作「其年二月」，淺人未考秦以十月爲歲首，故蒙上「五年十二月」之文改此爲「六年正月」也。據上文云「冬十月爲漢元年，其年春正月，項羽尊楚懷王以爲義帝」，知疏文於此亦本作「其年」。

007 名休字邵公　閩、監、毛本同。補刊本「邵」作「卲」。○按，此字當作「卲」，从卩，高也，表德之字，無取於地名。

008 精研六經　毛本「研」誤「妍」。

009 述己作注之意　閩本同。監、毛本「注」作「註」，非，下並同。

010 予疇昔夜夢　補刊本「予」誤「子」，閩、監、毛本承之。

011 案孝經鉤命决云　閩、監、毛本「决」改「决」，是也。

012 所以春秋言志在孝經言行在　下當脱「者」字。

013 治世之要務也　唐石經、諸本同。疏云：「考諸舊本皆作『也』，若作『世』字，俗誤已行。」按，「也」作「世」則屬下讀，曰「世傳春秋者非一」，俗本是。

014 凡諸經藝　閩本同。監本、毛本「藝」改「義」，非。

015 謂三王以來也　何校本同。閩、監、毛本脱「也」。

016 正以孔子脩春秋　毛本「脩」改「修」，下並同。

017 故言此　閩、監、毛本下有「也」。

018 俗誤已行　何校本同。此本「行」字模餬，閩、監、毛本遂脱。

019 口授子夏　閩本同。監本「夏」誤「貢」。

020 治公羊者胡毋生　閩本同。監、毛本「毋」誤「母」。

021 安樂弟子陰豐劉向王彦　漢書儒林傳云「安樂授淮陽泠豐次君、淄川任公。公爲少府。豐，淄川太守」，六藝論之「陰豐」疑即漢書「泠豐」之誤。六藝論言劉向、王彥，漢書但言任公，蓋鄭君所聞不必與班氏合也。

022 得瑞門之命　閩、監、毛本作「端」，是也，此誤。

* 僖□言實與齊桓專封是也　補：「僖」下空闕一字。

023 邾婁叔術妻娗　閩、監、毛本「娗」作「嫂」。娗者，南朝俗字。

024 非倍半之倍也　舊鈔本同。閩、監、毛本「半」改「畔」，非。

025 其勢雖問不得不廣　唐石經、諸本同。疏云：「一説『其勢』維適畏人問難，故曰『維問』，『维』誤爲『雖』耳。」按，「維」當作「惟」，言其形勢惟問難者多，是以不得不廣爲之説也，故下云「是以講誦師言至於百萬」云云。

026 故曰維問　何校本「維」作「雖」，誤也。×

027 致地問難　鈔本同，誤也。閩、監、毛本「地」作「他」爲是。

028 時加釀嘲辭　諸本同。唐石經缺。按，釋文作「讓嘲」。讓，相責讓也，嘲，嘲笑也，言時加誚讓嘲笑之辭，作「釀」誤，當據正。

029 甚可閔笑者　唐石經同。閩、監、毛本「笑」改「笑」，非。

030 笑其謬通也　何校本同，蓋誤。閩、監、毛本作「謬妄」。

031 貴文章矣謂之俗儒者　浦鏜云「矣」爲「者」之誤。

032 至使賈逵緣隙奮筆　唐石經、閩本「隙」作「隙」。

033 作長義四十二條　閩本同。監、毛本「二」誤「一」。○按，春秋序正義云「賈逵上春秋大義四十以抵公羊」，後漢書本傳則云「出左氏傳大義長者，摘三十餘事以上」，玉海引疏亦作「四十一條」，是宋世本作「一」，不作「二」也。❶

034 將⿱欲灬存立　閩、監、毛本「⿱欲灬」作「欲」。此當是「慾」之訛。❷

035 恨先師觀聽不决　唐石經、諸本「决」作「決」。疏同。

* 專愚公羊未申　補：毛本「愚」作「慮」。×

036 猶天下閑事也　閩、監本同。毛本「閑」改「閒」。×

037 何氏本者作墨守以距敵　浦鏜云：「者」疑「著」之誤，當在「敵」字下。龔麗正云：何氏不聞著長義，此言「距敵長義」，言與賈逵長義相距敵也。按，如龔說則當讀「著作墨守以距敵長義」爲句，下「以强義」三字似衍。

038 爲癈疾以難穀梁　閩、監、毛本「癈」誤「廢」。

039 監本附音春秋公羊註疏序終　閩本作「春秋公羊經傳解詁序終」，監、毛本無此。

040 監本附音春秋公羊註疏隱公卷第一　閩、監、毛本删「監本附音」四字，下增「漢何休學」四字，與後複，非也。

041 春秋公羊經傳解詁隱公第一　釋文、唐石經同。閩、監、毛本改此題低一格，非。解云：「舊題『春秋隱公經傳解詁第一公羊何氏』。今定本升『公羊』字在『經傳』上，退『隱公』字在『解詁』之下。又云『何休學』。」臧琳經義雜記曰：「詩正義云『鄭注三禮、周易、中候尚書皆大名在下。孔安國、馬季長、盧植、王肅之徒，其所注者莫不盡然』，則公羊傳亦本『隱公』小題在上，『公羊』大題在下。定本誤改，故唐人多從之。」臧禮堂曰：「『何氏』題『何休學』非也。杜預解左傳止題『杜氏』，趙岐孟子章句但題『趙氏』，鄭注孝經但題『鄭氏』。古人遜謙，不欲自表其名。但著氏族，俾可識別耳。」按，唐石經「桓公第二何休學」原刻作

「何氏」，後磨改作「何休」，據疏引博物志，則晉時本已稱「何休學」矣。閩、監、毛本「何休學」三字在此題下，此本移於疏後，非也，元板同。

042 春秋者一部之摠名隱公者魯侯之謚號　閩、監本「摠」作「揔」。毛本「摠」改「總」，「謚」改「諡」，非。

043 或荅曰　閩本同。監、毛本「荅」改「答」，非，下並同。

044 乃喟然而嘆曰　閩、監本同。毛本「嘆」作「歎」。

045 通戎夷宿路之屬　閩、監、毛本「路」作「潞」，是也。

046 是以止得六十國也　何校本作「是故」。

047 以其書作秋成　何校宋監本作「以書春作秋成」，此脱「春」字，閩、監、毛本「書」作「春」。○按，當作「以其書春作秋成」。

048 春秋尚書其存者　何校本同。閩、監、毛本「其」誤「具」。盧文弨曰宋本禮記注作「其」，與此合，毛本亦訛「具」。

049 不能○重載　何校本作「不能重載」，無「○」，是也；閩、監、毛本「不能復重載」，非。

050 爲人君父而不通於春秋之義者　閩本同。監、毛本「臣」誤「君」。

051 瀆而出其神赤春秋以改亂制　赤春秋，閩、監、毛本作「作春秋」。

052 丘攬史記　閩、監、毛本「攬」作「覽」，非也。○按，説文：「攬，撮持也。」

053 黑龍生爲赤於告云象使知命　閩、監、毛本「於」作「必」，何校本同。云，監、毛本作「示」。❸

054 春秋之信忠也　閩、監、毛本作「信史」。

○按，昭十二年傳作「信史」。

055 是非正名而言順也　閩、監本同。毛本「正」誤「臣」。✕

056 何不謙讓之有　閩本同，誤也。監、毛本「不」作「以」。

057 託記高祖以來　毛本「記」作「寄」，誤。

058 鳳皇來儀　閩本同。監、毛本「皇」作「凰」，俗字。

059 丘明親自執筆爲之　毛本「自」作「事」。

060 言三个科段之内　何校本同。閩、監、毛本「个」改「箇」。❹

061 七缺之義如何　閩本同。監、毛本「七」誤「八」。✕

062 文元年　此本「元」作「示」，訛，今訂正；補刻本及閩、監、毛本作「二年」，誤。

063 己卯蒸　閩、監、毛本「蒸」作「烝」。

元年

064 元年者何　宋余仁仲本同。閩本、監本、毛本上增「傳」字，非，通書並同。

065 注諸据至者何　閩本同。監、毛本「注」改「註」，非，下並同。○按，何煌全書内用「据」代「據」，漢人之叚借也。

066 十二月之揔號　余本同。閩、監本「揔」作「摠」，毛本改「總」，非，下並同。

067 脩身絜行矣　閩、監本同。毛本作「修身潔行」，非。○按，古書「潔」多作「絜」。

068 天地開辟之端　宋本、閩本同。監、毛本「辟」改「闢」，非。按，疏中仍作「開辟」。釋文：「辟，本亦作『闢』。」

069 **揔號其成功之稱** 宋本、閩本同。監、毛本「功」誤「名」。

070 **易始於大極** 閩本同。監、毛本「大」改「太」，非，下同。

071 **注昏斗至冬也** 按，今本注中無「也」字。❺

072 **是以春秋説云** 此下文當有脱誤，下「疑三代謂疑文王」同。○按，當云「疑三代不專謂文王」，則可讀。

073 **故徧道之矣** 閩、監、毛本「徧」作「偏」。此誤。

074 **以元之深** 浦鏜云「深」當作「氣」。

075 **十二月萌牙始白** 閩、監本同。毛本「牙」改「芽」，非，注作「牙」。○按，牙者，古書叚借字。

076 **命以赤烏** 案，「烏」字是也，閩、監、毛本誤作「鳥」。

077 **則命以白瑞** 按，「命」下當脱「之」。

078 **天王者始受命改制** 監、毛本同，誤也。宋鄂州官本、元本、閩本「天」作「夫」，成十五年疏、定元年疏引此注同，當據以訂正。

079 **後主更起** 盧文弨曰「主」疑當作「王」。

080 **即位者** 盧文弨曰：春秋左氏正義引此注作「公即位者」，多「公」字。

081 **夫不深正其元** 鄂本、元本、閩本同作「夫」，誤也；監、毛本「夫」作「天」，是也。釋文作「夫不」，音「扶」。○按，此陸德明一時誤會，未審其文理也。❻

082 **嫡子冠於阼** 鄂本同。閩、監、毛本「嫡」作「適」，下同。按，釋文亦作「適子」。

083 **男子年六十閉房** 鄂本「男子」上有「禮」字。

此脫。

084 不戒視成謂之暴 毛本「暴」作「暴」，疏同。

085 公及邾婁儀父盟于眛 唐石經、監、毛本同。閩本「眛」作「眛」。釋文：「邾婁，邾人語聲後曰婁，故曰『邾婁』。禮記同。左氏、穀梁無『婁』字。儀父，本亦作『甫』。于眛，穀梁同，左氏作『蔑』。」石經考文提要云：宋景德本、宋鄂泮官書本皆作「眛」。○按，說文「眛」从目，末聲，與从目未聲之字別，「眛」與「蔑」古音同。❼

086 會猶最也 唐石經「最」作「最」。

087 公會齊侯盟于艾之徒是也 閩本同。監、毛本「徒」作「役」。

088 何以名 鄂本以下同。唐石經作「何以不名」。按，此設爲問荅之辭，此問「何以名」，故下荅之曰非名也，字也；若作「何以不名」，則與下「曷爲稱字」意複，此下「字也」一句爲贅矣。注云「據齊侯以祿父爲名，故疑儀父亦名」，則何注本無「不」字，唐石經當衍。

089 傳不足言託始者 按，「言」字當誤衍，下注云「傳不足託始」可證。

090 下三國意不見 毛本「下」作「于」。

091 即恐下二國不是始 浦鏜云「三」誤「二」。○按，惠棟挍本不誤。

092 記隱公以爲始受命王 閩、監、毛本同，誤也。鄂本「記」作「託」，當據正。

093 凡以事定地者加于例以地定事者不加于例 按，解云「謂先約其事，乃期于某處，作盟會者加于。先在其地，乃定盟會之事者不加于」，此注亦當作「加于」、「不加于」，二「例」當爲衍文。

094 其書曰皆是惡其不信也 閩、監、毛本「書」作「言」，非。

×

095 解云謂先約其事乃期于某處作盟會

者加于先在其地乃定盟會之事者不加于　案，十行本及閩本二「于」字下無「例」字，監本、毛本有「例」字，非古也。❽

096 段無弟又　閩、監、毛本同，誤也。鄂本「又」作「文」，當據正。❾

097 以將更宥之　浦鏜云「寬」誤「宥」。按，文王世子注作「寬」。

098 於士蓋疑衰　閩、監、毛本「士」誤「上」。×

099 欲當國爲之君　毛本「欲」作「弟」。○按，下注云「俱欲當國」，四年疏，文十四年疏引此注亦作「欲當國」，然則作「欲」是也。

100 所以見段之逆　鄂本以下同。四年疏引作「所以見段之凶逆」。

101 宰即非咺之身上官　浦鏜云「即」當「既」字誤。

102 秦人來歸僖公成風之襚是也　閩本同。監、毛本「襚」誤「隧」。×

103 禮既夕曰公賵元纁束帛　浦鏜云按經無「帛」字。×

104 禮大夫至方也　惠棟挍本「方」上有「四」字。×

105 周道倭遟　閩本同。監、毛本「遟」改「遲」。×

106 時乘六龍以馭天下也　浦鏜云：馭，經作「御」，「下」衍字。

107 三元二纁是也　閩本同。監、毛本「三」誤「二」。×

108 此者春秋制也　盧文弨曰荀子大略篇注引作「此皆春秋之制也」。按，疏本作「此者」。

109 知死者贈襚　諸本同，誤也；穀梁疏引此作「知死者賵襚」，當據以訂正，疏云「何氏注知生知死皆言賵矣」可證。

110 知生者賻　今儀禮同，據此疏下文似禮經本作「知生者賵」，未詳。

111 賵實生死兩施　閩本同。監、毛本「兩」誤「而」。

112 賵奠於死生兩施　閩、監、毛本誤倒作「生死」。

113 明賵與奠皆生死兩施也　毛本「與」誤「於」。

114 告于諸侯　唐石經亦作「于」。

115 据歸含且賵不言來　釋文作「歸唅」，云「本又作『含』。下同」。○按，唅，非也，依說文應作「琀」。

116 主書者從不及事也　宋監本同。閩、監、毛本脫「從」字。

117 定十五年九月　毛本「十」誤「主」。

118 宋稱人者　宋本同。閩、監、毛本脫「者」。

119 若外諸侯之臣來奔　閩本同。監、毛本「若」作「也」。按，「也」、「若」當並有。[10]

120 當案下例　閩、監、毛本同。鄂本「當」作「堂」，誤。○按，二年注作「常案下例，當蒙上月」，解云「『祭伯來』之下已有此注」，然則此亦應作「常」。

121 起下復有二　閩、監、毛本同，誤也。鄂本「下」作「十」，當據正。

122 若專黜周則非遜順之義故也　毛本「若」誤「欲」。

123 論辨然後使之　閩、監、毛本「辨」改「辯」。

124 與士共之　毛本「士」誤「事」。×

125 天王殺其弟年夫　毛本「夫」誤「天」。×

126 不妨出奔仍自時也　毛本「時」誤「是」。×

127 義有深淺　鄂本作「淺深」，當乙正，諸本皆誤倒。

128 不曰畧之　鄂本「畧」作「略」，是也。段玉裁曰：古人多作「略」，「田」在旁。

129 用心尚麄觕　釋文作「麤觕」，閩、監、毛本同。段玉裁曰：觕，説文無此字，蓋「⿰爿角」字轉寫之譌，本義角長皃，叚借爲粗糙字。

130 邾婁劓我來奔是也　鄂本「劓」作「⿰鼻阝」，後仍作「鼻」；此從刀，訛，閩、監、毛本作「鼻」。○按，鼻，是也，劓、⿰鼻阝皆非，襄二十三年可證。

131 晉魏曼多仲孫何忌是也　鄂本「曼」作「萬」，此本疏中標注亦作「萬」。○按，作「曼」是也，「萬」者，聲之誤。

132 爲曾祖父母齊衰三月　釋文：「齊衰，本亦作『齋』。」×

133 著治法式　解云：「舊本皆作『式』，一作『戒』。」

134 父殺子爲恩衰也　閩、監、毛本無「也」，此衍，否則「爲義缺」下亦當有「也」。

135 是無罪而書日者　閩本同。監、毛本「者」誤「也」。×

136 於所見至卒是也　何挍本「見」作「傳」，是也。

137 録季子之過惡也　閩、監、毛本「過」作「遏」，與襄三十二年注合，此本「過」字係改刻。

138 注宣十至攢函　閩本同。監、毛本「十」改「七」。

139 莒慶之下傳云　閩本同。監、毛本「云」改「曰」。×

140 此何以書譏爾　何校本「譏」下有「何譏」二字，與莊廿七年傳合。

141 晉人執戎曼子赤歸于楚　閩本同。監、毛本「曼」作「蠻」。○按，哀四年疏云「左氏作『戎蠻子』」可證徐氏所據公羊經作「曼」，不作「蠻」。

142 唯有名故譏之　浦鏜云「名」上脱「二」。按，浦云是也，定六年注有「二」字。

143 爲曾至三月　閩、監、毛本「曾」下有「祖」字。×

144 序之昭穆　大傳云：「序以昭穆。」

145 出喪服傳也　閩、監、毛本「出」誤「世」。

146 監本春秋公羊註疏隱公卷第一　下卷末準此。

監本春秋公羊註疏隱公卷第二

二年

147 非朝時不得踰竟　釋文：「竟，今本多作『境』字。」×

148 注古者諸侯至踰境　何校本「境」作「竟」；此加土旁，非。⑪

149 必先會閑隙之地　閩、監本同。毛本「閑」改「閒」。○按，閒，正字也，古書多用「閑」。

150 非朝時不得踰竟者　閩、監本同。毛本「竟」改「境」。×

151 注古者不治至勿追　注作「王者」。按，解云「王者草創，夷狄有罪，不暇治之」，不作「古」。

152 小邾子來朝之類是也　浦鏜云「邾」下公

羊經有「婁」字，是也。

153 **因重兵害衆**　監本「因重」誤「用里」。×

154 **則怨結禍**　宋本、閩、監本同。鄂本「禍」上有「構」，此脱。

155 **侵伐戰圍入**　監本「入」誤「人」。×

156 **秦人入滑是也**　監本「秦」誤「奉」。×

157 **止應此經貶之而已**　閩本同。監、毛本「經」誤「終」。×

158 **始滅昉於此乎**　唐石經、諸本同。隸釋載漢熹平石經公羊殘碑「昉」作「放」，又鄭氏詩譜序、考工記注皆言「放於此乎」，本公羊傳文，是蔡、鄭所據本皆作「放」，當以「放」爲正，昉，俗字，下同。○按，古多作「放」，後人作「倣」、作「仿」、作「昉」皆俗字也，公羊傳寫作「昉」，俗字耳。惠棟乃疑嚴氏春秋作「放」，顔氏春秋作「昉」，何用顔，其説誤也。

159 **注言疾滅至省文也**　按，「疾」下脱「始」，否則「滅」字當衍。

160 **日不**　鄂本同。閩、監、毛本「不」誤「下」，疏中標起訖亦誤作「日下」。

161 **故後不相犯日者**　浦鏜：故，疑「役」字誤。

162 **紀履緰來逆女**　唐石經、諸本同。釋文：「履緰，音須。左氏作『裂繻』。」惠棟云：緰，讀爲「投」。説文：「緰，貲布也。」古「緰」與「繻」同音。

163 **以逆女不稱使**　解云：「或者『使』爲『爵』字，誤也。」

164 **言子無父**　浦鏜云「宗」誤「言」。按，浦説是也，儀禮士昏禮作「宗」。

165 **解云出昏義文**　毛本「文」誤「交」。×

166 **明當先自正**　諸本同。浦鏜云：成十四年疏引此注作「先自詳正」，與上「公會戎于潛」注同，當據以補正。○按，四年疏内引此亦無「詳」字。

167 昬義鄭注云　此本「云」字剜擠。

168 對姑生稱也　監本「姑」誤「始」。×

169 羣公子之舍則已卑矣　今傳「已」作「以」。

170 婦人謂嫁曰歸　毛本「謂」誤「爲」。按，毛詩傳本作「婦人謂嫁歸」，無「曰」字；陸德明本有「曰」字，謂依公羊傳文。唐石經公羊「婦人」以下損缺，以每行十字計之，不當有「曰」字，若有「曰」字，則此行十一字矣。考何注云「故謂嫁曰婦」，「曰」字恐因注衍也。○按，陸德明時已有有「曰」之本矣，後人或依無「曰」者，或依有「曰」者，故不同耳。

171 又知秦將燔詩書　監本「秦」誤「奏」。×

172 時隱公卑屈其母　鄂本作「屈卑」。

173 國示不適同姓　浦鏜云「因」誤「國」。○按，與元年注合。

174 侵伐圍入例皆書時　何按本無「書」字，是也。

三年

175 即定元年王三月之屬是也　監本「三」誤「二」。×

176 爲師法之義　毛本「義」誤「意」。

177 衞州吁弒其君完　釋文作「殺其」，云「申志反，下『殺其君』同」，此本「完」字剜擠。

178 謂二日食　經義雜記曰：「五行志『隱公三年二月己巳日有食之。公羊傳曰食二日』，此西漢儒説公羊之言，傳無此文，何注『謂二日食』是也。」

179 此象君行儒弱　諸本「儒」作「懦」。按，「儒」當「偄」之訛，此偄弱正字也。説文人部曰「偄，弱也」可證。釋文「懦弱，乃亂反，又乃臥反」，據音知本從耎，今亦訛從需。

180 **不言月食者** 鄂本「食」下有「之」，是也。「之」字謂日也，無「之」字則疑説春秋不記月食矣。

181 **其形不可得而覩也** 監本「形」誤「刑」。 ×

182 **故疑言日有食之** 鄂本「日」作「曰」。○按，作「曰」是也，不敢正言月食日，故疑言之「曰有食之」者而已。

183 **從王録内可知也** 鄂本作「内録」。按，疏亦云「彼不從王内録者」，當據以乙正。

184 **不録無録也** 諸本「録」皆作「禄」，是也。唐石經「士曰不禄」缺。

185 **尹氏卒** 釋文：「尹氏，左氏作『君氏』。」

186 **注以尹氏立王子朝也者** 閩、監、毛本删「者」，下疏「注『據宰渠氏官』者」、「注『劉卷卒名』者」同。

187 **氏者起其世也** 宋本、閩、監、毛本同，誤也。鄂本「者」作「言」，當據正。

188 **必因其遇卒絶之** 鄂本、元本同。監、毛本「遇」作「過」。閩本「過」字咼旁剜改，蓋本作「遇」字。○按，依疏則作「過」是也。

189 **明君案見勞授賞** 惠棟云荀子多用「案」字。

190 **故書葬以起大夫之會是也** 浦鏜云「會之」字誤倒，是也。

191 **秋武氏子來求賻** 唐石經原刻脱「子」，後刮磨改補，故此行十一字。

192 **嫌以主覆問上所以説二事** 浦鏜云：定二年疏引此注無二「以」字，哀三年疏引此注無上「以」字。按，二「以」皆衍文，當據定二年疏删正。

193 **注求則皇至子之心** 閩、監、毛本此上有「注主爲求賻書也○解云嫌爲上二事書故也〇」十七字二圈。按，義已具上疏，於此不當複出，蓋後人竄補。

194 下財少可求　按，「可求」上當脱「不」字。

195 解云蓋詁爲皆若似蓋云歸哉之類　盧文弨曰：「若」下疑脱「襄五年傳云蓋舅出也」九字，彼疏亦引此文。段玉裁曰：「蓋詁爲皆」句絶，「若似蓋云歸哉之類」者，小雅「蓋云歸哉」，鄭箋云「蓋，猶皆也」，此以雙聲爲訓詁也。上下皆不當求，故曰「皆」。襄五年，襄公與鄫世子巫皆是一舅姊妹之子，故亦曰「皆」，而同用「蓋」字。盧文弨云此有脱，非也。

196 言卒所以褒内也　鄂本「褒」作「襃」。

197 葬宋繆公　釋文：「宋繆公，左氏作『穆』。後放此。」

198 渴葬也　廣韻十四「泰」引公羊傳「不及時而葬曰愒。愒，急也，苦蓋切」。

199 孔子曰葬於北方北首　疏本「孔子曰」之下無「禮」字，然則注文本有「禮」字也。

200 慢葬不能以禮葬也　鄂本、閩、監、毛本皆作「慢薄」，疏標起訖同。按，解云「言但自慢薄不依禮」，恐因此疏語誤爲「薄」。〇按，以「薄」釋「慢」，猶以「急」釋「渴」。

201 八月葬蔡宣公是也　毛本「蔡」誤「祭」。×

202 以君可以爲社稷宗廟主也　唐石經、鄂本、宋本、閩本同。監、毛本「主」誤「王」。

203 莊公馮弑與夷　諸本同。唐石經缺。釋文作「馮殺」，音試，今本亦改作「弑」。

204 不能不爭也　鄂本「爭」作「事」，誤。

205 明脩法守正　毛本「脩」改「修」，下並同。×

206 即桓二年馮弑君是也　毛本「二」誤

「三」。

四年

207 不傳託始者　此本疏中標注作「傳不託始者」，此誤倒，當據以訂正；閩、監、毛本疏中亦倒作「不傳」。○按，依疏云「何故不發傳」，然則「不傳」者，言不發傳也，謂此應有託始之傳，而竟不發此傳也，十行本「傳不」非也。

208 前此則曷爲始於此　浦鏜云五年傳「於」作「乎」。

209 衞州吁弑其君完　唐石經、諸本同。釋文本作「殺其」，音申志反，今本亦改作「弑」。○按，傳文或言「殺君」，經文無不言「弑其君」者。段玉裁曰：殺者，書其事也。弑者，正其罪也。

210 若朝罷朝卒相遇于塗　解云：「即朝天子罷朝之時，相遇于塗。」按，「于」當作「於」，「卒」當作「猝」。惠棟云：朝罷朝，詳見周禮注疏。七年注云：「古者諸侯朝罷朝聘。」

211 注遇例時者　閩、監、毛本删「者」。

212 臣弑君之辭　浦鏜云「殺」誤「弑」。

213 隱曰吾否　唐石經、鄂本同。閩、監、毛本改「隱公曰否」，非。

214 吾使脩塗裘　唐石經、諸本同。毛本「脩」改「修」，非。

215 將辟桓居之　釋文：「辟，今本多即作『避』字。」

216 口猶口語相發動也　○按，下「口」字即説文「㕯」字之省。説文：「㕯，扣也。如求婦先㕯叕之。」

217 注男曰覡女曰巫者　閩、監、毛本删「者」。

218 在僖十年夏　毛本「夏」誤「者」。

219 石碏立之　唐石經、諸本同。隸釋載漢石經公羊殘碑「碏」作「踖」。惠棟九經古義云：「説文無『碏』字，當從漢石經作『踖』。」

220 聽衆立之簒也　諸本同。鄂本作「聽衆立之爲立簒也」，當據以補正。○按，下文云「立、納、入皆爲簒」。解云：「立簒，此『衛人立晉』。是。」

221 葬宣公之屬是也　浦鏜云「葬」下脱「蔡」字。

222 謂主惡晉之從立矣　閩本同。監、毛本「謂」誤「衞」。×

223 監本附音春秋公羊註疏隱公卷第三　閩、監、毛本無「監本附音」四字，下並準此。

五年

224 春公觀魚于棠　釋文：「觀魚，左氏作『矢魚』。」

225 登來之也　禮記大學「一人貪戾」注云：「戾之言利也。春秋傳曰『登戾之』。」按，古「來」讀若釐，故與「戾」音相近。

226 登讀言得來　按，此當作「登讀言得」，猶云「登讀爲得也」，「來」當誤衍。

227 張謂張罔罟障谷之屬也　閩、監、毛本同。鄂本「罔」作「網」。釋文「障」作「鄣」。

228 棠者何濟上之邑也　隸釋載石經公羊殘碑此下直接下傳「曷爲或言率師，或不言率師」，無「夏四月葬衛桓公秋衛師入盛」十二字，蓋古者經、傳異本，後儒省兩讀，始合并之。漢石經公羊有傳無經，此漢以前舊式可考者。

229 秋衛師入盛　唐石經、諸本同。釋文：「入盛，左氏作『郕』。」

230 禮天子六師　鄂本「天」誤「夫」。×

231 千里之外設方伯是也　監本「外」誤「乃」。×

232 衛孫良夫伐廧咎如是也　鄂本以下同。

按，成三年經作「將咎如」，左氏作「廧」，此誤。

233 晉郤克衛孫良夫伐廧咎如是也　此本「廧」字剜改，蓋本作「將」。

234 分別之者責元帥　宋本同。閩、監、毛本「帥」作「率」。按，釋文作「元率」，云「本又作『帥』」。此本「率」誤「師」，今訂正。

235 始祭仲子也　唐石經、諸本同。隸釋載漢石經無「也」字。

236 注考宮者何　閩、監本同。毛本脱「注」，何校本作「傳」，是也。

237 注猶生至之事　閩、監本同。毛本「生」下衍「人」字。

238 美哉倫焉美哉焕焉　閩、監、毛本「倫」作「輪」，「焕」作「奂」，禮記同。

239 解云即上解於孫止是也　閩、監、毛本「云」誤「曰」。

240 自陜而東者　唐石經、諸本同。毛本「陜」作「陝」，與説文篆體合。釋文：「陜，失冉反；一云當作『郟』，古洽反，王城郟鄏。」按，此非何義。

241 召公主之　唐石經、諸本同。釋文作「邵公」，云「又作『召』」。○按，作「邵」乃俗字也。

242 昉於此乎　唐石經、諸本同。隸釋載漢石經「昉」作「放」。

243 傳云爾者解不託始也　宋本、監本、毛本同。鄂本「云」作「言」。此本、閩本「託」誤「訖」，今訂正。

244 還從僣六羽議　閩、監、毛本同，誤也。鄂本「議」作「譏」，當據正。浦鏜云儀禮經傳通解引作「譏」。

245 通流精神　鄂本作「流通」。

246 鍾磬未曾離於庭　毛本「鍾」改「鐘」，監本誤「錘」。

247 殷曰大護　宋本、閩、監本同，釋文亦作「大護」；毛本作「濩」，非也。

248 舜時民樂其脩紀堯道也　閩、監、毛本同，誤也。鄂本「紀」作「紹」，當據正。浦鏜云儀禮經傳通解作「紹」。○按，以「紹」釋「韶」，以同音爲訓詁也。

249 周時民樂其伐討也　閩、監、毛本作「伐紂」。

250 前此貶曷爲始乎此　浦鏜云「則」誤「貶」，是也。

251 今傳亦宜云前此則曷爲始乎此託始焉　閩、監、毛本「焉」下有「爾」字。

252 而云僣諸公　閩本同。監、毛本改「傳云」，非。

253 是以不得復祭傳云　按，「祭」當「發」之訛。

254 其兼用之乎　浦鏜云下脱「○」。

255 注故聞至性故　何校本作「故聞至正性」，無「故」字，是也。

256 敬在貌是也　監本「敬」誤「教」。

257 郲婁人鄭人伐宋　唐石經、諸本同。惠棟云：郲婁人，二傳作「郲人」。

258 灾者有害於人物　閩、監、毛本「灾」作「災」，疏同。×

259 設苛令急治　疏及閩、監、毛本皆作「急法」，此誤。×

260 据俠又未命也　鄂本無「据」，疏中標注同，此衍，當删正。浦鏜云元年「益師卒」疏引此注亦無

「据」字。

六年

261 春鄭人來輸平　唐石經、諸本同。釋文：「輸平，左氏作『渝平』。」

262 吾與鄭人末有成也　宋本、閩本、監本、毛本同。隸釋載漢石經無「也」字。唐石經「末」作「未」，誤。何訓爲「無」，則當作「末」，此本下句亦譌作「未有成」。

263 爲共國辭　段玉裁云：疏云「一箇人字，兩國共有」，當是「國共」，非「共國」也，下注「稱人共國辭者」同誤。

264 君不行使乎大夫此其行使乎大夫何　盧文弨曰唐石經及各本皆無上「行」字。嚴杰曰下節疏及閔二年疏引皆有上「行」字。

265 與鞌戰辟内敗文是　閩、監、毛本同，誤也。鄂本「是」作「異」，疏中引注同，當據正。

266 戰例時偏戰日　此本補刊「偏」誤「徧」，今據宋本、閩、監、毛本訂正。

267 擅獲諸侯　閩、監、毛本同，誤也。鄂本上有「明鄭」二字，當補正。

268 等起不去師敗績者　毛本「去」誤「云」。○按，作「去」與成二年注合。

269 注不地者深諱也　監本「注」字空缺。×

270 夏五至則書　此本與唐石經同，不分經傳，故此節疏在「此無事何以書」節注下，閩、監、毛本强分經傳，移此疏於「公會齊侯盟于艾」下，改「夏五月至則書」爲「至于艾」。

271 四時具然後爲年　隸釋載漢石經「後爲年」下直接傳文「外取邑不書，此何以書？久也」，下闕。

272 敬授民時是也　浦鏜云尚書「民」作「人」。按，作「人」者係唐人避諱所改，經傳子史皆引作

「民」。

七年

273 十五從嫡 釋文作「從適」，云「本亦作『嫡』，下同」。

274 解云知如此注 閩、監、毛本「注」誤「正」。

275 徒歸于鄫爾也是也 閩、監、毛本「鄫」作「叔」，與十二年合。

276 恒稱子起其微也 閩、監本同。毛本「恒」誤「桓」，下「齊侯恒在宋公之上」同。

277 共國辭 當作「國共辭」，説見前。

278 嗣子得以其禮祭 宋本、閩、監、毛本同。鄂本「禮」作「禄」。

279 上問中丘者何 諸本同。定二年疏引此注「問」作「言」，當據正，下文云「因言」可證；若作「問」，則與「指問邑也」「問」字複矣。

280 故因言何以書 定二年疏引此注「故」作「欲」，當據正。

281 至令大崩弛壞敗 諸本同。鄂本「弛」作「㢮」。按，釋文亦作「崩弛」。○按，「㢮」俗。

282 母兄稱兄 隸釋載漢石經「母兄稱兄」下接下傳「凡伯者何」之「凡」字。

283 公別同母者 閩、監、毛本同，誤也。宋本「公」作「分」，釋文出「分別」二字，當據以訂正。⑫

284 孝禮一法度 閩、監、毛本同，誤也。鄂本、宋本「孝」作「考」，當據正。

285 古者諸侯有較德 惠棟云：較，讀爲「覺」，詩曰「有覺德行。」

286 尊大王命 宋本同。閩、監、毛本「大」誤「天」。

八年

287 無主者遇在其間 監、毛本同，誤也。宋本、閩本「主」作「王」，當據正。按，解云「若言八年春王、宋公、衛侯遇于垂，即嫌桓王亦與之遇」，可證本作「王」也。

288 鄭伯使宛來歸邴　唐石經、諸本同。釋文：「歸邴，左氏作『祊』。」

289 巡守祭天　釋文：「巡守，本又作『狩』。下同。」鄂本作「巡狩」。　×

290 當沐浴絜齊以致其敬　鄂本同。閩、監、毛本「絜」改「潔」，非。釋文出「絜齊」二字。

291 廣四十里袤四十二里　葉鈔釋文作「廣卌袤卌」。○按，漢石經論語有「卌」字，說文無之，惟林部「森」下云「卌，數之積也」。

292 故至四嶽　鄂本「嶽」作「岳」，下並同。　×

293 歸格于禰祖　釋文：「格，本又作『假』，同。禰，本又作『藝』。」段玉裁云：「按，作『藝』乃淺人用古文尚書改之也。何所據者今文尚書，其說六宗用今說可證也。」

294 解云惟是一字　○按，「，」字當作「也」，謂注中「是也」二字乃何休語，自「歲二月」至「用特」則尚書語矣。

295 以上皆堯典文也　閩、監本同。毛本改「舜典」。孫志祖云：枚賾尚書舜典在堯典內，此引鄭氏注，自不當據枚賾本作「舜典」也，孔氏詩、禮正義皆如此，毛本誤改。

296 五月不言於者　浦鏜云「初」誤「於」。

297 以日伐故言我　閩、監、毛本同，誤也。鄂本「日」作「吳」，當據正。

298 而葬不告　隸釋載漢石經此下即接「公曷爲與微者」。

299 侵小國之略　浦鏜云「略」疑作「咎」。

300 公及莒人盟于包來　釋文：「包來，左氏作『浮來』。」九經古義云：「古『浮』、『包』字通。漢書楚元王傳『浮丘伯』，鹽鐵論作『包丘』。」按，包聲、浮聲古音同第三部。

301 **公曷爲與微者盟**　唐石經、諸本同。漢石經「微」作「徵」，此隸之變體。

302 **受邑諱不明者**　閩、監本同。毛本「邑」誤「色」。

303 **莊公子彄卒**　閩、監、毛本同，誤也。鄂本、宋本「莊」作「据」，疏中標注亦作「据公子彄卒」，當據正。

304 **足見上貶爲疾始滅**　監本「足」誤「是」。

305 **正以上二年師展無駭**　浦鏜云「年」下脱「帥」。閩本「師」下剜擠「云」字，監、毛本排入。

九年

306 **雨當水雪雜下**　宋本同。閩、監、毛本「水」作「冰」。經義雜記曰：「冰雪雜下，漢志云『水雪雜雨』。雨，下也。『冰』字訛。鄭康成注禮記，李巡、郭璞注爾雅俱言『水雪雜下』矣。」

307 **雷當聞於地中其雉雊**　按，解云：「一本云『雷當聞於雉雊』，誤也。」武億云：「夏小正『雉震呴』條『正月必雷，雷不必聞，唯雉爲必聞之。何以謂之雷，則雉震呴相識以雷』，注文蓋本此。疏既牽引非倫，又云『一本云雷當聞於雉呴，誤』，皆謬言也。」

308 **陽數可以極而不還國於桓之所致**　按，「可」字疑衍。以、已通。補刊「還」作「遷」，誤也，今據閩、監、毛本訂正。

309 **俶始怒也始怒甚猶大甚也**　按，此當作「俶始也始甚猶大甚也」，二「怒」字皆衍文。釋文「俶甚，尺叔反，始也」，不云「始怒也」，可證。下文「盛陰之氣大怒。桓將怒而弑隱之象」，此因「始甚」之文申說之辭，淺人蓋據此加「怒」字於上矣。○按，前說不然，「始甚」則不得云「猶大甚」。

310 平地七尺雪者　浦鏜云：「一」誤「七」，從六經正誤校。

311 俠卒　釋文：「俠，穀梁云『所俠』。」×

312 冬公會齊侯于郱　釋文：「于郱，左、穀皆作『防』。」×

十年

313 明君子當犯而不校也　毛本「校」作「挍」，非。疏何讀「校」爲交接之「交」，言前爲鄭所獲，於此不當交會也。

314 謂校接之交不謂爲報也　按，當作「謂交接之交，不爲報也」。

315 此公子翬也　隸釋載漢石經「此」上有「十年」二字，蓋雖不載經，猶紀某公年數，以相識别，考其殘碑，可想見其全經體式也。

316 得壹貶焉耳　閩、監、毛本「壹」作「一」。×

317 甚魯因戰見移生事　閩、監、毛本同，誤也。鄂本「移」作「利」，當據正。

318 宋人蔡人衛人伐載　諸本同。唐石經「載」字缺。釋文無音。按，漢書五行志「載」作「戴」，注引此經同，師古曰：「戴國，今外黄縣東南戴城是也。讀者多誤爲『載』，故隨室置載州焉。」顔氏此條較之義疏、釋文爲勝。○按，段玉裁云：説文「𢦔」字注云「𢦔，故國，在陳留」，則「𢦔」爲本字，「載」爲段借字，亦或作「戴」。

319 齊人鄭人入盛　釋文：「入盛，左氏作『郕』。」×

十有一年

320 解内外也春秋至外也　閩、監、毛本作「至内也」。按，下五字衍，何挍本無。

321 穀伯綏來朝　閩、監、毛本「綏」誤「緩」。×

322 **微國也** 隸釋載漢石經殘碑「國也」下接「何以不書葬」。

323 **公會鄭伯于祁黎** 釋文：「祁黎，左氏作『時來』。」

324 **又復構怨入許** 鄂本、閩本同。監、毛本「構」作「搆」，非。

325 **弑也弑則何以不書葬** 唐石經、諸本同。漢石經「弑」皆作「試」。釋文作「殺也」，云「申志反，注及下並同」。九經古義云：「白虎通引春秋讖曰『弑者，試也。欲言臣子殺其君父，不敢卒候，間司事可，稍稍試之』。」

326 **不復讎** 唐石經、鄂本皆作「子不復讎」，此脱「子」字。毛本「讎」作「讐」，非，下並同。○按，左傳莊十二年正義、困學紀聞七並有「子」字，孫志祖說。

327 **以爲不繫乎臣子也** 唐石經、諸本同。漢石經無「以爲」二字。按，無「以爲」二字，詞意益堅決。凡云「以爲」者，皆隱曲申明之意。

328 **子沈子後師** 宋本、閩、監、毛本同，誤也。蜀大字本作「己師」。解云「知子沈子爲己師者」，亦作「己」字，當據正。

329 **据六年輸平不易** 閩、監、毛本同，誤也。宋本、鄂本作「不月」，當據正。

330 **非止一處故言諸也以** 何校本亦作「一處」。此本「一」字損缺，閩、監、毛本改作「此」，非也。下句當作「故以言諸也」，閩、監、毛本删「以」字。○按，當作「故以諸言也」。

01—331 **春秋公羊傳第一** 蜀大字本、鄂本有此題，此本及閩、監、毛本無之。唐石經作「春秋公羊卷第一」，卷首及餘卷準此。[13]

校記

❶ 南昌本校語「○按」作「○案」，末增：「○補，此本此疏

上文遂作長義四十一條，是作一，不作二」。

❷南昌本出文「存」作「有」。

❸南昌本出文「於」作「必」。校語無「閩、監、毛本於作必。何校本同」，「云監、毛本作示」作「監、毛本云作示」。

❹南昌本無「毛」字。

❺南昌本校語下有：「冬上當有曰字。」

❻南昌本出文「夫」作「天」。校語「閩本同」作「閩本天」。

❼南昌本校語「从目未聲」作「从昧未聲」。

❽南昌本校語「十行本」作「此本」。

❾南昌本校語無「同」字。

❿南昌本校語「閩本」作「閩、監」。

⓫南昌本校語「土」作「王」，疑南昌本誤。

⓬南昌本校語「訂」作「計」。

⓭南昌本作「監本附音春秋公羊注疏隱公卷第三終」，校語「蜀大字本、鄂本有此題」作「蜀大字本春秋公羊傳第一，鄂本同」。

春秋公羊傳注疏校勘記卷二

公羊註疏桓公卷四

02—001 春秋公羊經傳解詁桓公第二　釋文但題「桓公第二」四字。

元年

*繼弒君不言即位此此其言即位何　補：案，「此」字誤重。

002 繼弒君子不言即位　何校本無「繼」字，與莊元年傳合。

003 皆時王之禮也　此本「也」字剜擠。×

004 不致之者　昭廿六年疏引此無「之」字，非；成十年疏引此有「之」。

005 爲下去王　宋本、閩本同。毛本「去王」誤「于上」，監本「王」誤「上」，「去」字不誤，昭廿六年疏引此正作「爲下去王」。

006 由如他國至竟而假塗也　宋本同。閩、監、毛本「塗」作「途」。

007 爲告至之須　閩、監、毛本同，誤也。宋本「須」作「頃」，當據正。按，二年注云「俄者，謂須臾之間，創得之頃也」，「頃」字正此意。

008 此逸書也　段玉裁云：「按，『逸書』二字當作『堯典文』三字。」

009 宿可以轉訓爲肅也　閩、監本同。毛本「轉」誤「專」。

010 近許也又云　浦鏜云當作「○近許也○解云」。×

011 公及鄭伯盟于越　唐石經同。釋文：「于越，本亦作『粤』。」

012 此蓋秋大水所傷　今注無「大」字。

二年

013 賢者不名故孔父稱字督未命之大夫故國氏之　疏本無此注，與何義不合，當是別家注竄入者。解云：「考諸舊本，悉無此注，且與注違，則知有者衍文也。」按，與注違者，注云「督不氏者起馮當國」，此云「未命之大夫故國氏之」，是與注違也。

014 直先是殺爾　浦鏜云「見」誤「是」。按，浦說是也，成十五年注作「見」。

015 其義形於色奈何　唐石經、諸本皆作「奈」，非。鄂本作「柰」，三年同。

016 督將弑殤公　唐石經「督」作「督」。五經文字云：「説文从目，隸省从日。」

017 故於是先攻孔父之家　唐石經「於」字磨改重刻。

018 注禮臣至家　按，當作「至之家」。

019 儼然人望而畏之　釋文作「嚴然」，云「本又作『儼』」。

020 言及者使上及其君　何煌云「言及者」以下九十九字當在經下，僖十年疏可據。宋鄂本亦誤。浦鏜云「言及者」三十三字當在經下，從僖十年疏挍。按，此注舊本皆在傳末，何氏終言之也，此類注中甚多，不得以僖十年疏引在經下，便輕爲移置。○按，何注本有傳無經，何注傳而不注經，故知何煌、浦鏜皆誤會也。

021 所見異辭所聞異辭所傳聞異辭　唐石經原刻無第三「所」字，後磨改補入。隸釋載石經殘碑曰「桓公二年，顔氏有『所見異辭，所聞異』」，以下缺」：然則熹平立石者爲嚴氏春秋，於此無「所見異辭」三句，何氏所注者爲顔氏春秋，於此有之，漢石經於碑末列其同異。按，無此三句則「遠也」，「隱亦遠矣」文相承，有則與哀十四年傳複出矣。

022 **恩高祖曾祖又少殺**　鄂本、宋本、閩本同。監、毛本「曾」誤「尊」。

023 **欲見君恩之厚薄**　閩、監、毛本皆作「薄厚」。此誤倒。

024 **其喪國寶得爲微辭者**　浦鏜云「喪」下脱「失」。

025 **成十六年二月**　浦鏜云「十」衍文，是也。

026 **隱賢而桓賤也**　唐石經、鄂本、宋本、閩本同。監、毛本「賤」改「賊」。石經考文提要云：宋景德本、鄂泮官書本、明閔齊伋本皆作「桓賤」。○按，漢書五行志曰「痛隱而賤桓」，且注云「賤不爲諱」，則作「賤」可知。

027 **故王之謂之郜鼎**　閩、監、毛本「王」作「主」，皆誤也；鄂本作「正」，當據改。

028 **謂殷衰之時**　閩、監本同。毛本「時」誤「云」。

029 **制得之頃也**　閩、監、毛本同。宋本「制」作「創」。

030 **明其終不可名有也**　解云：「考諸古本，『名』作『多』字。」○按，作「名」是。「終不可名有」猶云「終不可爲有」，此專以地言，不如疏所説。

031 **難可推據**　閩本同。監、毛本作「指據」，非。

032 **周旋出入**　鄂本以下同。按，禮記作「出户」。

033 **慨然必有聞乎其嘆息之聲**　毛本「嘆」改「歎」，非。○按，依説文則「歎」、「嘆」有別。

034 **上親親**　浦鏜云「尚」誤「上」。按，否則下「尚尊尊」當作「上」，庶不岐出。

035 **建國之神位**　浦鏜云下「文家」二字當衍。

按，浦說是也。

036 紀侯來朝　孫志祖云：左傳「紀」作「杞」，下文「九月入杞」，左氏以爲來朝不敬而討之，則非「紀」矣。

037 天子將娶於紀　毛本「於」改「于」，非，疏同。 ×

038 据齊侯鄭伯如紀　宋本同。閩、監、毛本「如」誤「于」。

039 解云五年齊侯　何校本「年」下有「夏」字，與五年經合。

040 公及戎盟于唐　毛本「唐」誤「戎」。 ×

三年

041 即七年二月己亥　浦鏜云「年」下脱「春」。

042 胥命者何相命也　爾雅釋詁郭注引作「胥盟者何相盟也」。○按，「盟」乃「命」字之誤。❶

043 時盟不歃血　釋文作「不歃」，云「本又作『歃』」。 ×

044 亦相誓勑　閩、監本同。毛本「亦」改「口」，「勑」改「敕」，下同。

045 公會紀侯于盛　唐石經、諸本同。惠棟云二傳「盛」作「郕」。

046 秋七月壬辰朔　唐石經、諸本同。毛本「辰」誤「申」。

047 故執不知問　毛本「執」字空缺。 ×

048 滅鄧穀　何校本作「滅穀鄧」。

049 姑姉妹不出門　閩、監、毛本「姉」作「姉」。○按，當作「姊」，唐碑、宋刻皆作「姊」。

050 讙若齊地　閩本同。監、毛本「地」誤「也」。 ×

051 据讙魯地　監本「地」誤「也」。 ×

052 **不言孟姜**　解云：「『孟』字有作『季』字者，誤。」

053 **故不復致**　監本「故」誤「茲」。×

054 **謂五穀多少皆有**　解云：「舊本如是，『多少』二字或衍文。」○按，解非也，此不衍，漢人語言如是。

055 **謂五穀皆成大熟**　宋本作「熟成」。按，「熟」當作「孰」，三禮注成熟字皆作「孰」，加四點者俗作。❷

056 **二年秏減**　釋文作「秏減」，此作「耗」，俗字。

四年

057 **蒐狩之揔名也**　鄂本、宋本、閩、監本同。毛本「揔」改「總」。

058 **結繩罔以田魚**　鄂本、宋本同。閩、監、毛本「罔」作「網」。按，此本疏中亦作「罔」。

059 **古者肉食衣皮**　毛本「肉食」倒。

060 **謂三皇之時也**　閩本同。監、毛本「三」誤「二」。×

061 **後聖有作**　閩本同。監、毛本「作」誤「造」。×

062 **又下繫辭云**　閩、監、毛本同。補刻本「下」誤「易」。×

063 **古者田漁而食之**　毛本「漁」作「魚」。

064 **重古道不忘本**　毛本「古」誤「故」。×

065 **始有火化而去毛羽**　閩本同。監、毛本作「羽毛」。×

066 **明當見物**　閩、監、毛本同，此淺人所改；鄂本「見」作「毛」，當據正。毛，猶覒也，詩「左右毛之」，玉篇見部引作「覒」。

067 **秋曰蒐**　唐石經、諸本同。釋文作「曰廋」，本又作

『搜』，亦作『蒐』」。

068 簡擇幼稚 宋本同。閩、監、毛本「稚」改「稺」，下同。

069 走獸未離於宂 鄂本同。閩、監、毛本「宂」作「穴」，是也。

070 吾近邑 何校本「邑」下有「也」字。

071 莊三十一年春 閩本同。監、毛本「三」誤「二」。

072 臨民之漱浣也 閩本同。監、毛本「漱」誤「潄」。 ×

073 以其云大野遠 按，疑當作「以其去野太遠」。

074 達於右⿰身禺 閩、監、毛本作「右髃」。按，釋文作「右髃」，云「本又作『腢』」。○按，依説文當作「髃」，古書有作「腢」者，从身作

075 中心死疾鮮屑 鄂本作「鮮絜」，閩、監、毛本「絜」作「潔」，非。按，「屑」猶「絜」也，故「不絜」謂之「不屑」。

076 下大夫六士二 鄂本「二」作「三」，穀梁疏引亦作「三」，此誤，疏標起訖同。監、毛本「士」誤「十」。

077 解云時王之禮 毛本「之」誤「至」。 ×

078 其士三者何氏差之 閩本同。監、毛本「三」誤「二」字，「之」誤「也」字。此本「差」誤「左」，茲據閩、監、毛本訂正。❸

079 案聘禮致饔餼于上大夫 毛本「案」改「按」。 ×

080 設于房西 浦鏜云「户」誤「房」。❹

081 二曰賓客 唐石經、鄂本、宋本、監本同。閩、毛

本「賔」改「賓」。

082 **自左膘射之** 釋文作「左脾」，云「方爾反，又步啟反，股外也，本又作『膘』」。按，左右脾皆髀股之「髀」，非脾肺之「脾」。

083 **達於右脾** 毛本「於」誤「于」。○按，何注「脾」字二見，皆當依説文作「髀」。

084 **達於右⿰骨肖** 宋本、閩本同。監、毛本「⿰骨肖」誤「⿰月胃」。釋文：「右⿰骨肖，羊紹反，字林子小反，一本作『胘』，音賢。」按，五經文字卷下「⿰骨丂，羊紹反，見春秋傳；又作『⿰骨肖』，見詩」，見春秋傳者，即指公羊此注也，見詩者，指毛詩車攻傳也。今詩傳作「⿰骨肖」，此注作「⿰骨肖」，皆「⿰骨肖」字形近之訛。作「⿰骨肖」，從肖，故音「羊紹反」。毛詩音義云「字書無『⿰骨肖』字，一本作『⿰骨丂』」，與張參所據春秋傳正合，然則毛詩傳、公羊注皆當定作「⿰骨丂」字矣。廣韻三十「小」云：「⿰骨丂，堅骨。」○按，⿰骨肖、⿰骨丂、⿰骨肖字皆不見於説文，而集韻「⿰骨肖」、「⿰骨丂」二同以紹切，則丁度等所據作「⿰骨肖」矣。集韻無「⿰骨肖」字，五經文字注中「⿰骨肖」乃「⿰骨肖」之誤，詩音義「⿰骨肙」字亦「⿰骨肖」之誤。❺

085 **中腸⿰月胃汚泡死遲** 閩本同。監、毛本「遲」改「遟」。按，「胃」字下從肉，此更加肉旁作「⿰月胃」，俗字。

086 **故因以捕禽獸** 釋文：「捕，本又作『搏』，音博。」按，當作「搏禽獸」。

087 **草木萌牙** 鄂本、宋本、閩、監本同。毛本「牙」作「芽」。

088 **卷是名也** 段玉裁云：定四年疏「卷是字」，此作「卷是名」，誤也。

089 **繫官氏名且字** 段玉裁云：「且字者，謂經之『糾』也。經稱且字，又稱伯者，以見其爲老臣也。且字見儀禮注、禮記注，又見公羊宣十五年注、定四年注。疏家多不解其義。如言『仲山甫』，則『山甫』爲且字，合『仲』乃爲字。周制如此。故公羊『糾』、『札』、『卷』，不連『伯』、『仲』，皆且字也。此雖言『伯糾』而注云且字，則專釋『糾』也，下方釋『伯』耳。」

090 **執醬而餽**　閩、毛本同。監本「而」誤「治」。宋本「餽」作「饋」。按，釋文作「而饋」。

091 **冕而揔干**　毛本「揔」改「總」。監本「干」誤「千」。

092 **王謂叔父是也**　宋本、閩本同。監、毛本「謂」改「曰」，非。按，禮記明堂位注亦作「王謂叔父」，當據韓、魯詩。

093 **叔肸是也**　釋文作「叔肸」。閩、監、毛本作「肹」，非。○按，依説文此字正作「肹」，从十，从㐆。

094 **糾是且字也**　閩、監、毛本同。此本「字」誤「守」，今訂正。

095 **教諸侯之弟次事親是也**　閩本同。監、毛本「是」誤「起」。

五年

096 **怴也**　唐石經、諸本同。釋文作「怴，呼述反」。按，「怴」當作「怴」，字之訛也。廣雅釋詁二「怴，怒也」，又釋訓「怴，怴亂也」。曹憲音呼述」，今亦誤作「怴」。禮記禮運「故鳥不獝」注云「獝、狘，飛走之貌也」，釋文「狘，況越反」，怴、狘義同，皆戉聲。玉篇心部「怴，許律切，怒也」，廣韻六「術」「怴，狂也」，皆從戉，不誤。

097 **据辛渠氏官武氏子不稱字**　宋本同。毛本「据」改「據」。閩本「字」字空缺，監、毛本作「官」，非也。此謂「仍叔」是字，武氏子不稱字。

098 **禮七十縣車致仕**　疏本作「縣輿」，解云「亦有作『車』字者」。按，釋文作「縣車」。

099 **至於淵隅**　盧文弨曰今淮南作「淵虞」，非。初學記、藝文類聚引淮南皆作「經於泉隅」，與此合。泉，唐人避諱所改也。

100 **是謂縣輿**　盧文弨曰：淮南作「縣車」，初

101 彼別出公朝之文　閩本同。監、毛本「別」誤「則」。×學記、藝文類聚引同。

102 今言從王伐鄭　閩、監本同。毛本「王」誤「于」。×

103 宮室榮與　宋本、閩本同。監、毛本「榮」改「崇」，非，疏同。宋王應麟詩考韓詩引此作「榮」。

104 則率巫以舞雩是也　浦鏜云經「率」、「以」作「帥」、「而」。

105 春秋說云　閩、監、毛本「云」誤「文」。×

106 即莊二十五年秋大水　監本「水」誤「冰」。

107 解云即注四年夏　毛本同。閩、監本「注」作「莊」。浦鏜云皆「上」字之誤。按，浦說是也。

108 蝝　唐石經、諸本同。釋文：「蝝，本亦作『蠓』。說文：蠓，或『蝝』字。」

六年

109 傳言化我　閩本同。監、毛本「言」改「云」。

110 是謂棄之　宋本「棄」作「弃」，此本疏中引注同。

111 有以歸用之　閩本同。監、毛本「歸」誤「即」。

112 楚子虔誘蔡侯般　閩本同。監、毛本「虔」誤「虞」。×

113 淫于蔡　唐石經、蜀大字本同。鄂本、閩、監、毛本「于」作「乎」，誤。

114 不月不書葬者　閩、監、毛本同，誤也。鄂本「月」作「日」，當據正。

115 謂莊公也　唐石經、諸本同。釋文作「嚴公」，云

「音莊，本亦作『莊』。案，後漢諱『莊』，改爲『嚴』」。五行志「莊公」多作「嚴公」。❻

116 注以夫至吾子　浦鏜云下當脱「○」及「解云」。

117 同既繫體是常　浦鏜云疑當作「繼體是長」。

118 而以不正稱書之　閩、監、毛本作「而不以正」，是也。

119 解云與由數也　浦鏜云「猶」誤「由」。按，「由」、「猶」通。❼

公羊注疏桓公卷第五

七年

120 辟寔國也　閩、監、毛本同，誤也。鄂本「寔」作「實」，當據正。

121 則民不偷　釋文作「不愉」，云「本又作『偷』」。按，當依陸本作「愉」，今本從人旁，非。周禮大司徒「以俗教安則民不愉」，今本亦改「偷」。○按，「愉」、「偷」古今字，説文無「偷」，鄭箋詩有之。

八年

122 夏曰礿　釋文：「礿，本又作『禴』，同。」

123 薦尚麥苗麥始熟可礿　閩、監、毛本「苗」作「魚」，無下「麥」字。按，「苗」字誤，當定從「魚」。宋本亦有下「麥」字，穀梁疏引同，與儀禮經傳通解合，今本無者，誤脱也。段玉裁云：此「礿」當作「汋」，以「汋」釋「礿」，同音詁訓法也，「汋」亦作「瀹」。

124 薦尚稻鴈　鄂本、宋本、閩、監本同。毛本「鴈」改「雁」，非，全書仿此。

125 天子之牲角搔　監、毛本同，誤也。鄂本及儀禮經傳通解作「角握」，穀梁疏引同，當據正。閩本「搔」字剜改，蓋本作「握」，後反據誤本改。

126 用牲有尸　元本同。閩、監、毛本「有」誤「不」。×

127 取冬祭所薦衆多　毛本「薦」誤「屬」。×

128 注不異至　閩、監、毛本下有「之物」二字。

129 牆屋既繕　今祭義「繕」作「設」。

130 勿勿乎其欲饗之也　依祭義當作「其欲其饗之也」。

131 皆出祭義　毛本「出」誤「是」。×

132 注散齊七日　閩、監、毛本脱「注」字。×

133 解云案今祭義　毛本「案」改「按」。×

134 注禮本下爲士制者　按，「者」當作「○」，下脱「解云」二字，自此以下皆屬下節「士不及茲四者」疏。

135 怠解　鄂本作「怠懈」。釋文作「怠解」。

136 禦寒暑之美服　鄂本同。閩、監、毛本「禦」作「御」。按，釋文作「御」。

137 泝血尤深　釋文：「泝，古流字。」×

138 立三台以爲三公　浦鏜云「立」當「法」字誤。

139 内宿部衛之列　浦鏜云「内」上疑脱「爲」。

140 上大夫即例稱五十字　閩、監、毛本「五十」改「伯仲」，非。

141 次大夫例稱二十字　閩、監、毛本改「不稱伯仲字」，誤甚。

142 彼傳云宰周公者何　閩、監、毛本脱「者」。×

143 宰猶治也　毛本「治」誤「大」。×

144 職號尊名　何校本此下有「也」字。

145 當與天子參聽萬機　浦鏜云唐諱「幾」爲「機」，非也。尚書本作「萬機」，周禮疏亦作「萬機」。

146 惡不勝任　何校本「任」上有「其」字。

147 然后卒大夫也　閩、監、毛本「后」作「後」，此蓋省筆。×

148 成十七年十一月　毛本「一」字空缺。×

149 曷爲待君命然後卒大夫　此本複衍此十字，閩、監、毛本刪正，是也。

150 歸至於貍軫而卒　毛本「歸」誤「一」。×

151 婚禮成於五　毛本「於」改「于」。×

九年

152 則未知其在齊與曹與　唐石經、鄂本、宋本、元本、閩本同。監、毛本「曹與」上衍「在」字。

153 即襄九年冬公會晉侯已下齊世子光滕子薛伯小邾婁子伐鄭　浦鏜云：經「齊世子光」在「小邾婁子」下，十一年伐鄭同，此誤倒。

十年

154 傳言公不要見者　閩、監、毛本作「見要」。按，上云「時桓公欲要見諸侯」，與此合，傳則云「公不見要也」。

155 宜隱十年以當之　閩、監、毛本「宜」誤「言」。

156 近乎圍也　唐石經、鄂本以下同。疏本「圍」作「國」，云「國，讀如圍。考諸古本，皆作『國』字，而舊解以國爲圍」。按，注云「地而言來者，明近都城，幾與圍無異」，此釋傳之「近乎圍」，言雖非圍，而似圍也。

157 言兵圍都城相似　閩、監、毛本「似」改 ×

「近」，非。注云「幾與圍無異」，「相似」猶「無異」也。

158 當戮力拒之　閩、監、毛本同。鄂本「戮」作「勠」，是也。釋文戮力字多作「勠」。按，十二年疏引此注亦作「勠」。×

十有一年

159 本當從討賊辭　監本「本」誤「木」。×

160 即成十年晉侯獳卒　閩、監、毛本「獳」作「孺」，是也。毛本「年」字實缺。

161 鄭相也　鄂本以下同。唐石經作「鄭之相也」。嚴杰云周禮大司徒正義引亦無「之」字。

162 鄭國處于留先鄭伯有善于鄶公者　唐石經、宋本、閩本同。監、毛本「鄶」誤「鄫」。按，釋文：「鄶，古外反。」于，並當作「於」，下同。

163 遷鄭都於鄶也　毛本「於」改「于」。×

164 而野留　何注：「野，鄙也。」按，周禮大司徒職注引春秋傳曰「遷鄭焉而鄙留」，「野」作「鄙」，與注合；「遷鄭焉」上無「而」字，與何本異。

165 爲我出忽而立突　毛本「突」誤「窔」，注同。

166 稱愈於國之亡　閩、監、毛本同，誤也。鄂本「稱」作「猶」，疏亦云「猶愈於國之亡也」，當據正。

167 湯孫大甲　釋文：「大，音泰。」閩、監、毛本改「太甲」，非。×

168 后有安天下之功　閩、監、毛本同。鄂本「后」作「後」，當據正。

169 脅鄭之簒　鄂本作「立簒」。此誤。

170 晉侯執曹伯歸于京師　毛本「于」改「於」，非。

171 邾婁人執鄫子用之　毛本同。閩、監本

「鄫」誤「鄶」。

172 常言鄭突　諸本同，誤也。鄂本「常」作「當」，宜據正。

173 時祭仲勢可殺突　毛本「突」誤「奪」。×

174 外未能結欵諸侯　鄂本「欵」作「助」。

175 据小白言入　毛本「入」誤「人」。×

176 盟于葵丘是也　毛本「于」改「於」，非。○按，此經無「盟」字。

177 非居尸柩前　浦鏜云注作「非尸柩之前」。

178 故時已葬之稱　浦鏜云「作」誤「時」。

179 則與諸侯改伯從子辭同　諸本同，誤也。鄂本「諸侯」作「春秋」，當據正。

180 爲承衰亂　毛本「承」誤「乘」。

181 故后王起　鄂本「后」作「後」，此非。

182 哀十三年　毛本「三」誤「二」。×

183 柔會宋公陳侯蔡叔盟于折　唐石經同。釋文：「折，一本作『析』。」×

184 蔡侯稱叔者　鄂本無「侯」，此衍，疏標起訖亦作「蔡稱」。

185 而此與俠是也　浦鏜云「而」疑「則」字誤。

186 注蔡稱至字例　毛本「字」誤「自」。×

187 公會宋公于夫童　釋文：「夫童，下音鍾。左氏作『夫鍾』。」

十有二年

188 公會紀侯莒子盟于毆蛇　釋文：「毆蛇，左氏作『曲池』。」×

189 公會宋公于郯　釋文：「郯，二傳作『虛』。」×

190 公會宋公于龜　毛本「龜」改「龜」，非。

191 解云上十年來戰于郎　毛本「解」誤「經」。

192 當勠力拒之是也　毛本「勠」改「戮」。 ×

十有三年

193 其恃外柰何　閩、監、毛本「柰」作「奈」，非。

194 必出萬死而不奔此　諸本同，誤也。鄂本「此」作「北」，當據正。

195 明見我者爲主　鄂本同。宋本、閩、監、毛本「我」作「伐」，誤。按，「者」字當衍，蓋「我」誤爲「伐」，始衍「者」字矣。

196 而又背殯用兵　監本「殯」誤「嬪」。 ×

十有四年

197 無冰　鄂本「冰」誤「水」。

198 從内爲王義　鄂本、元本、閩本同。監、毛本「王」誤「主」。下云「明王者當以至信先天下」，可證此本作「王」。

199 東田千畒　閩、監本「畒」作「畝」，毛本改「畞」，非，下同。

200 謂廩之言藻之義故也　「藻」疑「澡」。

201 皆出祭義之文　孫志祖云：禮記祭義無此文，祭統云「天子親耕於南郊，王后蠶於北郊」，與此異，白虎通耕桑篇云「耕於東郊何，東方少陽，農事始起。桑於西郊何，西方少陰，女功所成」，與此「親耕東田，親西郊采桑」之語合，疑出古逸禮也。

202 御廩災何以書者　按，此釋下傳，當另節屬下。

203 乙亥嘗　唐石經、宋本、閩本同。監、毛本「嘗」改「甞」，下同。

204 當分別之　毛本「分」誤「法」。 ×

205 正以宋非强國　毛本「强」誤「其」。

十有五年

206 故復於此名　鄂本、宋本、閩、監本同。毛本「名」誤「明」。

207 小國例時也　鄂本無「也」，此衍，疏標起訖同。

208 公會齊侯于鄗　釋文：「鄗，左氏作『艾』，穀梁作『蒿』。」○按，艾、蒿同物也，蒿、鄗同音也。

209 祭仲存則存矣　鄂本以下同。唐石經無「矣」，非，十一年疏引此亦有「矣」字。❽

210 故曰解不虛設危險之嫌　閩本同。監、毛本「不」誤「云」。

211 公會齊侯宋公衛侯陳侯于侈伐鄭　唐石經、諸本同。釋文：「侈，二傳作『袲』。」按，二傳無「齊侯」。侈、袲皆多聲，故文異。○按，説文衣部引春秋傳「公會齊侯于袲」，説文所謂春秋傳皆左傳也，而有「齊侯」字，「袲」亦與今體不同。

十有六年

212 善其比與善行義　毛本「義」字空缺。

213 行役遠方　毛本「行」字空缺。

十有七年

214 注本失至在名例　按，「至」當作「爵」。✕

215 及齊師戰于奚　唐石經、諸本同。惠棟云：左氏亦作「奚」，穀梁作「郎」。

216 起宜爲天子大夫天子大夫　鄂本無下「天子大夫」四字，非也。

十有八年

217 公夫人姜氏遂如齊　鄂本「公」下有「與」字，是也，左、穀皆有「與」。

218 於國此危　閩、監、毛本同，誤也。鄂本「此」作「尤」，當訂正。

219 本以別生死　宋本同，蓋誤倒。鄂本、閩、監、毛本皆作「死生」，是也。

220 讎在外也　鄂本、宋本、閩本同。監、毛本「讎」改「讐」。

221 戊午日下昊　宋本同。閩、監、毛本「昊」作「昃」。

222 上葬日者　解云：「考諸古本，皆無『上』字，衍文。」

223 公叔文子卒　閩本同。監、毛本「叔」誤「孫」。

02—224 非其辭貞　閩本同。監、毛本「貞」作「眞」。

校記

❶南昌本第三「盟」字作「監」字。

❷南昌本出文「皆成大熟」作「皆大熟成」，校語末有「毛本大成熟」。

❸南昌本無二「字」字，無「茲」字。

❹南昌本出文「于」作「於」。

❺南昌本校語「毛詩音義」作「毛氏音義」。

❻南昌本校語「諱」作「韓」。

❼南昌本校語上「由」字作「肉」，疑南昌本誤。

❽南昌本出文無「仲」字。

春秋公羊傳注疏校勘記卷三

公羊註疏卷六

03—001 春秋公羊經傳解詁莊公第三　釋文但題「莊公第三」四字，餘卷準此。

元年

002 春秋君弑子不言即位　唐石經、諸本同。釋文作「君殺」，云「申志反，下皆同」。

003 解云而言春秋者　「而」字疑衍。

004 故不言子　監本「故」誤「敢」。

005 三年稱子故也　閩本同。監、毛本「三」誤「二」。

006 故謂之孫矣　閩本同。監、毛本「故」誤「爲」。

007 不能於母也　案，僖二十四年傳「於」作「乎」。

008 案下二年注云　毛本「注」誤「傳」。

009 注据夫至邾婁者　閩、監、毛本「者」作「○」。「注」字閩本同，監、毛本脱。

010 與弑公也　唐石經、諸本同。釋文作「與殺」。

011 夫人譖公於齊侯　唐石經、諸本同。毛本「於」改「于」。

012 乃在六年九月故也　閩本同。監、毛本「年」誤「月」。

013 言言和敬皃　何校本此下有「斯猶耳也」四字，與玉藻注合。

014 可以去矣也者是也　按，上「也」當衍。

015 搚幹而殺之　唐石經、諸本同。釋文作「拹幹」，云「本又作『搚』，亦作『拉』，皆同」。按，詩南山正義引作「拉幹而殺之」，玉篇引作「拉公幹而殺之」，皆作「拉」字。○段玉裁云：依説文當作「拹」，許云「摺也，从手，劦聲」，作「搚」者，或體也，作「拉」者，假借字也。

016 搚折聲也　詩正義引何休云「幹脇拉折聲」，今本脱「幹脇」二字。

017 扶上車　宋本「扶」作「抉」，誤。

018 距蒯聵不爲不順　宋本、閩本同。監本、毛本「聵」誤從目。❶

019 又欲以孫爲内見義　定四年疏引此下有「言孫者」三字。

020 注故絶至不順　閩本同。監、毛本「至」誤「之」。

021 今乃書孫書三月　閩、監、毛本「今」誤「合」。

022 夏單伯逆王姬　釋文：「逆王姬，左氏作『送王姬』。」

023 天子試之於射宫　毛本「宫」誤「官」。

024 据諸侯非之　閩、監、毛本同，誤也。鄂本、宋本「之」作「一」，當據正。

025 天子嫁女乎諸侯　諸本同。唐石經缺。下「諸侯嫁女于大夫」唐石經亦作「于」。

026 有血脉之屬　宋本「脉」作「脈」。

027 禮尊者嫁女于卑者必持風旨　宋本、閩、監、毛本同，誤也。鄂本「持」作「待」，當據正。「于」當作「於」。

028 天子嫁女於諸侯　鄂本、宋本、閩本同。監、毛本「於」改「于」，非。

029 **主書者惡天子也**　鄂本、宋本同。監、毛本上有「我」字，當衍。元本上空一字，此本上有一「○」，今刪正，閩本「我」字重刻，蓋原本亦空缺一字也。○按，有「我」字是也，「我主書」謂以我主之書法書之也，「我主」見上文。

030 **注行君臣之禮**　閩本同。毛本「注」誤「其」，監本「注」下衍「其」。

031 **据非内也**　鄂本、宋本「也」作「女」，當據正。

032 **注築例時者以下云云**　何煌云此當在注「末築例時」之下。

033 **與禮九賜之文異**　閩、監本同。毛本「賜」改「錫」，曲禮上注引含文嘉作「賜」。

034 **執義堅强**　閩、監、毛本「强」作「彊」。

035 **其亢陽威武**　禮記曲禮正義作「抗揚」。

036 **皆如有德**　何校本「如」作「加」。

037 **九悖天道**　宋本「悖」誤「存」。

038 **注内女至之也**　閩、監本同。毛本「之也」改「魯女」。按，疏本如二年秋七月注蓋作「實不如魯女也」，「之也」爲「女也」之誤。

二年

039 **据莒人伐杞**　毛本「杞」誤「邾」。

040 **夏公子慶父帥師伐餘丘**　唐石經及諸本「伐」下有「於」字，此本誤脱。

041 **凡平諸侯之國**　閩本同。監、毛本「平」誤「乎」。

042 **夫人姜氏會齊侯于郜**　釋文：「郜，二傳作『禚』，四年亦爾。」

三年

043 **吾大夫之未命者**　按，此下當有「也」字。

044 是爲以起他事　閩、監、毛本倒作「是以爲」。

045 書三月己未　浦鏜云「乙」誤「己」。按，浦云是也，作「乙」字與十五年經合。

046 春秋説　嚴杰云：按，穀梁疏此乃感精符文也，故知解中凡言「春秋説」，皆春秋緯書，作解者用漢人之法，不出書名耳。

047 魯子曰請後五廟以存姑姊妹　唐石經、宋本、閩本同。監、毛本「姊」作「姉」，注同。惠棟云董子以「魯子曰」爲紀侯謂其弟之語，又云以酅入於齊者實紀侯爲之，而春秋詭其辭，以予紀季。按，春秋繁露玉林篇「謂其弟曰『請以立五廟，使我先君歲時有所依歸』」。❷

048 稱字賢之者　鄂本、宋本、閩本同。監、毛本「賢」誤「言」。

049 今以往服　閩、監、毛本「今」誤「令」。

050 哀公亨乎周　閩本同。監、毛本「亨」誤「享」。

051 國内兵而當書　鄂本「而」作「不」，當據正；此誤。

052 定八年傳文　監本「八」誤「公」。

053 注諸侯至亂也　閩、監、毛本「至」下衍「消」。

四年

054 加飯羹曰饗　鄂本「飯」作「飰」，非。

055 案上二年經云　閩、監、毛本「上」誤「十」。

056 周語亦有其事　按，嚴杰云「周語」當作「齊世家」。

057 嵩高維嶽　釋文作「崧高」，云「本亦作『嵩』」。按，「維」當作「惟」。❸

058 遷之于子孫與　按,「于」當作「於」。

059 猶無明天子也　唐石經、諸本同。惠棟云「猶」、「由」同。

060 無説懌也　宋本同。閩、監、毛本改「悦懌」。按,釋文亦作「説懌」。○按,段玉裁云:依説文注當作「説釋」,「説」、「悦」,「釋」、「懌」皆古今字。

061 不當取而有　鄂本、宋本「而」作「有」,疑誤。按,解云:「不當取而有之,明其亂正義矣。」

062 徒爲齊侯所殺　閩、監、毛本同,誤也。鄂本「殺」作「葬」,當據正。

063 内女卒例日　閩本同。監、毛本「例日」誤倒。

×

064 不得以渴隱解之　浦鏜云「渴」誤「隱」。

065 師及齊師圍盛是也　浦鏜云「成」誤「盛」,非。按,八年傳云「成者,何盛也」,注據此。

066 其餘從同同　唐石經諸本同。江「凡二同,故言同同」,解云「考諸古本,傳及此注『同』字之下,皆無重語。有者衍文」。按,疏中標注亦作「凡二同」,故言「同同」衍一「同」字。

五年

067 秋倪黎來來朝　釋文:「倪,二傳皆作『郳』。」　×

068 小邾婁也　釋文:「小邾婁,二傳無『婁』字。」　×

六年

069 春王三月　孫志祖云:左氏作「正月」,穀梁作「二月」。

070 使若遣微者弱愈　鄂本、宋本同。閩、監、毛本「弱」改「爲」,非。按,「弱愈」猶少愈也。❹

071 据頓子不復書入　監本「入」字空缺。

072 其立公子留之事　毛本「公」誤「天」。

073 公至自會是也　閩、監、毛本脱「也」字。

074 公會晉侯宋公衛侯曹伯齊世子光　毛本誤「齊伯曹世子光」。

075 公至自會是也　毛本「至」誤「是」。

076 冬十二月公至自會　毛本「會」誤「齊」。

077 又成十七年冬公會單子晉侯　浦鏜云「尹」誤「單」。按，浦誤。

078 桓弒賢君　閩、監、毛本「弒」誤「殺」。

079 即隱七年秋　毛本「七」誤「四」。

080 公伐邾婁之屬　毛本「伐」誤「以」。

081 何以致伐　唐石經、諸本同。毛本「伐」誤「會」。

082 因爲内諱故曰同義　毛本「因」誤「内」。

083 冬齊人來歸衛寶　唐石經、諸本同。釋文：「衛寶，左氏經作『衛俘』。」○按，「缶」聲、「孚」聲古音同第三部。

084 故善起其事主書者　鄂本「主」誤「王」。

085 璋判白弓繡質　閩、監、毛本「判」誤「叛」，「繡」誤「肅」。

七年

086 夏四月辛卯夜　唐石經、諸本同。釋文：「辛卯夜，一本無『夜』字，穀梁作『昔』。」○按，段玉裁云：古多假「昔」爲「夕」，左傳「爲一昔之期」，列子「昔昔夢爲君」，皆是也。

087 恒常也至列見　閩、監、毛本作「注恒常至列見」。

088 何以知夜之中星反也　諸本同。唐石經、鄂本「何」上有「則」字，當據補。

089 君子脩之曰星霣如雨　毛本「星霣」誤倒。

090 威信陵遲之象　鄂本、宋本、閩、監本同。毛本「信」誤「儀」。

091 是後遂失其正　閩、監、毛本同，誤也。鄂本、宋本「正」作「政」，當據以訂正。

092 爲西南之維候故也　閩本同。監、毛本「候」誤「侯」。

093 解云即上備云　按，「上備」爲「星備」之誤，「星備」亦見周禮大宗伯疏。

094 房心爲中央火星　盧文弨曰「火」乃「大」之誤。○按，開元占經六十云「心爲明堂中大星」，各本「火」乃「大」之誤。

095 生曰苗　左傳此經正義「禾初生曰苗」，此添字使人易了，注本無闕字也。

096 大水傷二穀書於經者　毛本「於」改「于」。

097 文八年經書螽之類是也　浦鏜云經「螽」作「蝝」。按，浦說是也。

公羊註疏莊公卷第七

八年

098 師出本爲下滅盛興　鄂本以下同。毛本「興」誤「輿」。

099 同心人國遠　鄂本同。宋本、閩、監、毛本「人」作「又」，疏中諸本同。

100 略以外國辭稱人微之　鄂本「人」作「知」，此誤，當讀「知微之」三字爲句。

101 是以託待陳蔡以辟之　閩、監、毛本「辟」誤「辭」。

102 甲午祠兵　唐石經、諸本同。經義雜記曰：「禮記曲禮注引春秋傳『甲午祠兵』，正義引異義『公羊說以爲甲午祠兵，左氏説甲午治兵」，鄭駮之云『公羊字誤也。以治爲祠，因爲作説』。案，周禮、左傳、穀梁、爾雅皆爲『治兵』，知公羊是聲近之誤，故詩箋、周禮注用公羊徑改作『治』，詩正義所言是也。」

103 **出曰祠兵入曰振旅**　唐石經、諸本同。詩采芑箋云「春秋傳曰『出曰治兵，入曰振旅，其禮一也』」，正義曰「公羊爲『祠兵』。此言『出曰治兵』者，諸文皆作『治兵』，明彼爲誤，故徑改其文而引之」。❺

104 **故以振訊士衆言之**　釋文：「振訊，本又作『迅』。」×

105 **明盛非内邑也**　鄂本、宋本同。閩、監、毛本「明」誤「盟」。×

106 **夏師及齊師圍成**　釋文：「成，如字，二傳作『郕』。」×

107 **成者何盛也**　九經古義云：「『成』與『盛』通。釋名『成，盛也』，僖廿四年左氏傳『管蔡郕霍，文之昭也』，郕後爲魯邑，説文云『郕，魯孟氏邑』，是『郕』與『成』同。」

108 **据戰于宋不言歸鄭**　解云：「歸字有作『敗』字者，誤也。」

九年

109 **公及齊大夫盟于暨**　唐石經、諸本同。釋文：「暨，左氏作『塈』。」毛本「公」誤「冬」。

110 **而反歃血約誓**　釋文作「歃血」，何校本同。×

111 **夏公伐齊納糾**　釋文：「納糾，左氏經亦作『納子糾』。」解云：「無子字者，與左氏經異。」按，疏本所據左氏作「納子糾」，釋文本所據左氏作「納糾」，亦作「納子糾」。

112 **据宋公子地**　鄂本以下同。何煌云「地」當作「池」。

113 **其言入何○解云**　此本此二節疏在何注

「据郎之戰」下，閩、監、毛本移此節於傳文「其言入何」節下，移「秋七月」至「襄公」節於經文「秋七月丁酉葬齊襄公」下。

114 自誇大其伐而取敗　釋文：「自誇，本又作『夸』，下同。」按，夸大字作「夸」，從言者，詞之誇誕也，見爾雅校勘記，郭景純注釋詁云：「陵犯夸奢。」

115 仇牧可謂不畏强禦矣　閩本同。監、毛本「强」改「彊」。×

116 趍而至遇之於門　閩、監、毛本「趍」作「趨」。監本「遇」誤「禦」。

117 萬臂摋仇牧　毛本「摋」誤「殺」。

118 時實爲不能納子糾伐齊　鄂本、宋本、閩本同。監、毛本「爲不能」誤倒作「不能爲」。

119 注書敗者起託義　閩、監、毛本脱「者」。×

120 其取之何　唐石經作「其言取之何」，諸本誤脱「言」字。

121 故鮑叔薦管仲召忽　釋文作「邵忽」，云「本又作『召』」。×

122 以公病矣是　浦鏜云「以」下脱「爲」。按，浦説是也，有「爲」字與穀梁傳合。

123 辭役子糾也　閩、監、毛本同，誤也。唐石經、鄂本、宋本「役」作「殺」，當據正。

十年

124 觕者曰侵精者曰伐　唐石經、諸本同。周禮大司馬職「賊賢害民則伐之」注引春秋傳曰：「粗者曰侵，精者曰伐。」按，何注「觕，麤也」，周禮音義云「粗，音麤，本亦作『麤』」，何訓「觕」爲「麤」，而鄭引傳即作「麤」，猶何訓「野」爲「鄙」，而鄭引傳即作「鄙留」也。

125 推兵入竟伐擊之　監本「推」誤「帷」。×

126 舉戰爲重黎戰是也　毛本「爲」誤「謂」。鄂本「黎」誤「犂」。

127 以其不道所遷之地　鄂本、宋本同。閩、監、毛本「道」誤「通」，疏同，蓋因與傳文不通相涉也。

128 注敗不言乘丘　閩、監、毛本脱「注」，此本脱「不」，今互訂。

129 正以敗言乘丘反次在郎　按，「反」疑「及」之誤。

130 於義似乖　毛本「似」誤「遂」。

131 敗當言伐也　閩、監、毛本同，誤也。鄂本、宋本「敗」作「故」，當訂正。

132 故有書其伐耳　「有」當「但」之誤。

133 二國纔止次　宋本「纔」作「讒」，鄂本「止」作「上」，皆誤。

134 兾兖青徐　閩、監、毛本「兾」改「冀」，非，疏同。

135 事謂作徒設也　浦鏜云「設」當「役」字誤，是也。

136 在此兩河閒　○按，史記夏本紀集解引作「在此兩水之閒」，謂在泲水、河水之閒。

137 至黑水而東至西河也　按，「至」字當作「自」，詩韓奕正義引作「自」。❻

138 其氣性相近　毛本「氣性」倒。

139 其氣惨剛　毛本「惨」改「慘」。

140 江南曰楊州　閩、監、毛本「楊」作「揚」，下並同。

141 燕其意氣惡　爾雅釋地疏「惡」作「要」，此誤。

142 幽惡也　何校本「惡」皆作「要」。○按，「惡」

字是也，爾雅疏所據非善本。

143 則幽并及益是　按，「益」當作「營」。

144 正西曰雝州　閩、監、毛本脱「正」字。

145 不如言邾婁儀父　閩、監、毛本「父」誤「文」。

146 絶　唐石經、諸本同。僖廿六年疏引此作「絶之」，以意添「之」字也。

147 解云秦亦夷狄　毛本「秦亦」誤「春秋」。

十有一年

148 故明天人相與報應之際　毛本「報」誤「起」。

149 與此異者　何校本亦作「與」，毛本作「于」，非也。

十有二年

150 然襄公犲狼　閩、監、毛本「犲」作「豺」。

151 自陳入于宋南里以畔之文矣　閩、監、毛本「畔」作「叛」。

152 宋萬弑其君接　唐石經、諸本同。解云：「正本皆作『接』字。」釋文：「接，左氏作『捷』。」○按，妾聲、捷聲古音同第八部。

153 舍孔父荀息無累者乎　鄂本無「者」，唐石經有「者」，此行十一字。

154 公羊穀梁曰接　○按，今穀梁自唐石經以下本皆作「捷」，與賈氏所據不同。

155 歸反爲大夫於宋　唐石經、諸本同。惠棟云漢書注「反」作「又」。

156 故許閔公以此言　釋文：「許，一本作『揭』。」

157 爾虜焉故魯侯之美惡乎至萬怒　唐石經、

諸本同。九經古義云：「春秋繁露曰『此虜也，爾虜焉知魯侯之美惡乎致。萬怒，搏閔公，絶脰』。韓詩外傳云『閔公矜此婦人，妬其言，顧曰，爾虜焉知魯侯之美惡乎』。何本『知』作『故』，以『爾虜焉故』句，『魯侯之美惡乎至』句，意反迂曲。」

158 **脰頸也**　蜀大字本及漢制考同。宋本、閩、監、毛本「頸」誤「脛」。按，釋文：「脰，音豆，頸也。」

159 **手劍持技劍**　閩、監、毛本同。鄂本、宋本「技」作「拔」。

160 **萬臂撥仇牧**　唐石經「臂」作「辟」。釋文：「臂，必賜反，本又作『辟』，婢亦反。」按，此當作「辟」，音婢亦反，是「辟撥」，非「臂撥」也。

161 **齒著乎門闔**　唐石經「闔」字磨改重刻。按，爾雅釋宮郭注引公羊傳曰「齒著于門闔」，今本「于」作「乎」，非。

162 **猶乳犬玃虎**　鄂本同。閩、監、毛本「玃」作「攫」，是也。釋文：「攫，一本作『搏』。」

163 **爭搏弑君**　監、毛本同，誤也。鄂本、閩本「搏」作「博」，當據正，宋本誤作「傳」。❼

164 **投命敵狸之類**　閩本同。監、毛本「狸」改「貍」。○按，依說文當作「貍」。

十有三年

165 **易猶佼易也**　惠棟云「安知非刺客睥人而簡易若是」，義與此同，易之易簡，鄭氏亦訓爲佼易。按，周易音義大壯「喪羊于易」，鄭音亦謂佼易也，繫辭「易知，以豉反，鄭、荀、董並音亦」，詩天作「岐有夷之行」，傳「夷，易也」，箋云「以岐邦之君有佼易之道」，正義曰「言乾以佼易，故爲知。坤以凝簡故爲能」，易、詩義並與此同。

166 **桓十八年公薨于齊**　毛本「于」改「於」。×

167 **將劫之辭**　鄂本「劫」作「刼」，誤。

168 **注土基至曰壇**　毛本「土」誤「上」。×

169 城壞壓竟　唐石經、諸本同。鄂本「竟」作「境」。按，釋文亦作「壓」。境，是俗「竟」字。

170 侵魯太甚　宋本「太」作「大」。×

171 爲殺牲不潔　宋本「潔」作「絜」，閩、監、毛本作「潔」。解云：「『不』字亦有作『清』字者。」

172 臣約其君曰要　閩、監、毛本同，誤也。鄂本、宋本「其」作「東」，當據正。

十有四年

173 注据伐國不殊　按，下脱「會」。

174 冬單伯會齊侯宋公衛侯鄭伯于鄄　釋文：「鄄，本亦作『甄』。」×

十有五年 ×

175 秋宋人齊人邾婁人伐兒　釋文：「兒，音郳。」按，左氏作郳。×

十有六年

176 公會齊侯宋公陳侯衛侯鄭伯許男曹伯滑伯滕子同盟于幽　諸本同。唐石經損缺，以字數計之，有「公會」二字。惠棟云：左氏、穀梁無「公」字，故穀梁傳云「不言公」。按，「公會」二字當爲衍文，左氏、穀梁無「公」字，猶賸「會」字，据十九年何注云「先是鄄、幽之會，公比不至。公子結出竟，遭齊、宋欲深謀伐魯，故專矯君命而與之盟」，然則幽之盟非特魯君不至，即士大夫亦未有來會者。猶十五年「齊侯、宋公、陳侯、衛侯、鄭伯會于鄄」，不曰「公」、「公會齊侯」及「會齊侯」云云也。春秋繁露滅國下篇云：「幽之會，莊公不往。」

177 故重而言同心也　惠棟云「心」字衍。

178 始與霸者未如瑣　閩、監本同。鄂本、宋本「瑣」作「璅」，釋文作「瑣」，毛本改從之。○按，「瑣」正「璅」俗。

179 注不日者至二十八年　閩、監、毛本

「者」作「始」，今注無「者」字。

十有七年

180 春齊人執鄭瞻　釋文：「瞻，二傳作『詹』。」×

181 名氏不具　毛本「氏」誤「士」。×

182 事未得行　毛本「未」誤「不」。

183 伯當遠之而已　閩、監、毛本同，誤也。鄂本、宋本「伯」作「但」，當據正。

184 説婦人者十九　孫志祖云：此許叔重五經異義語，禮樂記正義云「鄭詩説婦人者唯九經」，異義云「十九」誤也。

185 皆謂鄭重其手而音淫過　惠棟云：「鄭重」猶「頻煩」也。左氏傳「煩，手淫聲」是也。

186 夏齊人瀸于遂　釋文：「瀸，二傳作『殲』。」

187 瀸者何瀸積也　諸本同。釋文：「積，本又作『漬』。」唐石經此字缺，毛本依釋文改「漬」，非。

188 繫鄭者　毛本「繫」誤「繁」。×

189 即下二十三年秋丹桓宮楹　閩本同。監、毛本「三」誤「二」，「宮」誤「公」，下同。

公羊註疏莊公卷八

十有八年

190 日有食之　經義雜記曰：「五行志『嚴公十八年三月，日有食之。公年傳曰日晦』，今公羊無傳，何注無食晦之文，蓋董仲舒等所見公羊有之，或漢初公羊家説也。劉歆説左氏亦以爲食晦。」

191 据公追齊師至鄺　閩、監、毛本同。鄂本「鄺」作「巂」。下同，此本疏中凡「鄺」字皆作「巂」，當據正。

192 象魯爲鄭瞻所惑　鄂本「瞻」誤「贍」。

193 或猶惑也者是　閩、監、毛本「是」下衍

「也」。×

十有九年

194 而與嫡俱行　毛本「行」誤「節」。×

195 故書所以不當書　按，「以」字衍，當刪正。

196 此其言遂何　唐石經「此其」損缺，或言石經無「其」，今以字數核之，當本有。

197 公比不至　鄂本、宋本同。十行本「比」誤「此」，今訂正；閩、監、毛本改「皆」，非。○按，「比」猶「頻」也。

198 故知魯侯不至矣　監本「魯」誤「會」。×

199 榮見遠也　諸本同，句當有誤。

二十年

200 大災者何大瘠也　唐石經、諸本同。釋文：「大瘠，在亦反；本或作『癠』，才細反；一本作『漬』，才賜反。」鄭注曲禮引此同。經義雜記曰：「禮記曲禮下『四足死曰漬』，注『漬，謂相瀸汙而死也。春秋傳曰大災者何，大漬也』，呂氏春秋貴公篇『仲父之疾病矣，漬甚』，高誘注『漬，亦病也。公羊傳曰大災者，大漬也』，然則鄭、高所據公羊皆作『大漬』。」按，此當是嚴、顏之異。

201 痢者民疾疫也　惠棟云「痢」即「癘」字，古「厲」、「列」通。

202 夫人如莒淫泆　鄂本「夫」誤「大」。×

203 二十有一年　唐石經作「廿有一年」，下二十準此，鄂本作「二年」，誤字也。

204 見其篡明不爲之諱者　毛本「見」誤「兄」。

二十有二年

205 肆大者　唐石經、諸本同。釋文：「肆，本或作『佚』。」「省，二傳作『眚』。」

206 又大自省勑　宋本同。閩、監、毛本「勑」作「敕」，疏同。

207 釋傳云災省之文也　毛本「省」誤「者」。×

208 所以專孝子之思也　閩、監、毛本同。鄂本、宋本「思」作「恩」。

209 證不以忌凶事也　閩、監本同。毛本「證」誤「正」。

210 起仇母録子恩　鄂本「仇」作「讎」，下同。

211 比於君爲小　鄂本、宋本、閩本同。監、毛本「於」誤「與」。×

212 以其爲君配　何校本「君」作「公」，與穀梁傳合。

213 注庶母繫子也　毛本脱「也」。×

214 譏莊公取仇國女　鄂本「取仇」作「娶讎」。穀梁疏引同。

215 据暨與公盟也　鄂本「暨」作「既」，誤。×

216 大夫盟當出名氏　閩、監、毛本同。修改本出「作書」，蓋非。

217 納幣即納徵納徵禮曰　鄂本「納徵」不重，此衍。毛本「禮」誤「者」。

218 束帛儷皮　釋文：「儷皮，本又作『麗』。」×

219 纁二法地是也　毛本「二」誤「三」。×

220 注儷皮者鹿皮　毛本「儷」誤「纁」。×

二十有三年

221 春公至自齊　毛本「自」誤「日」。

222 莊公時淫絶之者　按，「時」蓋「特」之誤。

223 注天子至羊豕者　閩、監、毛本「者」改「〇」。

224 許夷狄者不一而足　六經正誤云「一」當作

「壹」。按，此本疏引襄廿九年傳作「不壹而足」，閩、監、毛本亦改爲「一」。

225 滕侯薛侯來朝之屬是也　監本「朝」誤「聘」。

226 及公會某侯之屬皆是也　監本「公會」誤倒。

227 傳言丹桓宫者　毛本「宫」誤「公」，疏中「刻桓宫桷」同。

228 莊公有淫泆污貳之行　諸本同。鄂本「污」作「汙」。按，「淫泆」二字當衍，釋文出「有汙」二字，疏標注「污貳之行」四字，解云「莊公之行，既不清絜，又不專壹，故謂之污貳矣」，是本無「淫泆」可知。

229 故謂之污矣　按，「污」下當脱「貳」字。

230 嫌上説以齊惡我貳　鄂本「説」作「託」，此誤。

231 解言非齊惡我也　鄂本以下同。毛本「言」誤「云」。

二十有四年

232 既非正禮明矣　浦鏜云「既」疑「即」字誤。

233 僂疾也　段玉裁云：「僂」即「婁」，「婁」即今「屢」字，訓數，亦訓疾。

234 鷄鳴縰笄而朝　鄂本、宋本、閩、監本同。毛本「鷄」改「雞」，「縰笄」誤「縱笄」。

235 注以至非禮也　閩、監、毛本作「注以文至禮也」。

236 腶脩云乎　唐石經、諸本同。釋文作「斷脩」，云「丁亂反，注同，本又作『腶』，音同」。此本「腶」誤「暇」，今訂正。❽

237 取其早自謹敬　鄂本「自」誤「日」，下同。

238 取其斷斷自脩正　鄂本「正」誤「止」。

239 士用雉　此本「雉」誤「雞」，今據諸本訂正。

240 大夫皆郊迎　毛本「迎」誤「遊」。　×

241 令昭穆親疏各得其序也　鄂本無「疏」，此涉上「理親疏」誤衍。

242 皆下曲禮文　閩本同。監、毛本「文」誤「又」。　×

243 何以特書曹羈　閩、監本同。毛本「特」改「獨」，非。

244 戎師多　毛本「戎」誤「我」。

245 君請勿自敵也　諸本同。唐石經缺。九經古義云：「春秋繁露曰『曹羈曰戎衆以無義，君無自適。君不聽』。適，讀爲敵。禮記雜記注云『適，讀爲匹敵之敵』。荀子云『天子四海之内無客禮，告無適也』，注云『適，讀爲敵』。史記范睢傳『攻適伐國』，田單傳『適人開户』，李斯傳『羣臣百官皆畔不適』，徐廣皆音征敵。」

246 借於公室久矣　毛本「公」誤「宫」。　×

247 朱干玉戚以舞大武八佾以舞大夏　按，「武」、「夏」字互誤。

248 相馬而秣之　按，「相」爲「拊」之誤。

249 赤歸于曹郭公　釋文：「連讀郭公爲一句。」　×

250 正得言道赤歸于曹　閩、監、毛本「正」作「止」。

二十有五年

251 主孝而禮之　閩、監、毛本同，誤也。鄂本、宋本「孝」作「字」，當據正。

252 謂女叔爲小國之臣矣　閩本同。監、毛本「謂」誤「爲」。　×

253 以朱絲營社　釋文：「營社，本亦作『縈』，同。」按，續漢禮儀志注引作「縈」。

254 上繫于天而犯日　鄂本「繫」作「系」。　×

255 明先以尊命責之　續漢志注引作「尊者命」，此脱「者」。

256 善公尊天子者者　閩、監、毛本「者」字不疊。此誤衍。

二十有六年

257 公伐戎　諸本同。吕氏祖謙集解云公羊無「春」字。按，唐石經「公伐戎」之上損缺，然以每行十字計之，無「春」字。盧文弨曰：疏標經文云「春公伐戎」，是疏本有「春」，自石經始脱耳。○按，左傳經有「公」字。

258 大夫有非　鄂本「非」作「罪」，此誤。

259 當合誅討　毛本「當合」誤倒。　×

二十有七年

260 無公會婦人于外之經　毛本「婦」誤「夫」。　×

261 春秋皆書其卒　閩、監本同。毛本「春秋」誤「諸侯」。❾

262 注女會來例皆時　毛本「皆」誤「其」。　×

263 通乎季子之私行也　鄂本以下同。唐石經無「乎」字。

264 君不使于大大　傳「于」作「乎」。　×

265 門内之治恩揜義門外之治義揜恩　解云：「喪服四制文，彼文『事』作『治』，下『揜』字作『斷』。」經義雜記曰：「釋文『之治，直吏反，下之治同』，誤同禮記，但不爲『斷』字作音，知下句亦作『揜』，若疏本則二『治』皆爲『事』，古治、事聲相近。何據禮記，不與鄭本同。」

266 其大故者　毛本「故」誤「夫」。×

267 賤取貴不去　按，「取」當作「娶」，上下皆作「娶」。

268 悖德也　毛本「悖」誤「背」。×

269 於政事有所損曠故竟内乃得親迎　宋本同。監、毛本「損」誤「捐」，「迎」誤「逆」；閩本「損」字亦誤，「迎」字不誤，疏中「損」皆誤「捐」。

270 則贈丈夫送者以束錦是也　毛本「錦」誤「帛」。

271 杞夏后　鄂本「后」作「後」，此誤，疏同。

272 方以子貶起伯爲黜　鄂本「起」作「杞」，此誤。

273 有誅無絶　毛本「絶」誤「貶」。

274 公羊註疏莊公卷九　末附閔公。

二十有八年

275 見伐者爲主　鄂本「主」誤「也」。

＊ 短之見伐者也　補：毛本作「短言之」，與疏合。

276 豎刀易牙爭權不葬　閩、監、毛本「刀」改「刁」，非。

277 公會齊人宋人邾婁人救鄭　唐石經、諸本同。按，左氏、穀梁無「邾婁人」。

278 冬築微　釋文：「微，左氏作『麋』。」×

279 曷爲先言築微而後言無麥禾　唐石經、鄂本、宋本、閩本同。監、毛本「後言」作「後書」，誤。○按，桓二年正義引此傳正作「言」。

280 推秋無麥禾　監、毛本「推」誤「惟」。

281 即大水在冬下　閩本「水」字空缺。⑩

282 則嫌推尋此秋無麥禾之事　毛本「之」

誤「一」。

283 民不饑乏　鄂本「饑」作「飢」。

二十有九年

284 春新延廏　釋文、唐石經「廏」作「廄」。

285 新作南門是也　閩本同。監、毛本「作」誤「造」。

* 注造曰築　補：毛本「造」上有「始」字，與注合。

286 臭惡之蟲也　毛本「蟲」作「虫」，非。

287 注諸君至臣也　閩、監、毛本改「諸君邑防臣邑」。

288 注言及至定矣　閩、監、毛本「及」下衍「別君臣」三字。

三十年

289 是後魯比弒二君　釋文作「比殺」，音「申志反」。

290 謂僖元年次聶北救邢　閩、監、毛本脱「次」字。

291 冬公及齊侯遇于魯濟　毛本脱「濟」字。

292 蓋以操之爲已蹙矣　唐石經、諸本同。武億云：「操，古本作『躁』。詩江漢正義引作『躁迫也』。」按，「蹙」當本作「戚」，何訓爲「痛也」，是傷戚之意，考工記「不微至無以爲戚速也」，注引春秋傳曰「蓋以操之爲已戚矣」，可證鄭本作「戚」。○按，説文有「戚」無「蹙」。

三十有一年

293 臨民之所漱浣也　唐石經、鄂本、閩本「漱」作「漱」，此誤，釋文及注疏同。

294 是以文十六年傳云　毛本「六」誤「二」。

295 桓弒隱而立　釋文作「桓殺」。

296 旗軍幟名　釋文：「軍幟，本又作『織』。」×

297 刺齊桓憍慢恃盈　宋本同。閩、監、毛本誤「驕慢恃盈」。按，解云「持盈者，謂自持盈滿之道」，閩、監、毛本疏亦誤「恃」矣。此本修改者「憍」亦作「驕」。

298 金鐸通鼓之時　監本「鐸」誤「釋」。×

299 注諸侯交至於王者　毛本「於」改「于」。×

三十有二年

300 春城小穀　解云：「二傳作『小』字，與左氏異。」按，今左氏亦作「小」字，據疏，蓋二傳作「城小穀」，左氏作「城穀也」。

301 隱八年注云　監本「八」誤「公」。×

302 据公弟叔肹卒　閩、監、毛本「肹」作「肸」，非，釋文作「肟」。

303 殺則曷爲不言刺　鄂本下有「之」，此脱，唐石經「之」字刓滅，以字數計之，本有，下疏引傳云「曷爲不言刺之」。

304 不就致獄其刑　鄂本作「獄致」，此誤倒。

305 魯一生一及　唐石經、諸本同。盧文弨曰：史記魯世家作「一繼一及」，裴解引何休云「父死子繼，兄死弟及」，疑此傳本作「一世一及」。○按，「生」謂己所生子也，「及」謂兄弟相踵者也，傳文不誤。

306 慶父也存者　閩、監、毛本「者」作「〇」。

307 故再告此言　閩、監、毛本「告」作「言」。

308 得謂利祿也　補刊本「祿」誤「録」，毛本誤「樂」。

309 俄而牙弒械成　唐石經、諸本同。釋文「弒」作「殺」，云「申志反，注及下『親弒』同」。按，今本注作「弒君」，下作「親弒」，皆後人所改，陸本則皆作「殺」也。

310 藥者酖毒也　釋文：「酖，本亦作『鴆』。」×

311 則必可以無爲天下戮笑　唐石經、鄂本同。閩、監、毛本「笑」改「笑」，疏及下同。

312 飲之無傫氏　釋文：「無，本又作『巫』。」

313 傳云曷爲不言刺之　閩、監、毛本「之」誤「云」。

314 宋公殺其世子痤之屬者是　閩、監、毛本「痤」誤「座」。

315 即隱元年冬十二月　毛本「隱」誤「僖」。

316 在寢地　鄂本下有「者」，此脱。

317 蓋以寢中最尊　閩本同。監、毛本「中」誤「者」。

318 令之繼父　閩、監、毛本「令」誤「今」。

319 示一年不二君也　毛本「示」誤「是」。

320 子卒者孰謂　按，下脱一「謂」字。

321 其歸獄鄧扈樂之事　閩本同。監、毛本脱「之」字。

322 春秋公羊經傳解詁閔公第四　唐石經下有「附莊公卷」四小字，今據以分卷。

323 元年　此本「閔公」二大字下有「起元年盡二年」六小字，閩、監、毛本脱。

324 春秋君子不言即位　按，「君」下脱「弑」字。

325 君弑則子何以不言即位　毛本「則」誤「即」。

326 其異一成一末　按，「異」當作「義」。

327 孰弑子般　唐石經此「弑」字磨改，當是本作「殺」。按，此作「殺」非也。

328 樂曾淫于宮中　唐石經亦作「于」。按，當作

「於」，疏中毛本改「於」。

329 **盍弒之矣**　釋文作「盍殺」，唐石經此「弒」字磨改，亦本作「殺」。按，此作「殺」是也。

330 **季子至而不變也**　唐石經、諸本及諸挍本同。惠士奇説「易『由辯之不早辯』，釋文載荀爽古文『辯』作『變』」，棟案：「變即辯也，猶言不探其情。古變、辯通。」

* **所以不書公至自洛者**　補：毛本「洛」下有「姑」字。

331 **設以齊取魯**　傳下有「曾」字。

332 **而繼于齊**　盧文弨曰：「『繼』即『繫』，後漢書多如此。」

333 **据俱出奔遠也**　鄂本「遠」作「還」，諸本皆誤，當訂正。

334 **以后所氏**　鄂本「后」作「後」。　×

335 **實殺君出奔**　鄂本「殺」作「弒」。　×

二年

336 **据禘于大廟不言吉**　鄂本、宋本、閩本同。監、毛本「大」改「太」，非，疏及下同。釋文「大」音「泰」。

337 **若滿三年已后遭禘則禘**　閩、監、毛本「則」作「即」，與下句同。按，「后」當作「後」。

338 **然後免于父母之懷**　鄂本「于」作「於」。　×

339 **又期而大祥曰薦此常事**　鄂本同。宋本、閩、監、毛本「常」作「祥」。按，疏標起訖云「注又期至祥事」，與今儀禮同；此作「常」，蓋涉上文而誤。

340 **議如得漸二君之遺教**　按，「議」當作「義」。

341 **古文期皆作基**　閩、監、毛本「基」改「朞」，非也。

342 解云亦彼文法　何校本無「注」字，是也。

343 亦彼文彼注云　何校本「亦」上有「解云」二字，是也。

344 禫之爲言　士虞禮記注無「爲」字。

345 不言僖宮　段玉裁校本「宮」乃「公」誤。○按，疏引定八年注作「僖公」，彼疏云「不言從祀禧公」。

346 后袷亦順　何校本「后」作「後」，與定八年注合。

347 紀履緰來逆女不書　何校本「女」下有「外逆女」三字，是也，與隱二年傳合。

348 何隱爾弒也　唐石經、諸本同。釋文「弒」作「殺」，云「音試，下及注同」。

349 貶必以其重者　何校本「以」作「於」，與僖元年傳合。

350 莫重乎以其喪至也　傳「以其」作「其以」，此處誤倒。

351 傳云趙盾弒君　閩、監、毛本「弒」誤「殺」。

352 欲起親弒者　閩本同。監、毛本「起」誤「見」。

353 衛侯之弟鱄出奔晉　此本「鱄」誤「縳」，今據閩本訂正，監、毛本誤「鱄」。

354 衛石惡出奔晉　閩本同。監、毛本脱「出」字。

355 君不行使乎大夫　今本傳脱「行」，疏引皆有。

356 自鹿門至于爭門者是也　唐石經、諸本同。說文「淨，魯北城門池也，从水，爭聲，士耕切，又才性切」，許據公羊，當作「淨門」，以水名其門也，何注本省作「爭」。自鹿門至于爭門者，自南門至于北門也。

357 **久闊思相見者引此爲喻**　毛本「闊」作「濶」，非。鄂本「喻」作「諭」。

358 **明得子續父之道**　閩、監、毛本此下有「鹿門魯南城東門也」八字，係釋文竄入，鄂本無之；此本雖有此八字，而加「○」以別之，則不以爲注也。

359 **猶趙盾加殺也**　閩、監、毛本「殺」作「弑」。✕

360 **繫閔公篇于莊公下者子未三年無改於父之道**　按，「于」當作「於」。漢書藝文志公羊、穀梁二家經及傳各十一卷者，繫閔公篇於莊公下故也。宋王儉七志、梁阮孝緒七録皆云何注十一卷，皆以閔附莊也。唐石經於閔公傳末題「春秋公羊卷第三」，於僖公第五之下附注卷四，蓋據晉、宋古本，皆十一卷。

03—361 **春秋公羊卷第三**　唐石經「四」改「三」。

校　記

❶ 南昌本校語「監本」無「本」字。

❷ 南昌本校語「其弟曰」作「其第曰」。

❸ 南昌本校語「崧」作「菘」。

❹ 南昌本校語「少愈」無「愈」字。

❺ 南昌本校語「春秋傳曰出曰治兵」作「春秋傳曰出曰祠兵」。

❻ 南昌本校語「至」上有「上」字。

❼ 南昌本校語無下「誤」字。

❽ 南昌本校語「諸本同」無「同」字，「釋文」下有「文」字。

❾ 南昌本校語「誤」下有「誤」字。

❿ 南昌本校語無「字」字。

春秋公羊傳注疏校勘記卷四

公羊註疏僖公卷十❶

04—001 僖公第五　唐石經下注「卷四」。×

元年

002 齊師宋師曹師次于聶北救邢救邢　唐石經、鄂本「救邢」字不疊，此本誤衍，閩、監、毛本同。

003 然即彼三事　何校本「即」作「則」。

004 次于雍榆是也　浦鏜云：榆，左傳字，此當作「渝」。○按，浦云是也，襄廿三年釋文亦云「渝，左傳作『榆』」。

005 邢遷于陳儀　釋文：「陳儀，左氏作『夷儀』。」×

006 而作自遷之文　閩、監本同。毛本作「自作」，誤倒。×

007 謂各處其土中　毛本「土」誤「上」。×

008 公及齊侯宋公陳侯衛侯鄭伯許男曹伯　毛本「及」誤「反」。×

009 故入也　閩、監、毛本同，誤也。鄂本元年「入」作「人」，此本疏中同，當據正。○按，故人者，仍是齊、宋、曹也，「反故人」言仍是救邢之三國。

010 便是實諸侯　閩、監、毛本「便」誤「更」。

011 是以得序之　浦鏜云「得」當「復」字誤。

012 解云即下十三年　毛本「三」誤「二」。×

013 未必反故人也　閩、監、毛本「人」作「入」，誤。

014 解云宿音須就反留音盧胄反　此本十字略旁注。盧文弨曰：史記武帝紀「宿留海上」，索隱音「秀溜」，漢書郊祀志同；又五行志

「其宿留告曉人，備具深切」，亦有讀本字者。

015 桓公召而縊殺之　唐石經、諸本同。釋文：「縊，一本作『搤』。」×

016 王誅不阿親親　鄂本同。閩、監、毛本「王」誤「正」。

017 公會齊侯宋公鄭伯曹伯邾婁人于朾　釋文：「朾，左氏作『檉』。」解云：「朾字，左氏作『檉』，亦有作『朾』字。」

018 公敗邾婁師于纓　釋文：「纓，左氏作『偃』。」×

019 下傳云襄公親至　浦鏜云「之」誤「至」。按，浦說是。

020 此復讎于大國　傳「于」作「乎」。

021 公子友帥師敗莒師于犂獲莒挐　唐石經、諸本同。釋文：「犂，左氏作『酈』。」「挐，一本作『茹』。」×

022 謂拒慶父　元本、閩、監本同。鄂本「拒」作「距」，毛本誤「据」。

023 舍于汶水之上　唐石經、諸本同。解云：「舊本皆作『洛』者，誤也。今齊魯之間有汶無洛。」

024 時慶父自汶水之北　鄂本「自」作「在」，此誤。

025 諸已皆自畢語　解云：「『畢』作『卑』，誤。」

026 冀州以此名之云爾　閩、監、毛本同，誤也。蜀大字本「此」作「北」，當據正，漢制考同。

027 與弒公也　唐石經、諸本同。釋文作「與殺」，申志反。×

028 然則曷爲不於弒焉貶　毛本「於」誤「與」。

029 貶必於重者　閩、監、毛本同。唐石經、鄂本「於」下有「其」字，此脫。按，閔二年疏引此傳云「貶必於其重者」，亦有「其」字。

030 **正猶殺夫罪重故也**　浦鏜云「猶」疑「由」字誤。

031 **是以於歸亦作常文録之若公之喪至自齊**　毛本「於」改「于」，「若」誤「諱」，下「薨於」、「夷於」字同。

二年

032 **孰城**　十四年傳曰「孰城之」，疏引此傳亦有「之」字，唐石經以下本皆脱。

033 **曷爲不言城衛**　解云：「舊本『曷爲』之下有『不言』二字，今無者，脱也。」按，唐石經「曷爲」下原刻作「城」，後磨改爲「不」，則本作「曷爲城衛」，「不言」二字係磨改補入，故此行及次行皆十一字，其蹟可覆也。疏本亦無「不言」二字。十四年傳云「曷爲城杞」，亦無「不言」。

034 **故當言城衛**　疏本「故」作「固」，解云「固難之，『固』亦有作『故』字者」，諸本作「故難之」，「固」誤也。按，何氏當本用「固」字，七年注云「固因其得禮，著其能，以爵通」，此注今本作「故」，非。

035 **令君喪無所繫矣**　監、毛本「令」誤「今」，閩本「令」字剜改，當本作「令」。

036 **虞師晉師滅夏陽**　釋文：「夏陽，左氏作『下陽』。」 ×

037 **而在大國之上**　毛本「上」誤「立」。 ×

038 **假滅國者道以取亡焉**　唐石經「焉」字磨改。

039 **寢而不寐**　唐石經、諸本「寢」作「寑」，下同。○按，不當从「穴」。

040 **其諸異乎人之求之歟者**　閩、監、毛本「歟」作「與」。

041 **言用拱揖**　毛本「拱」誤「供」。 ×

042 **昳晉大夫**　○按，「昳」當作「眣」，从矢。

下同。

043 荀息請曰以屈産之乘　唐石經、諸本作「荀息曰請以屈産之乘」。

044 與垂棘之白璧　釋文：「棘，一本作『蕀』。」唐石經「璧」作「辟」。❷

045 猶外府藏也　解云：「本『藏』下有『之』字。」

046 馬出之内廏繫之外廏爾　釋文、唐石經「廏」皆作「廄」。唐石經「外」字磨改。❸

047 謂立性貪賄於寶甚也　閩、監本同。毛本「賄」誤「賂」。

048 虞公抱寶牽馬而至　釋文：「牽，本又作『掔』。」

049 齊侯宋公江人黄人盟于貫澤　唐石經同。釋文：「貫澤，二傳無『澤』字。」按，九年傳「貫澤之會」，解云「即上二年秋九月，齊侯、宋公、江人、黄人盟于貫是也」，而此言「于貫澤」者，蓋地有二名，然則公羊僖二年經本作「盟于貫」，九年傳云「貫澤」，陸氏猶未深考。○按，此九年疏奪「澤」字耳，前說非也。

050 晉大于宋不序晉而序宋者　孫志祖云：穀梁疏引二「晉」字下皆有「楚」字，乃與下文合，各本脱也。

051 所以獎夫霸功　鄂本「夫」作「大」，此誤。按，穀梁疏正作「大」。

三年

052 注比致三年　毛本「致」誤「至」。

053 決上元年二年狄滅邢衛　閩、監、毛本「二」誤「三」。

054 即十二年十一月十二月　浦鏜云「上二年」「上」字誤作「十」。

055 故言之際矣此大會也　末四字當在下節疏「曷爲末言爾」之上，割裂疏文，誤屬此。

056 据貫澤言盟　鄂本「貫」誤「貴」。 ×

057 水出于山入於川爲谿　閩、監本同。按，「于」當作「於」，毛本「於」改「于」，誤甚。

058 猶曰往盟於齊　毛本「於」改「于」。

059 時國齊都盟　閩、監、毛本同，誤也。鄂本「國」作「因」，當據正。

060 宣七年春　閩、監、毛本「七」誤「十」。 ×

061 但此經既有莅盟之文　閩、監、毛本「既」誤「即」。

四年

062 据陳侯使袁僑如會　釋文：「僑，本作驕。」 ×

063 卒怗荆　閩、監、毛本「怗」誤「帖」。

064 時喜得屈完來服於陘　毛本「於」改「于」。此本翻刻「陘」誤「陛」。

065 辭之復　鄂本「復」作「複」，釋文作「復」。

066 何言乎喜服楚　唐石經「何言乎喜」四字磨改，多增一字。

067 至是乃服楚　鄂本「乃服楚」三字誤作傳文，閩、監、毛本「楚」字猶誤作傳文，屬下，惟此本與唐石經合。

068 南夷與北狄交　閩、監、毛本同，誤也。唐石經、鄂本作「北夷」，當據正，注同。此本疏標起訖云「注北夷至中國」，閩、監、毛本亦改作「北狄」矣。

069 皆何以名　閩本同。監、毛本「名」誤「明」。

070 卒怗荆　唐石經、鄂本同。閩、監、毛本「怗」誤「帖」。釋文：「怗，他恊反，一本作『貼』，服也，劉兆同，一本作『拈』，或音章貶反。」石經考文提要云唐玄度九經字樣、宋景德本、鄂泮官書本皆作「怗」。

071 即上九年夏六月　浦鏜云「元」誤「九」。

按，浦説是。

072 序績也　唐石經、諸本同。何注：「序，次也。績，功也。」按，鹽鐵論執務篇引傳曰「子積也」，下云「故土積而成山阜，水積而成江海，行積而成君子」，與何本異，蓋是嚴、顔之別。❹

073 君既服南夷矣　唐石經、鄂本、宋本、閩、監本同。毛本「既」誤「能」。

074 注草棘至曰澤者　閩、監、毛本刪「者」字。×

075 桓公假塗于陳而伐楚　唐石經、鄂本、宋本、閩本同。監、毛本「塗」改「途」。

076 凡公出滿三時　閩、監、毛本同，誤也。鄂本「三」作「二」，當據正。

077 月危公之久　解云：「危而久之，『久』字亦有作『之』字者。」按，「久」作「之」則不通。

078 其序則齊桓晉文　閩、監、毛本「序」改「事」。○按，作「事」則與昭十二年傳不合。

079 其詞則丘有罪焉　閩、監本同。毛本「詞」改「辭」，非。

080 公孫慈帥師　釋文：「慈，左氏作『茲』。」×

五年

081 紀伯姬來傳云　浦鏜云「杞」誤「紀」。按，浦説是也。

082 言朝者服非實　鄂本「服」作「明」，此誤，疏亦云「經書來朝，明其非實」。

083 鄉中老人爲卿大夫致仕者　閩本同。監、毛本「卿」誤「鄉」。

084 會王世子于首戴　釋文：「首戴，左氏作首止。」×

085 公上大夫之衆臣是也　鄂本「上」作「士」，

此誤。

086 卑於三公之義 何校本「三」誤「二」。

087 据上言諸侯 解云：「亦有無『据』字者，非正本。」

088 晉里克比弑其二君 釋文作「比殺」，申志反，毛本疏中脱「比」字。

089 戮力一心 鄂本「戮」作「勠」，此本文十三年疏所引同。釋文：「戮，又作『勠』。」

六年

090 本由桓公過陳 毛本「由」誤「白」。

091 而便伐之 毛本「便」誤「使」，鄂本以下皆不誤。

七年

092 夏小邾婁子來朝 毛本「邾」誤「邦」。

093 旁朝罷行進 鄂本「罷」作「能」。○按，「旁」應讀去聲。於朝天子罷而朝魯，所謂朝罷朝也，作「能」者應誤。

094 固因其得禮 毛本「得」誤「德」。

095 今朝魯而謂之旁朝者 閩、監本同。毛本「朝魯」誤倒。

096 盟于甯毋 閩本「毋」作「母」。釋文：「甯毋，音無。或音某。」葉鈔本及唐石經作「甯母」。

公羊註疏僖公卷十一

八年

097 公會王人齊侯宋公衛侯許男曹伯陳世子款鄭世子華盟于洮 唐石經、諸本同。按，左氏、穀梁無「鄭世子華」，故下「鄭伯乞盟」，此蓋因注言「甯母之盟，陳、鄭遣世子」而誤衍。

098 使若叩頭乞盟者也　毛本「盟」誤「明」。×

099 下用失禮明　毛本「失」誤「夫」。×

100 解云見夫見廟禮　浦鏜云「見夫」當「夫人」之誤。

101 而春秋亦書其即位之義矣　此本「其」字剜擠，閩、監、毛本遂排入，當衍。

102 然後脅魯立也　元年疏引作「脅魯使立也」，此脱「使」字。

九年

103 使若非背殯也　監本「也」作「者」。

104 据杞叔姬不卒　解云：「宜作伯姬字，即莊二十七年『春，公會杞伯姬于洮』。」

105 笄而醴之　鄂本、宋本、閩、監本同。毛本「醴」誤「禮」。

106 時宰周公不與盟　釋文作「不預」。×

107 解云即下十五年　毛本「即」誤「此」。

108 月者善録義兵　監本「兵」誤「丘」。×

109 言解周公是時實不與盟　按，「解」當作「宰」。

110 美見天下　監本「天」誤「夫」。×

111 謂其顔色自有美大之勢　何校本作「有自」，此誤倒。

112 甲戌　左氏、穀梁「戌」作「子」。

113 冬晉里克弑其君之子奚齊　唐石經、諸本同。釋文作「殺其」，云「音試，下及注放此」。×

114 殺未踰年君之號也　閩、監、毛本同。唐石經、鄂本、宋本「殺」作「弑」。按，釋文則此經「弑」多作「殺」，或讀爲弑，以意求之。唐石經以下本皆作「弑」，此作「殺」，爲岐出，然「殺」可讀「弑」，「弑」不可讀「殺」也。

115 欲言弑其子奚齊　段玉裁云「弑」當作「殺」。

116 而坐之輕重見矣　鄂本、宋本、閩、監、毛本同。或改「坐」爲「罪」，非。

117 從弑名可知也　此本「知」誤「加」，今據諸本訂正。

十年

118 晉里克弑其君卓子　唐石經、諸本同。釋文：「卓子，左氏經無『子』字。」 ×

119 正謂始甲典覔師受業　閩、監本同。毛本「甲」作「申」，「覔」改「覓」。○按，説文作「覛」，俗作「覓」，又俗作「覔」。

120 荀息察言觀色　鄂本「察」誤「祭」。 ×

121 故荅之云爾　鄂本、宋本同。閩、監、毛本「荅」作「答」，非。

122 蓋言及亦使上及其君　閩、監、毛本「蓋」作「故」，是也。 ×

十有一年

123 冬大雨雹　解云：「左氏作『雪』。」

124 春晉殺其大夫丕鄭父　唐石經、諸本同。解云：「左氏經無『父』字。」按，今左氏有「父」。

十有二年

125 陳侯處臼卒　唐石經、諸本同。釋文：「處臼，左氏作『杵臼』。」

十有四年

126 是見恐曷而亡　釋文：「曷，火葛反。」九經古義云：「恐曷，即漢律『恐猲』也。陳羣新律序云『盜律有恐猲』。漢書王子侯表曰『葛魁侯戚坐縛家吏，恐猲受賕，棄市。平城侯禮坐恐猲取雞，免。承鄉侯德天坐恐猲國人，受財臧五百以上，免。籍陽侯顯坐恐猲國民，取財物，免』，師古曰『猲者，謂以威力脅人也，音呼葛反』。」

127 蓋以城天子與内同　毛本「與」誤「其」。✕

128 公怒之　浦鏜云「怒」下脱「止」。按，左傳有「止」字。

129 河崩有高下　閩、監、毛本同，誤也。鄂本、宋本「崩」作「岸」，當據正。

130 冬蔡侯肹卒　釋文、唐石經「肹」作「肟」，閩、監、毛本作「肸」，非，注同。

十有五年

131 故善録之故也　浦鏜云下「故」當作「是」。按，浦説是也。

132 盟于牡丘　監、毛本「丘」誤「兵」。

133 公孫敖率師　唐石經、鄂本、宋本同。閩、監、毛本作「帥師」。○按，此依左、穀作「帥」改也，公羊多作「率」。

134 激揚解惰也　宋本、閩本同。監、毛本「解」作「懈」，非。按，釋文作「解隋也」。❺

135 久也　余本脱一頁，此「久也」之「也」字起至「曷爲先言六而後言鷁」「後」字止。

136 書日而冥　鄂本「書」作「晝」。諸本皆誤「書」字。

137 季氏之孚則微者　唐石經、諸本同。鄂本「孚」誤「季」。

十有六年

138 是月　唐石經、諸本同。釋文：「是月，如字，或一音徒兮反。」盧文弨曰：「『是月』，有作『提月』者，故一音徒兮反。初學記晦日條引此作『提月』，又鶡冠子王鈇篇『家里用提』，陸佃注云『提，零日也』，引公羊爲證。」○按，「是月」與月令「是月」似異而實同，改作「提」者，俗人所爲也。

139 六鷁退飛過宋都　諸本同。唐石經「六鷁」字缺。釋文作「六鶂」，五歷反。經義雜記曰：「説文『鶂，鳥也，从鳥，兒聲。春秋傳曰六鶂退飛』，不收从益字。左氏正義曰『鷁字，或作鶂』，釋文『六鷁，本或作鶂』，公、穀釋文皆云『六鶂，五歷反』，可證三傳本皆作『鶂』，與説文同。今公羊注疏皆作『鷁』，穀梁注疏皆作『鶂』，惟經文『六鷁退飛』此一字从益，蓋因唐時左傳已有作『鷁』者，故後人據以易二傳也。穀梁疏引賈逵云『鶂，水鳥，陽中之陰，象君臣之訟閱也』，以閱解鶂，取同聲爲詁，可證左傳字本从兒。」

140 聞其磌然　唐石經、諸本同。釋文：「磌然，之人反，又大年反，本或作『砰』，八耕反。」經義雜記曰：「穀梁疏云『説文、玉篇、字林等無磌字，學士多讀爲砰，公羊古本並爲磌。張揖讀爲磌，是石聲之類』。今玉篇有『磌』字，云『音響也』，蓋孫强等增加。廣雅四釋詁『砰，普耕反，聲也』，而無『磌』字。楊云張揖讀爲『磌』，是古本廣雅有『磌』矣。五經文字『磌，之人反，又大年反，聲響也，見春秋傳』。」

141 而六鷁不書日乎　閩、監、毛本「鷁」作「鶂」，非。

142 六鷁無常　鄂本、宋本同。閩、監、毛本「鷁」作「鶂」，爲錯見字。今本公羊經注及疏皆作「鷁」也。

143 平居無他卓佹　釋文：「卓佹，九委反。」惠棟云：「卓佹」亦見漢書，蓋當時語。

144 及齊侯戰于奚　浦鏜云「師」作「侯」。按，桓十七年經作「師」。

145 非親王安存之象　閩、監、毛本同，誤也。鄂本「親」作「新」，當據正。

146 不納公子目夷之謀　毛本「目」誤「自」。

147 注天之與人至畏也者　閩、監、毛本「者」改「〇」。×

148 閔二年季子來歸是也　浦鏜云「元」誤「二」，是也。

149 君喪無所繫往　閩、監、毛本「往」作「住」，爲句。

150 即閔元年歸之下　浦鏜云下脱「來」，是也。

151 本感落姑之託　盧文弨曰當依公羊本字作「洛姑」。

152 公孫茲卒　唐石經、諸本作「公孫慈」，此本疏中「慈」皆作「茲」。

153 不問有罪以否　何校本同。閩、監、毛本「以」作「與」。

154 任豎刀易牙　閩、監、毛本「刀」改「刁」，非；此本「豎」誤「竪」，今訂正，疏同。

十有七年

155 伐國而舍氏言之者　宋本同。閩、監、毛本「舍」作「含」。

156 名當如其事也　閩、監、毛本同。鄂本「名」作「各」，是也。

157 欲道既諱不言齊　浦鏜云疑脱「不」字。

158 十有二月乙亥　唐石經「十」上有「冬」字，諸本誤脱。

十有八年

159 戰不言伐者莊十年師解故難之　何校本云此十三字當在下疏「宋公至故言伐」之前。

160 春秋伐者爲客伐者爲主　唐石經原刻作「春秋伐者爲客而不伐者爲主」，後磨改同今本。

161 豎刀易牙　釋文、唐石經作「豎刁」，閩、監、毛本同。

162 實以保伍連率　監本「伍」誤「五」。

163 何氏廢之曰　閩、監、毛本「廢」誤「發」。○按，「之」字乃「疾」字之誤。

十有九年

164 宋人曹人邾婁人盟于曹南　唐石經、諸本同。左氏、穀梁作「宋公」。

165 鄫子會于邾婁　唐石經、宋本「會」下有「盟」字，此脱。毛本「子」誤「人」。

166 及曹伯襄言會諸侯　解云：「舊本皆無『及』字。」

167 既在會間　鄂本「會」誤「人」。

168 言會盟不信已明　毛本「明」誤「盟」。

169 刺其不信　毛本「信」誤「言」。

170 鄫子曷爲使乎季姬來朝　閩本同。監、毛本「曷」誤「是」。

171 而鄫子自就邾婁　齊召南云下疑脱一「爲」字。

172 注上盟不至日者　閩、監、毛本作「上盟不至者例」，是也。

173 而下文冬會陳人蔡人楚人鄭人盟于齊之屬是　浦鏜云「而」當「即」字誤。

174 即是不信之正文　閩、監、毛本「即」誤「既」。

175 蓋叩其鼻以血社也　唐石經、諸本同。周禮肆師注引春秋「僖十九年夏，邾人執鄫子用之」，傳曰「用之者何，蓋叩其鼻以衈社也」。惠士奇云：「山海經東山經『祠，毛用一犬，祈神』，注云『衈，音餌，以血塗祭爲衈也。公羊傳蓋叩其鼻以衈社』，今本公羊作『血』，訛。穀梁作『衈社』，與鄭注合。」

176 齊人執陳袁濤塗之屬是也　毛本「濤」字實缺。❻

177 者其自亡者　鄂本、宋本作「著其自亡者」，此本誤。

二十年

178 不奉古制常法　鄂本「常」誤「當」。

179 始僭諸公　毛本「公」作「侯」，與隱五年傳不合。

180 前此則曷爲始於此　案，隱五年傳「於」作「乎」。

181 取郜大鼎于宋　閩、監、毛本「于」作「於」，非。

182 動作當先自克責　閩本同。監、毛本「克責」誤「内始則」，與襄九年注不合。

183 西宮災何以書記異也　唐石經、鄂本作「記災也」，諸本作「異」，誤。

184 以齊媵爲嫡　宋本同。鄂本、閩、監、毛本「嫡」作「適」。釋文：「適，又作『嫡』。」

二十一年

185 秋宋公楚子陳侯蔡侯鄭伯許男曹伯會于霍　唐石經、諸本同。解云：「左氏作『盂』，穀梁作『雩』，蓋誤。或所見異。」

186 以下獻捷貶　按，此下毛本有「霍，左氏作盂」五字，乃釋文而誤入注中者。

187 詐諼劫質諸侯　釋文作「誰諼」，云「誰，本亦作詐」。

188 吾不從子之言以至乎此　唐石經、鄂本同。閩、監、毛本「乎此」誤倒。

189 君雖不言國國固臣之國也　唐石經原刻「言」下不疊「國」字，後磨改同今本，此行及前一行皆本九字，此行後磨改，故亦十字，讀「君雖不言」句，「國固臣之國也」句。

190 注絶强楚之望　閩、監、毛本「强」作「彊」，與注合。

191 衛侯歸下注　按，下當脱「云」字。

192 曷爲不言其圍者　此下疏文當屬下節。
「者」字今本多改作「○」，此其改之未盡者。

193 据上言守國　解云：「『國』字，有作『圍』字者，誤。」

194 注据執至言釋　閩、監、毛本「至」誤「不」。 ×

195 即上十九年春王二月　浦鏜云「三」誤「二」。按，浦説是也。

公羊註疏僖公卷十二

二十有二年

196 取須朐　唐石經、諸本同。釋文：「須朐，左氏作『句』。」

二十有三年

197 宋公慈父卒　釋文：「慈父，左氏作『茲父』。」 ×

198 以後諱加微封　解云：「『封』字亦有下句讀之，非也。」

199 正所以傳聞之世　浦鏜云「以所」字誤倒。

二十有四年

200 鄭氏發墨守云　閩本同。監、毛本「氏」誤「云」。

* 夫人自悔而後人悔之　補：毛本作「夫人必自悔」，不誤。

201 今其寵專於子　浦鏜云「今」疑「令」字誤。

202 不茍從一　毛本「茍」誤「苟」。 ×

* 不復供養養者與　補：「養」字誤重。

二十有五年

203 即莊二十年冬　浦鏜云「十」下脱「七」字。按，浦説是也。

204 疾其末　鄂本「末」誤「宋」。

205 遂但別兩耳　鄂本同。閩、監、毛本「兩」下衍「稱」字，此本下複衍「別兩耳」三字，皆當删正。

206 注頓子至例也　閩、監、毛本衍作「頓子出奔至小國例也」。　×

207 不書出時者小國是例也　浦鏜云「者」下脱「略」字。按，浦説是也。

208 位不合致　按，「位」當作「但」。

209 天子不親征下土　閩本同。監本「土」誤「上」，毛本誤「士」。

二十有六年

210 大公能却强齊之兵　鄂本「强」作「彊」。　×

211 故録詳之　鄂本作「詳録」，此誤倒。

212 當有公賞也　浦鏜云「功」誤「公」，是也。

213 乞師者何卑辭也　閩、監、毛本同，誤也。唐石經、鄂本無「師」字，此誤衍。按，疏標起訖云「乞者至若辭」，亦無「師」字。

214 曷爲重師　宋本脱半頁，自「重」字起，「曰患之起必自」「自」字止。

215 注戰必當勝　閩、監本同，誤也。毛本「必當」作「當必」，宜據正。

216 秋楚人滅隗　釋文：「隗，二傳作『夔』。」　×

217 邾婁子益何以名絶之　哀七年傳「絶」字下有「曷爲絶」三字，下「蔡侯獻舞何以名絶」字下，亦宜依莊十年傳補「曷爲絶」三字。

218 以此二文言絶之　毛本「二」誤「上」。

219 内獲人皆諱不書　毛本「獲」誤「楚」。

220 恐如二君亦合絶滅　閩本同。監、毛本「君」誤「名」。　×

221 未聞稱師　閩、監、毛本誤也。鄂本「聞」作

「得」，當據正。

222 注稱人至從楚文　「從楚文」三字當作「得稱師」三字。

223 楚無大夫此何以書　閩本同。監、毛本「以」誤「不」。×

224 言其大夫者　浦鏜云「其言」字誤倒。

225 故從楚文也　毛本「楚」誤「此」。

226 以犯强齊　鄂本「强」作「彊」。×

227 作不得意之文以解之　浦鏜云「以」當「故」字誤。

228 二十七年　唐石經作「廿有七年」，鄂本「二十」下有「有」字，此脱。

二十有八年

229 晉文行霸征之　鄂本「文」下有「公」字，此脱。

230 衛壅遏不得使義兵以時進　釋文：「雍，又作『壅』，同。」此本「進」誤「追」，今據諸本訂正。

231 其意猶自欲得侵曹矣　毛本「自」誤「目」。×

232 注傳曰晉侯至是也　毛本「曰」改「云」，非。×

233 即下三十一年春　毛本「三」誤「二」。×

234 未能爲伯者之害　閩、監、毛本「伯」作「霸」。

235 明當與君俱昭也　鄂本「昭」作「治」，無「也」，此誤衍。

236 刺諸侯不慕霸者反歧意于楚　鄂本同。宋本「諸」作「陳」，此誤。閩、監、毛本「歧」作「岐」，下並同。

237 陳歧意于楚　鄂本同。監、毛本「于」作「於」，閩本誤「如」。

238 云不書至不書者　當作「云不書諸侯朝者」。

239 何氏云天王者　浦鏜云「天」上脱「言」，是也。

240 爲天子諱也　宋本「子」下衍「之」字，疏同。

241 注自楚者爲天子之諱也　閩、監本同。毛本「言自楚者爲天子諱也」。

242 陳侯欵卒　唐石經、諸本「欵」作「款」，是也。

243 則何以得爲伯討　唐石經原刻作「執」，後磨改作「討」。按，下云「歸于者，非執之于天子之側者也」，則此當從原刻作「執」。

244 此難成十五年　鄂本「成」下有「公」字。

245 歸之者次絶之辭執于天子之側　鄂本「次」作「決」，此誤。毛本「側」誤「例」。

246 故於是己立　唐石經原刻作「爲是」，後磨改作「於」。

247 曹伯言復歸者　浦鏜云自此下二十九字當在上文「曹伯襄復歸于曹」之下。按，廿一年疏引此曰「曹伯之下注云」，則此注本在上經下也。

248 書者名惡當見　鄂本「見」誤「是」。

249 言復者天子有命歸之　浦鏜云「復」下脱「歸」字，是也。

二十有九年

250 盟于狄泉　唐石經、諸本同。左氏作「翟泉」。

三十年

251 解云即莊八年　毛本「即」誤「師」。

252 君出則己入　唐石經、諸本同。隸釋載公羊殘碑後云「三十年言君出則已入」，然則熹平石經不與何本同，故舉其異者言之。

253 爲殺叔武之惡天子歸有罪也　閩、監、毛本同。鄂本無「之」字，此衍。按，廿一年疏引此注亦無「之」字。

254 當與天子參聽萬機　閩、監、毛本「機」改「幾」。下同。

255 矯君命聘晉　釋文作「撟君」，云「本又作『矯』」。

256 故疾其驕蹇自專當絶之　宋本同。閩、監、毛本「之」在「專」下，誤也。

三十有一年

257 當舉伐曹下曰　宋本、閩、監、毛本同。鄂本「下」誤「不」。

258 布徧還之辭　鄂本「徧」字空缺。按，釋文作「布徧」，經注本蓋作「布還」，此合併爲一。

259 何者稱侯以執　盧文弨曰「何」疑「向」。

260 不應以得　鄂本「以」作「復」，此誤「宜」；元年疏引此注，此本、閩本皆作「復」。

261 案曲禮上篇云　閩本同。監、毛本「曲」誤「典」。

262 注嘗比四時祭爲大　毛本脱「注」字。

263 注不言郊天者至斥尊者　閩、監、毛本下「者」改「〇」。

264 於南郊者　鄂本「於」作「居」，此本疏標起訖同，當據正。

265 槀席元酒　何校本「槀」作「稾」，从禾，是也。

266 大珪不瑑　鄂本同。閩、監、毛本「瑑」作「琢」，非，疏同，釋文亦作「瑑」。

267 故推質以事之　鄂本同。閩、監、毛本「推」

誤「惟」。

268 舊説云四方羣臣　閩本同。監本剜改「臣」作「神」，是也，毛本從之。

269 五岳爲三十　閩、監、毛本「岳」作「嶽」。

270 養牲不謹敬有災傷　鄂本、宋本、閩本同。監本剜改「有」作「致」，毛本從之。

271 非大牲不當復見免　鄂本同。閩、監、毛本「大」作「天」，是也。上文兩言「天牲」。

272 祭泰山河海　唐石經、鄂本同。閩、監、毛本「泰」作「大」，下同。按，釋文作「大山」，云「本亦作『泰』」，今本當據此改。

273 既祭布散於地位　浦鏜云「位」衍。按，爾雅音義無「位」。

274 注燎者取至燎之　按，注當作「燒之」。

275 上天燎之文　浦鏜云疑衍。盧文弨曰疑作「上釋天之文」。

276 肩臂臑肫胳　何校本「肫」作「膊」，與少牢饋食禮合。

277 長脅　何校本「長脅」作「正脅」，與少牢禮合。

278 案指爲寸　鄂本「案」作「按」。×

279 而上不從爾　鄂本「上」作「卜」，此誤。

280 彊遷徙畏人　鄂本同。閩、監、毛本「彊」作「强」。此本、閩本「徙」誤「徒」，今訂正。×

三十有二年 ×

281 鄭伯接卒　唐石經、諸本同。釋文：「接，二傳作『捷』。」×

282 公子買戍衛　閩本同。監、毛本「戍」誤「戌」。×

三十有三年

283 **晉人及姜戎敗秦于殽**　唐石經、諸本同。釋文：「殽，本又作『肴』。」惠棟云二傳皆作「敗秦師」。

284 **必於殽之嶔巖**　唐石經、諸本同。釋文：「嶔，本或作『廞』，同。」盧文弨曰：説文作「欽崟」，高誘注淮南地形訓作「欽吟」。○按，説文有「岑崟」，無「欽崟」，義與傳亦不同。

285 **介胄不拜爲其拜如蹲**　解云：「出曲禮上篇，彼文『蹲』作『蓌』。」經義雜記曰：「今禮記作『介者不拜，爲其拜而蓌拜』，釋文『蓌拜，盧本作蹲』，與何邵公合，『蓌』乃俗字。『介者』作『介胄』，蓋何氏以義言之。『而』、『如』古通，此當從公羊注『而』讀爲『如』。」

286 **恐見虜掠**　鄂本「掠」作「略」。按，釋文作「虜掠」。

287 **或曰緒出當遂往之**　鄂本同，蓋誤。閩、監本作「既出」，毛本誤「既自」，此本「緒」字剜改，當本作「既也」。

288 **匹馬隻輪無反者**　唐石經、諸本同。釋文：「隻輪，一本又作『易輪』。」董仲舒云『車皆不還，故不得易輪轍』。」經義雜記曰：「何注『匹馬，一馬也。隻，踦也』，穀梁傳作『匹馬倚輪，無反者』，范解『倚輪，一隻之輪』，漢書五行志載劉向説『謂晉敗秦師，匹馬觭輪，無反者』，服虔曰『觭，音奇偶之奇』，師古曰『觭，隻也』，凡作『觭』、作『踦』、作『倚』，皆『奇』字之通借，疑公羊傳本作『匹馬踦輪』，與穀梁及漢志同，何注作『踦，隻也』，與范解及顔注同。今本及釋文皆誤倒，若傳本作『隻』，文義已明，反訓爲『踦』，義轉晦矣。」

289 **猶豫留往之頃也**　閩、監、毛本同，誤也。鄂本「往」作「住」，當據正。

290 **隻踦也**　釋文：「隻踦也，一本作『易踦』。」○按，據此則知傳一本作「易輪」，與董仲舒合，而何釋爲「踦」。

291 **据秦人白狄不言及吳子主會也**　閩、監、毛本同。鄂本叠「吳子」二字。盧文弨曰：「秦人白狄伐晉」在成九年，「及吳子」在哀十三年，舊本「吳子」重，但脱一「及」字。按，疏中標注云「及吳子主會也」，如今本依疏叠「及」字，義可通矣。○按，此注當「據秦人白狄，不言及」句絶，下云「及吳子，吳子主會也」，謂如哀十三年言及吳子者，因吳子主會，今姜戎非主會者，何以言及。

292 即曷爲先言晉侯　浦鏜云「則」誤「即」。

293 惡者不仁　鄂本「者」作「晉」。此誤。

294 取叢　唐石經、諸本同。釋文作「取菆」，云「才工反。二傳作『取訾樓』」。解云：「『叢』有作『鄹』字者。」

04—295 故善録云　浦鏜云「之」誤「云」。

校記

❶ 南昌本下有校語「唐石經僖公第五卷四」。

❷ 南昌本無校語「釋文：棘，一本作『蕀』。」

❸ 南昌本校語無「釋文」二字，無「皆」字，無下「唐石經」三字。

❹ 南昌本校語「土積」作「上積」。

❺ 南昌本出文「惰」作「隋」。

❻ 南昌本校語「本」作「字」。

春秋公羊傳注疏校勘記卷五

公羊註疏文公卷十三❶

05—001 文公第六　唐石經夾注「卷五」二字。

元年

002 二月癸亥朔日有食之　唐石經、諸本同。左氏、穀梁無「朔」字。

003 狄比侵中國　宋本同。閩、監、毛本「比」誤「北」，疏同。

004 即下四年秋　浦鏜云下脱「楚人滅江五年秋」七字。

005 歸含且賵不言來　釋文：「歸含，本又作『唅』。五年經同。」

006 新爲王者使來會葬　閩、監、毛本「新」誤「親」。

007 君子恩降於親親　浦鏜云「隆」誤「降」。按，浦説是也。

008 明當有恩禮也是也　閩本同。監、毛本脱上「也」。

009 即桓五年公子翬如齊逆女　浦鏜云「三」誤「五」。按，浦説是也。

010 令有異於諸侯　閩本同。監、毛本「令」誤「命」。

011 楚世子商臣弑其君髡　葉鈔釋文、唐石經「髡」作「髠」，字從兀；此從几，非。釋文：「髡，左氏作『頵』。」

012 則知此處未有大夫矣　閩本同。監、毛本「矣」改「也」。

013 蔡世子般弑其君固　閩、監本「般」作「殷」，毛本誤「股」。

014 吉凶不相干　鄂本、閩、監、毛本同。此本、元本「干」誤「于」，今訂正。 ×

二年

015 戰于彭衙　釋文：「彭衙，音牙，本或作『牙』。」 ×

016 親喪以下壙皇皇無所親　穀梁疏引作「親喪已入壙皇皇無所見」。此作「親」，誤。

017 虞猶安神也用桑者　穀梁疏引作「虞猶安也」，無「神」字，此衍。「用桑者」下有「桑猶喪也」四字。○按，「用桑者」上穀梁有「虞主」二字。

018 卿大夫五士三　鄂本「三」誤「二」。 ×

019 朝葬而日中虞　注作「日中而虞」。

020 埋虞主於兩階之間　此本、毛本「埋」誤「理」，閩、監本不誤。

021 解云出論語也　閩、監、毛本脱「也」。 ×

022 正以古文論語哀公問社於宰我故也　浦鏜云「社」下脱「主」，非。古論語作「問社」，魯論語作「問主」。

023 藏于廟室中當所當奉事也　閩、監本同。毛本上「當」作「堂」，宜據正；儀禮經傳通解上「當」作「常」，鄂本下「當」作「常」，皆誤。○按，當作「藏於廟中堂所常奉事也質家藏於室」，蓋各本有誤，俟再攷。

024 質家藏于堂　閩、監、毛本同，誤也。鄂本「于」作「於」。儀禮經傳通解「堂」作「室」，宜據以訂正。文家尊尊故藏於堂，質家親親故藏於室。

025 在莊二十二年　毛本誤「三十二」。 ×

026 下三年冬　毛本「三」作「二」，非也。 ×

027 盟于垂歛　鄂本、監本同。唐石經、閩、毛本「歛」作「斂」。釋文：「垂斂，左氏作『垂隴』。」

028 正以共討惡逆　閩、監、毛本「共」誤「其」。

029 傳云何以書記災也　浦鏜云「異」誤「災」。○按，僖二十一年傳正作「災」。

030 躋僖公　唐石經、諸本同。釋文作「隮僖」，云「本又作『躋』」。×

031 又從僖八年禘數之　鄂本脱「僖」字。×

032 故不得然　浦鏜云儀禮經傳通解續下有「解」字，此誤。

033 即不主禘祫是也　盧文弨曰疑「不王不禘」之誤。

034 就不三年不復譏　鄂本、宋本、元本、閩、監本同。毛本「三」誤「二」。×

035 譏喪娶也　唐石經、諸本同。釋文作「喪取」，云「本亦作『娶』」。×

036 不復譏　鄂本「復」作「獨」。

037 況乃至于納幣成婚哉　宋本、閩、監本同。毛本「于」作「於」。×

三年

038 故爲隱恩痛之　浦鏜云「恩」下脱「録」。○按，何校本有，與隱三年注合。

039 死而墜也　諸本同。釋文「墜」作「隊」。唐石經「墜」字後加「土」。

040 衆死而墜者　何煌云穀梁疏引無「衆」字。按，無者非也。

041 羣臣將爭彊　何煌云「羣」上穀梁疏有「象宋」二字。按，此乃疏家以意改也。

042 是後大臣比爭鬬相殺　此本「比」誤「北」，今據諸本訂正。

043 朝廷久空　鄂本「空」作「虛」，此誤。

044 蓋由三世内娶　鄂本「由」改「猶」。

045 及十七年傳　浦鏜云「下」誤「十」，是也。

046 晉陽處父帥師伐楚　監本「師」誤「帥」。

047 正以以江近楚遠故也　閩、監、毛本下「以」作「其」。

四年

048 衛侯使甯俞來聘　唐石經、諸本同。解云：「正本作『速』字，故賈氏云『公羊曰甯速』。」經義雜記曰：「賈氏所據公羊作『甯速』，即徐所謂正本是也。後人依左、穀改之。釋文『甯俞，音餘』，已同今本矣。」

五年

049 天子以珠　鄂本「珠」作「球」，誤。

050 大夫以碧　檀弓下正義作「璧」。

051 士以貝　鄂本、此本「貝」誤「具」，疏同，今訂正。

052 注天子至貝者　閩、監、毛本作「天子至以貝」，是也。

053 知幾兼之也　鄂本「幾」作「譏」，此誤。

054 許男業卒　唐石經、諸本同。解云：「正本『業』作『辛』字。」

055 晉狐射姑出奔狄　釋文云：「射，穀梁作『夜』。」

056 以非恐見及知其殺　鄂本「及」誤「交」。

057 自上言泄下曰漏　毛本「自」誤「目」。

058 注明君至坐殺也　閩、監、毛本作「注明君漏言殺之當坐殺也」。

059 注易曰至害成　閩、監、毛本作「注易曰君不密至則害成」。

060 謹之至也　鄂本「謹」作「慎」。此當是避宋諱所改，猶「許慎」作「許謹」也。

061 据具月也　鄂本「具」作「俱」。

062 何以謂之天無是月非常月也　唐石經、鄂本皆疊「是月」二字，此脱。

063 不言朔者　此本「朔」誤「朝」，今據諸本訂正。

七年

064 据取叢也　解云：「考諸舊本，『叢』皆作『闞』。若作『叢』，非其義，且彼『叢』字多作『鄹』。」按，此當從舊本作「闞」。

065 故使若他人然　解云：「舊本『故』下有『知』字。」

066 取漷東田及沂西田　閩本同。監、毛本「沂」誤「泝」。

067 更有佗義故明之　毛本「明」誤「用」。

068 晉先眛以師奔秦　唐石經、鄂本、閩本同。監、毛本「眛」誤「昧」，下同。段玉裁云：从末是也。解云：「左氏、穀梁作『先蔑』。」

069 狄侵我西鄙　毛本「狄」誤「秋」。

070 眣晉大夫使與公盟也　諸本同。唐石經「眣」字缺。段玉裁云：成二年作「郤克眣魯衛之使」，字從目、從矢。釋文「眣，音舜。本又作『眣』，丑乙反。本又作『眹』，音同」，今釋文「眣」亦誤「眹」，「眹」誤「瞚」。

071 其逆禮即二年秋　浦鏜云「祀」誤「禮」，是也。

八年

072 盟于暴　唐石經、諸本同。釋文：「于暴，本又作『曝』。」

073 諱使若從外來　閩、監、毛本同，誤也。鄂本「來」作「奔」，當據正。

074 皆卿官也　鄂本「卿」作「卿」，誤。

075 子哀奔亡　此本「亡」誤「之」，今訂正。鄂本「哀奔」二字及下「起其」二字皆空缺。

076 晉人殺其大夫士穀之屬　閩、監、毛本「穀」作「縠」，是也。

九年

077 莊二十年師解云爾　按，當作「莊三十二年傳云爾」。

078 高宗涼闇三年　鄂本「涼」作「諒」。釋文作「涼」，音亮。

079 故莊二年注云　閩、監、毛本「二」誤「元」。

080 故書葬以起大夫會之　監本「大」誤「天」。

081 故與臣子辭　監本「臣」誤「王」。

082 注孛星至同也　閩、監、毛本作「星孛」，是也。

083 冬楚子使椒來聘　唐石經、諸本同。釋文：「椒，一本作『萩』。」○按，秋聲、叔聲古音同弟三部。

084 見升平法　諸本同。解云「言見治升平者，升，進也」，「見」下當有「治」字；釋文出「見升」二字，則陸本與此同。

085 不一而足也　浦鏜云「壹」誤「一」。按，唐石經、諸本皆作「一」。

086 則當純以中國禮貴之　鄂本「貴」作「責」，此誤。

087 禮主于敬　宋本、閩本同。監、毛本「主」誤

「王」。

088 其言僖成風之襚何　閩、監、毛本「僖」下有「公」字，此脱。何按本無「之襚」。

公羊注疏文公卷十四

十年

089 而猶不知止　毛本脱「猶」字。

090 及蘇子盟于女栗　釋文：「女，本亦作『汝』。」

091 楚子蔡侯次于屈貉　釋文：「屈貉，二傳作『厥貉』。」

十有一年

092 春楚子伐圈　唐石經、諸本同。釋文：「圈字，二傳作『麇』。」

093 天誡若曰　毛本「天」誤「大」。

094 言相類如兄弟　鄂本「如」誤「知」。

095 與公子友敗莒師于犂同　鄂本無「于犂」，非也。按，釋文出「于犂」二字。

096 以求賂于魯　案，僖元年傳「于」作「乎」。

097 大人無輔佐　鄂本、宋本、閩、監本同。毛本改「輔助」。非也。

098 弑君二十八亡國四十　解云：「宜云弑君二十也，『八』是衍字。亡國二十四也，作『四十』者，錯也。」

099 其殺君二十　閩、監、毛本「殺」作「弑」。

100 陳招殺偃師　閩、監本同。毛本「殺」改「弑」。

101 十三年取詩　閩本同。監、毛本「詩」作「邿」，非。

十有二年

102 尤當加意厚遇之　鄂本同。閩、監、毛本

「尤」誤「猶」。

103 卒者許嫁　解云：「舊本皆無此注。」

104 婦人不絶男子之手　毛本「子」誤「人」。

105 秦伯使遂來聘　釋文、唐石經作「使遂」。解云：「左氏、穀梁皆作『術』字，經亦有作『術』字者，疑『遂』字誤。」○按，疏非也，古書「遂」、「術」音同。

106 惟諓諓善竫言　諸本同。唐石經缺。釋文：「諓，尚書作『截』。」「竫，或作『諞』，本作『譔』。」九經古義云：「説文引書曰『戔戔，巧言』，李尋傳云『昔秦穆説諓諓之言，任仡仡之勇』，王逸楚辭章句引書云『諓諓靖言』，『靖』與『竫』同。」

107 俾君子易怠　諸本同。唐石經缺。九經古義云：「尚書『怠』作『辭』，籀文『辭』從台，史記三王世家齊王策云『俾君子怠』，與公羊傳合。」

108 易怠猶輕惰也　釋文作「輕隋」。×

109 而況乎我多有之　唐石經「況」字缺。九經古義云：「尚書『況』作『皇』，依字當作『兄』，兄滋也。無逸云『無皇曰』，又云『則皇自敬德』。漢石經無佚皆作兄。詩『倉兄填兮』義作『況』。」

110 惟一介斷斷焉　唐石經、諸本同。釋文：「一介，古拜反。尚書音古賀反。」惠棟云：古無「个」字，作「一介」爲是。九經古義云：「『焉』與『夷』同見周禮行夫注。夷聲近猗，故尚書作『猗』。」

111 無他技　唐石經、諸本同。釋文作「佗技」。×

112 奇巧異端也　釋文：「奇，本又作『琦』，同。」×

113 其善言無箄　閩、監、毛本「箄」改「算」，下同。

114 能有容　唐石經、諸本同。九經古義云：「尚書曰『如有容』，古『如』字作『而』，『而』讀爲『能』，『能』讀曰『如』。詩民勞『柔遠能邇』箋云『能猶伽也，伽當作如』。此述秦誓之辭，而字多異，然與尚書無大抵牾，蓋古今文之殊爾。」

115 **河曲疏矣河千里而一曲也** 唐石經、諸本同。爾雅釋水「百里一小曲，千里一曲一直」，注引公羊傳曰「河曲，流，河千里一曲一直也」，疏云「此注以疏爲流，又加一直字，誤也」。按，郭氏所據公羊不與何本同，何本作「疏」不作「流」也。〇按，此是「流」字，鄂本、唐石經等作「疏」乃譌字耳，邢昺所據已譌。

116 **河曲流以据地** 閩、監、毛本同。鄂本「流」作「疏」。

117 **季孫行父帥師城諸及運** 唐石經、諸本同。釋文：「及運，二傳作『鄆』。後皆爾。」 ×

118 **書帥師者** 鄂本同。此本疏標起訖亦作「書帥至城之」。此本及閩本「書」誤「帥」，今訂正。監、毛本改「言帥師者」，非。

119 **不至復也** 浦鏜云「者」誤「也」，是也。

十有三年

120 **會人孤以尊天子** 鄂本「會」字上有「彊」字，此脱。按，僖廿八年注云：「陳有大喪，而彊會其孤。」

121 **令失子行** 監本「失」誤「夫」。

122 **至秋七月** 唐石經、鄂本皆作「至于秋」，此脱。

123 **世室屋壞** 唐石經、諸本同。釋文：「世室，二傳作『大室』。」九經古義云：「公羊皆以『世』爲『大』，如衛大叔，儀爲世叔。齊宋樂大心爲樂世心。推而廣之，如鄭大夫子大叔，論語作世叔。天子之子稱大子，春秋傳云會世子于首止。諸侯之子稱世子，而晉有大子申生，鄭有大子華，春秋經齊世子光，左傳云大子光，是古『世』與『大』通。」按，「世」與「大」聲相近，故文異。

124 **少差異其下者** 余本脱一頁，自此「少」字起，至後注「後能救鄭之難不」「不」字止。

125 **所以上尊周公** 鄂本同。閩、監、毛本「上」作「尚」。

126 **魯拜乎後** 唐石經、鄂本作「魯公拜乎後」，此脱，禮記明堂位正義引有。

127 成王始受其茅土之辭　浦鏜云「受」當「授」字誤。

128 包以黄土　盧文弨曰周書「包」作「苞」。按，苞苴字當從艸。

129 周公用白牲　閩、監、毛本同，誤也。唐石經、鄂本作「白牡」，當據正。此本注中亦作「牡」，不誤。

130 謙改周之文　鄂本「謙」作「嫌」。此誤。

131 騂犅赤脊　毛本「脊」誤「脊」。

132 所以降于尊祖　盧文弨曰「于」當作「子」。按，此本疏中作「降子尊祖」。

133 魯公燾　唐石經、諸本同。釋文：「燾，一本作『濤』。」

134 羣公廩　唐石經、諸本同。詩采薇正義引鄭易注作「羣公溓」。溓、廩聲相近，此疏引鄭注云「廩讀如羣公廩之廩」，當是後人改竄。

135 是以鄭注云　按，「云」上當有「周易」二字。

136 不月者知久不脩　鄂本同。閩、監、毛本「不」誤「書」。

137 當蒙上月者　毛本「上」誤「土」。

138 何譏不務乎公室　何校本「譏」下有「爾」字，「公室」下有「也」字。

139 故知當蒙上月爾　閩、監本同。毛本「爾」改「耳」。

140 鄭伯會公于斐　唐石經、諸本同。釋文：「斐，本又作『棐』。」

141 所猶時齊人語也　鄂本、宋本、閩、監本同。毛本「時」誤「是」。

142 故加録於其還時　毛本「於」改「于」，非。

十有四年

143 更相篡弒　葉鈔釋文作「篡殺」，「申志反，下同」，此本載音義亦作「殺」。×

144 王都不能統政　閩、監、毛本同，此本「王」作「正」，皆誤；鄂本作「王者」，當據正。

145 是莒弒其君是　閩、監、毛本下有「也」。

146 晉人納接菑于邾婁　唐石經、諸本同。釋文：「接菑，二傳作『捷菑』。」經義雜記曰：「莊十二年宋萬弒其君接，今左氏、穀梁作『捷』，賈景伯所見公羊、穀梁皆作『接』。僖三十二年『鄭伯接卒』，左氏、穀梁作『鄭伯捷』。接、捷二字古多互用。」

147 注指手指　何校本此四字在「解云子謂郤缺」之下。

148 言俱不得天之正性　毛本「俱」誤「据」。

149 俱不得天之正性也雖然者雖皆不得正性　閩、監、毛本移「雖然者」以下分配下節，又删「雖然者」三字，增「雖然至長○解云」六字、一「○」，大失疏文舊式矣。

150 義實不爾克也　唐石經、鄂本、閩、監本同。毛本「爾克」誤倒。

151 故如其意使如國君　毛本下「如」誤「若」。×

152 則知商人本正明矣　毛本「正」誤「日」。×

153 終始惡明　閩本同。監、毛本「明」誤「名」。

154 宋子哀者何　此下二節疏此本在何注「此問諸侯相執」下，閩、監、毛本移於「宋子哀來奔」傳下。

155 罪惡各當歸其本　浦鏜云「當各」字誤倒。

156 淫乎子叔姬　唐石經、諸本同。毛本「乎」誤「于」。

十有五年

157 三亂結盟　閩、監、毛本同，誤也。鄂本「三」作「二」，當據正。此本「三」字剜改，當本作「二」。

158 即上九年傳云　浦鏜云「八」誤「九」，是也。

159 脅我而歸之　唐石經、鄂本、閩本同。監、毛本「我」誤「物」。

160 齊魯以此名之曰筍　閩、監、毛本同，誤也。鄂本、蜀大字本「此」作「北」，漢制考同，當據正。九經古義云：「史記張陳列傳『上使泄公持節問貫高箯輿前』，服虔曰『箯音編。編竹木如今峻，可以糞除也』，韋昭音如頻反，云『如今輿牀，人輿以行』。案，服氏云『如今峻』，峻即筍也，同物、同音。」釋文：「筍，音峻。」

161 隱如至自晉　閩本同。監、毛本「隱」作「意」，非。

162 故曰入也　鄂本同，蓋誤。閩、監、毛本作「日」。

163 令與赦同文相發明　鄂本、宋本、閩本同。監、毛本「令」作「今」。

164 剡伯姬來歸是也　閩、監、毛本「剡」作「郯」，不誤。

165 圍不言入入郛是也　解云：「舊本此下無注，有注云『圍不言入，入郛是也』者，衍字耳。」

166 解云案諸舊本　閩、監、毛本「諸」誤「書」。×

十有六年

167 欲道是時不肯盟者　毛本「是」誤「其」。×

168 于廟先受朝政　鄂本「朝」作「朔」。此誤。

169 朝廟礼也　鄂本「礼」作「私」，此誤，因形相近也，閩、監、毛本改作「禮」。

170 **故以不視朔爲重** 鄂本作「故不以」，非是。

171 **常以朔者始重也** 諸本同，誤倒，鄂本作「重始」，當據正，此本疏標起訖云「注常以」至「始也」，則本作「重始」。

172 **以不諱舉公如有疾** 鄂本「如」作「知」。此誤。

173 **正取此書也** 浦鏜云：「文」誤「書」，從儀禮經傳通解校。

174 **盟于犀丘** 唐石經、諸本同。解云：「正本作『蔮丘』，故賈氏云公羊曰『蔮丘』。穀梁曰『師丘』。今左氏經作『鄑』字。」經義雜記曰：「釋文作『犀丘』，穀梁音義亦云『公羊作犀丘』，則唐以來本不作『蔮』字矣。公羊疏，唐以前人爲之，所據皆晉、宋古書，故猶見正本，與賈景伯合也。」

175 **即莊二十一年春** 浦鏜云「三」誤「二」，是也。

176 **故如此解賤者窮諸人首** 浦鏜云「首」爲「者」之誤。閩、監、毛本移「賤者」以下四十二字作「賤者窮諸盜」之注，在「降大夫使稱人」之上。鄂本注無「之」。元年疏與此同，不誤。

177 **殺人者刎脰** 鄂本同。閩、監、毛本「脰」改「頭」。按，釋文作「頭」，云「如字，本又作『脰』，音豆」。

178 **義之輕然也** 浦鏜云「輕」下脱「重」。

十有七年

179 **葬我小君聖姜** 釋文：「聖姜，二傳作『聲姜』。」

180 **而卒葬並不見** 閩、監、毛本作「書見」，是也。

181 **公子遂如齊** 唐石經、鄂本上有「冬」字，此脱。

十有八年

182 **秦伯罃卒** 注「秦穆公也」，釋文、左氏『穆公子康公』」，解云「左氏爲康公，與此別，穀梁無解」。惠棟云：以康公爲穆公，直以意說。

183 齊人已君事之殺之且當坐弒君　閩、監、毛本同。鄂本「且」作「宜」，當據正。疏「已」作「以」，「且」亦作「宜」。古已、以通。

184 譏魯猥使二大夫出　毛本「二」誤「五」。×

185 何隱爾弒也　唐石經、諸本同。釋文作「殺也」，云「音試，下及注同」，今本亦誤作「弒」。×

186 是以莊三十三年　閩、監本同，誤也，當從毛本作「三十二」。

187 夫死子殺　閩、監、毛本同。鄂本「殺」作「弒」。×

188 注有去至不復　閩、監、毛本作「有去至復反」。按，注當有「反」字。

189 解云即襄三十三年　浦鏜云「一年」誤「三年」。浦說是也。

190 十有二月　何校本「二」作「一」，是也。

05—191 春秋公羊卷第五　唐石經原刻「第六」，後改「第五」。

校　記

❶ 南昌本下有校語「唐石經文公第六卷五」。

春秋公羊傳注疏校勘記卷六

公羊註疏宣公卷十五❶

06—001 宣公第七　唐石經下注「卷六」二字。×

元年

002 注云弑君欲即位故如其意也　浦鏜云十二字衍，是也。

003 公子遂齊納弊　閩、監、毛本「遂」下有「如」字，「弊」作「幣」，下同。

004 即下八年而注云　浦鏜云「而」衍字。

005 如滅同姓　浦鏜云「此」誤「如」，是也。

006 比於去姜差輕　閩、監、毛本同。鄂本下叠「輕」字。

007 言其事體先亡　浦鏜云「事」疑「半」字誤。

008 見繼重在遂　閩、監、毛本同。按，「繼」當讀爲「繫」。解云：「故言見繫重在遂。」

009 則鳳凰不翔　鄂本「凰」作「皇」，此加几者，俗字。

010 則恐誤刑賢者　毛本「賢」誤「嫌」。×

011 繫用嶶墨　鄂本、閩本同。監、毛本「墨」改「纆」，疏並同。

012 蓋以爲至不全　閩、監本同。毛本脱「爲」字。×

013 已爲虵虵之蟠屈以嶶墨也　閩本同。監、毛本「虵」作「蛇」，「墨」改「纆」。浦鏜云：「似」誤「以」，從玉海挍。

014 艮文與震同　浦鏜云：「又」誤「文」，從李氏集解挍。

015 置于叢棘　閩、監本同。毛本「于」改「於」。

016 聽君不去衛正也　閩、監、毛本同。按，「衛」蓋「是」字誤，或當作「爲」。

017 周人卒哭而致事　今本曾子問無此文，此與岳珂九經三傳沿革例引興國本合，段玉裁説。

018 此説時衰正失　鄂本「正」作「政」。此誤。

019 殷曰哻　鄂本、閩、監本同。毛本「哻」作「冔」，疏同。按，釋文作「冔」。

020 主所以入宗廟　鄂本「主」誤「王」。

021 非古道也　監本「道」誤「旨」。

022 臣順爲命亦禮也　鄂本「爲」作「君」。此誤。

023 不應復將　閩本亦作「復」，監、毛本改「以」，非。「將」字，監、毛本作「得」，此誤，閩本作「注」，非。○按，僖三十一年注作「不應復得」。

024 齊人取讙及禪　此「僤」字之誤，閩本作「僤」，是也，此本下亦作「僤」，監、毛本改「闡」，非，下同。

025 由律行言許受賂也　浦鏜云「由」「猶」通。十年疏引「受賂」作「受財」。

026 未絶于我也　毛本「于」改「於」。

027 楚子鄭人侵陳　唐石經、諸本同。鄂本作「楚人」。

028 但別兩耳是也　浦鏜云「兩」下脱「稱」，是也。

029 冬晉趙穿帥師侵柳　唐石經、諸本同。左氏、穀梁作「侵崇」。

二年

030 晉趙盾弑其君夷獋　唐石經、諸本同。

釋文：「夷貆，二傳作『夷皐』。」×

三年

031 不洯清　鄂本「洯」作「絜」，下同；閩、監、毛本作「潔」，俗「絜」字。×

032 十五年春王正月　閩、監本同。毛本「王」誤「上」，此本誤「正」，今訂正。×

033 二卜語在下　此本、監本「下」誤「卜」，今訂正。

034 揔領天地之内五帝羣臣也　閩、監、毛本「臣」作「神」，是也。

035 故推人道以接之　毛本「推」誤「惟」。×

036 善其應變得禮也　鄂本無「也」字。×

037 正謂天之精神靈不明察矣　毛本「正」誤「王」。按，「不」字疑衍。

038 五星之謀是其義　閩、監、毛本同。按，「謀」當「精」字之誤。

039 楚子伐賁渾戎　釋文：「賁渾，舊音六，或音奔。二傳作『陸渾』。」❷

040 葬不月者子未三年而弒故略之也　鄂本無「也」，此衍。解云：「考諸舊本皆無注，然則有者衍字耳。」

041 其言圍之何不聽也　浦鏜云下衍「何不聽也」四字，是也。

042 故諱使若莒不肯起其平也聽公平　鄂本無「起其平也」四字，諸本皆涉下誤衍，當删正，讀「故諱使若莒不肯聽公平」爲一句。

043 月者頰谷之會　閩本同。監、毛本「頰」誤「夾」。×

044 秦伯稻卒　毛本「稻」誤「稻」。×

五年

045 公何以不及夫人　浦鏜云「不」下脱「言」字，是也。

046 傳云夫人外者何　按，「傳云」二字當衍，何校本無。

047 時夫人淫於齊侯　毛本「於」改「于」。✕

048 其諸爲其雙雙而俱至者與　唐石經、鄂本、閩本同。監、毛本「雙」作「䨇」，俗字也，注及疏同。

六年

049 即桓三年公子翬如齊逆女　閩本同。監、毛本「三」誤「二」。✕

050 是以二十六年弑剽之下　毛本「二」誤「三」。✕

051 殺之宜當坐弑君是也　閩本同。監、毛本誤作「殺君」。

052 据皆去葬不加弑　鄂本「葬」下有「日」字，此脱。○按，依疏「日」字不當有。

053 許世子止弑其君買　毛本「世」誤「氏」。✕

054 此非弑君如何　唐石經、鄂本同。閩、監、毛本改「而何」。按，「如」當讀「而」。

055 雖有富貴者以齒　鄂本無「富」字，此衍。○按，禮記文王世子無「富」字。

056 升餕受爵以上嗣　閩、監、毛本同。鄂本「餕」誤「鋑」，此本誤「酸」，今訂正。○按，文王世子「升」作「登」。

057 喪紀以服之精粗爲序　鄂本「粗」作「麤」。按，疏中引注作「觕」。

058 其登餕獻爵　惠校本「爵」上增「受」字，下「爵謂上嗣舉奠」之上亦增「受」字。

059 此作精粗者　按，「粗」亦當作「觕」。

060 其上文云　閩本同。監、毛本「文」誤「又」。按，「上」當作「下」。

061 己趨而辟丸是樂而已矣　唐石經、閩本同，皆上作「己」，下作「已」；監、毛本皆作「已」，誤。釋文：「己趨，音紀。」何注云：「己，己諸大夫也。」

062 有人荷畚　唐石經、諸本同。釋文作「有人何」，云「本又作『荷』」。

063 始怪何等物之辭　鄂本同。閩、監、毛本「怪」作「恠」，俗字。

064 顧君責己以視人欲以見就爲解也　毛本「君」誤「尹」。按，「見就」或云當作「就見」，非也。

065 巽當覺悟　閩、監、毛本「巽」作「冀」。鄂本「悟」作「寤」。按，下注云「非所以意悟」，用「悟」字，成七年注云「重録魯不覺寤」，用「寤」字，蓋覺寤字當作「寤」，猶人寐而覺寤也。

066 則無人門焉者　唐石經、諸本同。段玉裁云：「此當作『焉門者』，下當作『焉閨者』，故注云焉者於也，是無人於門閨守視者也，今本誤倒。」

067 故不言堂焉者　鄂本無「焉」。段玉裁云當作「焉堂者」。

068 俯挽頭　閩、監、毛本同，誤也。鄂本「挽」作「俛」，當據正。

069 明約儉之衛也　鄂本無「也」字，此誤衍。

070 此而謂也　閩、監、毛本同，誤也。鄂本「而」作「之」，當據正。

071 仡然從乎趙盾而入　唐石經、諸本同。經義雜記曰：「何注『仡然，壯勇貌』。案，説文『仡，勇壯也，从人，气聲。周書曰仡仡勇夫』，此何義也。鄉飲酒禮『賓西階上疑立』，注『疑讀爲疑然從於趙盾之疑。疑，正立自定之貌』，則鄭所據公羊『仡然』作『疑然』，乃立定之貌，不取勇壯義。」按，「乎」作「於」，亦異。

072 **躇階而走** 唐石經、諸本同。釋文：「躇，與蹉同。一本作『辵』，音同。」經義雜記曰：「説文『辵，乍行乍止也。从彳，从止。讀若春秋公羊傳曰辵階而走』，釋文謂『一本作辵』，與説文正合，則古本公羊作『辵階』矣。公食大夫禮『賓栗階升』，注『不拾級連步，趨主國君之命。不拾級而下曰辵』，公羊義當如禮經注，較之説文『乍行乍止』之訓更密也。」

073 **遽不暇以次** 釋文作「劇」，云「本亦作『遽』」。 ×

074 **靈公有周狗** 唐石經、諸本同。何注云：「可以比周之狗。」按，爾雅釋畜「狗四尺爲獒」，郭注「公羊傳曰『靈公有害狗謂之獒也』」，又宋本張華博物志云「晉靈公有害狗」，「害」與「周」形相近，故文異，害狗謂能害人之狗。

075 **絶其頷** 段玉裁云玉篇引作「絶其頷」。

076 **欲趍疾走** 鄂本同。閩、監、毛本「趍」作「趨」。

077 **所食活我于暴桑下者也** 唐石經、閩、監本同。毛本「暴」改「㬥」，非。

078 **猶曰子以上車矣** 鄂本「以」作「已」。

079 **不望報矣** 鄂本「矣」作「也」。

080 **民衆不悦** 閩、監、毛本同。釋文作「不説」，音悦。鄂本亦作「説」。 ×

081 **衛侯衎復歸于衛** 浦鏜云下脱「傳云」，是也。

七年

082 **在上四年春也** 毛本「春」誤「冬」。

083 **春衛侯至來盟** 此本此節疏在「大旱」下。閩、監、毛本移於經文「七年春衛侯使孫良夫來盟」之下。

八年

084 春公至自會　毛本「會」誤「齊」。

085 以有疾乃復弒恥　閩、監、毛本「弒」作「殺」，此誤，蓋凡「殺」字皆改爲「弒」，遂誤改此爾。

086 猶稱公子也　鄂本無「也」字。

087 公會平州下如齊也嫌公遂如齊嫌坐乃復貶也　閩、監、毛本同，誤也。鄂本「如齊」下無「也」字，「公遂」下有「八年」二字，當據以訂正。言於元年公會平州下，如齊，貶，不稱公子，則嫌公如齊矣；於八年如齊，至黃乃復，貶，不稱公子，則嫌因坐乃復貶之矣。

088 地者絶外卒　鄂本作「地者卒外」，此本「絶」衍字，「外卒」誤倒。按，解云「此言於垂者，正以卒於外故也」，是疏本亦作「卒外」，不言「絶」。

089 注如齊嫌坐乃復貶也　○按，「如齊」之上當有「八年」二字。

090 見其無罪於桓公　毛本「於」改「于」。×

091 傳文云爲人後者爲其子　浦鏜云「文」當「又」字誤，是也。

092 傳子赤者也　毛本「赤」誤「尺」。×

093 明不與子爲父爲父孫是也　浦鏜云：複衍「爲父」二字。按，何校本無此二字，是也。

094 初夏作之　毛本「作」誤「卒」。×

095 禮繹繼昨日事　毛本「繼」誤「祭」。×

096 故執不知問　毛本「問」誤「門」。×

097 不欲令人聞之也　鄂本無「也」字，此誤衍。

098 有事于廟而聞之者去樂卒事而聞之者廢繹　鄂本疊「卒事」二字，此因重文誤脱，

當據補。按，疏引昭十五年經「去樂卒事」，以證上卒事，又標「注卒事至日也」，以釋下注，則疏本亦疊「卒事」二事。❸

099 各以日月廢時祭唯郊社越紼而行事可　毛本「祭」字空缺。鄂本「可」作「也」。按，疏標起訖作「凡祭」至「事可」。

100 紼輴車索是也　浦鏜云「輴」誤「輔」，是也。

101 晉大敗於邲　閩、監本同。毛本「於」改「于」。

102 屈服强楚之應　鄂本「强」作「彊」。

103 謂問定公日下昊乃克葬　鄂本無「謂」字，此誤衍。監、毛本「昊」改「昃」，非，下同。閩本與此同，疏中亦然。

104 即是十五年　「十五年」上當有「定」字。

105 不干此事　閩本同。監本「干」誤「于」，毛本因改「於」。

106 別朝莫者明見日乃葬也　釋文：「莫音暮。」鄂本「莫」作「暮」；毛本作「𦱤」，非，下並同。監本「日」誤「目」。

107 似若臣子不得正日　毛本「日」誤「者」。

108 然則朝莫猶早晚也　毛本「猶」誤「有」。×

九年

109 唯近取濟西田之文　浦鏜云「唯」疑「雖」。

110 期外恩殺惡輕　毛本「輕」誤「輪」。×

111 公薨于小寢　毛本「于」改「於」，非。×

112 而卒於諸侯會上　毛本「於」改「于」，下及疏並同。×

113 雖卒於會上　鄂本、閩、監本同。毛本「雖」誤

「所」，「於」作「于」。

114 如人國次之　鄂本、元本同，誤也。閩、監、毛本「如」作「於」，當據正。

115 不書葬者故篡也　閩、監、毛本同。鄂本無「故」字。

116 不言卒於師者　毛本「於」作「于」，下「卒於境外」同。×

117 弑其君虔于乾谿　毛本「于」改「於」，非。×

118 脅比而立之　閩、監、毛本「比」誤「此」。下同。

119 衆罷而去之　毛本「罷」誤「罪」。×

120 陳殺其大夫泄冶　宋本、閩、監、毛本同。唐石經避諱作「洩」。❹

公羊註疏宣公卷十六

十年

121 齊人歸我濟西田　閩、監、毛本同。唐石經磨改「西」下增「之」字，鄂本亦有。

122 据歸讙及闡　閩、監、毛本「闡」作「僤」。釋文作「及僤」，云「本又作『闡』」。

123 未絶於我也　閩、監、毛本同。唐石經、鄂本「於」作「于」。

124 曷爲未絶于我　唐石經、鄂本、閩、監本同。毛本「于」改「於」，疏同。

125 据有俄道　閩、監、毛本同。鄂本「俄」作「我」，是也，當據正。

126 至乎地之與之　浦鏜云「與人」「人」誤「之」，是也，與桓六年傳合。

127 日有食之既　閩、監、毛本「既」誤「即」。

128 即隱三年夏四月　閩、監、毛本「三」誤「二」。×

129 取蘱 唐石經、諸本同。惠棟云：蘱，二傳作「繹」。

130 取根牟 鄂本「牟」誤「牛」。 ×

131 注取根牟者 閩、監、毛本「者」改「○」。 ×

132 開倉廩賸振乏 鄂本「乏」作「之」。此誤。

十有一年

133 會吴于鍾離 監本「鍾」作「鐘」。❺

134 吴封於防 毛本「於」改「于」。何校本作「吴封之于防」，與昭四年傳合。

135 臣弑君子弑父 唐石經、諸本同。昭十一年疏引作「臣弑君，子殺父」。蓋「弑」字本皆作「殺」，後改「弑君」而仍「殺父」耳。

136 故曰齊桓專封同義耳 浦鏜云「曰」下脱「與」，是也。

137 言此二子上無絶文 毛本「上」誤「二」。

十有二年

138 夏晉惠公殺里克是也 毛本「殺」誤「弑」。 ×

139 不從殺泄治 鄂本「泄」作「洩」，下並同。

140 一賊不可再討 閩本同。監、毛本「一」字實缺。 ×

141 晉侯以下 浦鏜云下脱「及」。

142 不利其土 毛本「土」誤「上」。

143 何得序於其上 毛本「於」改「于」。 ×

144 力沛若有餘 毛本「若」誤「者」。 ×

145 遠自勞辱到於鄭也 毛本「於」改「于」。 ×

146 若俗言境埆矣 閩本同。監、毛本「俗」誤「欲」。 ×

147 使帥一二耋老而綏焉　唐石經「耋」作「耊」。

148 謙不敢多索丁夫　釋文：「多索，舊本作『策』，音索。」

149 案今曲禮云七十曰耋　閩、監、毛本同。經義雜記曰：「當作『今曲禮六十曰耆』。徐據『今禮記曰耆』不作『耋』，故下云『或者此耋字誤也』。」

150 數往來爲惡言　宋本同。閩、監、毛本「數」作「屢」。釋文作「屢往」，又作「數」。

151 緇廣充幅長尋曰旐　解云「今爾雅釋天『繒』作『緇』字」，按此則何注本作「繒廣充幅」，當訂正。

152 加文章曰旗　按，「旗」當作「旂」，疏同，疏引爾雅及孫炎注皆作「旂」。

153 注旄首曰旌　宋本、閩本同。監、毛本「注」作「註」，非，疏同。

154 詩云帛旆英英是也　浦鏜云「白」誤「帛」，非也。孫氏所據毛詩作「帛旆」，引以證「帛續旐末」；今本詩作「白」，訛。浦鏜又云「央央」誤「英英」，亦非也。詩出其東門正義引六月亦作「英英」。

155 繼旐如燕尾曰旂也　按，「旂」當依注作「旆」。

156 言畫急疾之鳥于旐周官所謂鳥準爲旟者矣　浦鏜云：「縿」誤「旐」，「隼」誤「準」。

157 廝役扈養　唐石經、閩本同。監、毛本「廝」改「厮」，非，注同。

158 養馬者曰扈　惠棟云：閔元年僕人鄧扈樂，即圉人樂，圉人即養馬者。

159 炊亨者曰養　閩本同。監、毛本「亨」作「烹」，俗字。

160 古者杅不穿　唐石經、諸本同。釋文：「杅音于。」解云：「其音于，若今馬盂矣。舊説云『杅』是『衦』字，若今食佾矣。」〇按，説文有「盂，飯器也」，「杅，槾也，所以涂也」，然則古經皆假「杅」爲「盂」。

161 耻不能早服也　毛本「能」誤「得」。

162 是以君子篤於禮而薄于利　唐石經、鄂本同。閩、監、毛本「于」作「於」，是也。

163 欲要其人服罪過耳　閩、監、毛本同，是也。鄂本「耳」作「爾」。

164 度邲水戰　鄂本「度」作「渡」。按，下注云「使得過渡邲水去也」，作「渡」字，此誤。

165 比舩爲橋　閩、監、毛本「舩」作「船」，下同。

166 以求二人　鄂本作「上人」。此誤。❻

167 言及者大臣及君　鄂本「大」作「以」。此誤。「大」字剜改，當本作「以」。

168 令之還師而佚晉寇者　閩、監本同。毛本「令」誤「舍」。

169 宜存人矝患　閩、監、毛本「矝」改「矜」，非，古矜憐字皆從令，詳見爾雅挍勘記。

170 宋師伐陳　唐石經、諸本同。解云：「宋師伐鄭者。按諸家經皆有此文，唯賈氏注者闕此一經，疑脱耳。」盧文弨曰：賈氏所闕，當并「衛人救陳」亦闕，否則救陳之文何所承乎。

十有三年

171 春齊師伐衛　唐石經、諸本同。左氏、穀梁作「伐莒」。

十有四年

172 許人子者必使父也　元本同。閩、監、毛本「父」上有「人」字。按，疏中引注亦作「必使人父也」，此脱。

173 正以凡圍例時　閩、監本同。毛本「凡」誤「月」。

174 十有五年

故地于宋耳　閩、監本同。毛本「于」誤「與」。

175 謂魯人見刺也者疑之　浦鏜云「之」疑「非」字誤。

176 軍有七日之糧爾盡此不勝　唐石經、諸本同。解云：「舊本或云軍有七日之糧爾，七日盡此不勝，將去而歸爾。今定本無下『七日』二字。」按，定本是也。

177 於是使司馬子反乘堙而闚宋城　唐石經、鄂本、閩、監本同。毛本「闚」改「窺」，非。

178 土城具　閩、監、毛本同，誤也。鄂本「土」作「上」，當據正。❼

179 柑馬而秣之　唐石經「秣」從「末」。○按，「柑」當作「拑」。

180 反報於莊王　毛本「於」改「于」。

181 子曷爲告之　毛本「子」誤「則」。

182 受命築舍而止　鄂本「受」作「更」。此誤。

183 此皆大夫也　唐石經、鄂本、閩、監本同。毛本「皆」誤「其」。

184 等不勿貶　疏標起訖亦作「等不勿貶」，言與不勿貶相等，謂貶也。此本「勿」作「物」，誤，今訂正。

185 若當言楚圍宋　浦鏜云「若」下當脫「言遂」二字。

186 正以定十二年冬　何校本「二」作「一」，是也。

187 而未能合于中國　唐石經、鄂本、閩、監本同。

毛本「于」改「於」。

188 故變文上札　閩、監、毛本同。此本「上」作「王」，誤。解云：「謂以札於子上，以札近先王。」

189 諸侯大夫顧弒君重　毛本「重」誤「仲」。×

190 天子不復名之　毛本「名」誤「明」。×

191 尢其在位子弟　浦鏜云上脱「故」字，是也。

* 今稱二十字　補：閩、監、毛本「二十」改「王札」。

192 正以稱其五十字　閩、監、毛本「五十」改「伯仲」，非。

193 内計稅畝　閩、監、毛本同。鄂本「計」作「議」。

194 即上十三年秋螽　按，「螽」當依經作「蝝」。

195 仲孫蔑會齊高固于牟婁　唐石經、諸本同。左氏、穀梁無「婁」字。

196 初稅畆　唐石經「畆」作「畝」，閩、監本作「畞」，毛本作「畮」，非，下並同。

197 故履踐案行　毛本「案」改「按」。×

198 則爲桀之小貪　毛本「爲桀」誤倒。

199 大貉小貉　唐石經、諸本同。釋文作「大貊」，亡百反。×

200 夫飢寒並至　鄂本、閩本同。監、毛本「飢」改「饑」，下及疏同。

201 即所謂十一而稅也　閩、監、毛本作「什一」。

202 還廬舍種桑荻　○按，食貨志無「荻」字，此「荻」當作「萩」，「萩」者，「楸」之假借字。楸者，梓也。

203 女上蠶織　閩、監、毛本同。浦鏜云「工」誤

「上」。○按，「上」同「尚」。

204 故三年一換主易居　閩、監、毛本同，誤也。鄂本「主」作「土」，當據正。

205 彊國家　監、毛本「彊」誤「疆」。　×

206 中里爲校室　毛本「校」改「挍」。案，毛本作「挍」，避所諱，全書皆然。

207 辯護伉健者　○按，「辯」當作「辨」，「辨」即今人所用之「辦」字。辦護，謂能幹辦護衛也。

208 父老此三老孝弟官屬　鄂本「此」作「比」，當據正。

209 里正比庶人在官吏　鄂本「官」下有「之」字，儀禮經傳通解同。

210 其有秀者命曰進士　鄂本「進」作「造」，儀禮經傳通解同，當據正。

211 餘一年之畜　鄂本「畜」作「蓄」。　×

212 不能使野無寇盜云云者　毛本「寇盜」誤倒。　×

213 其功美過於無災　鄂本「其」作「有」。　×

214 故君子深爲喜而僥倖之　按，上云「幸，僥倖」，此「幸」加人旁，非也。

十有六年

215 夏成周宣謝災　鄂本、閩本同。監、毛本「謝」作「榭」，下及注疏並同，唐石經缺。釋文：「宣謝災，左氏作『宣榭』。」惠棟云：「襄九年疏引作『謝』。古無『榭』字，或止作『射』。周郙敦銘曰『王格于宣射』，是也。三傳皆作『謝』，俗從木。」又「災」，左傳作「火」。

216 解云即桓九年　毛本「九」誤「元」。　×

217 即襄三十年　毛本「三」誤「王」。

218 樂器藏焉爾　漢書五行志曰「榭者，所以臧樂器」，唐石經、諸本作「藏」，俗字。

219 新周也　唐石經、諸本同。惠棟云：「當作『親周』。古『親』、『新』通，『新』讀爲『親』。按，春秋繁露三代改制質文篇云『絀夏、親周、故宋』，史記孔子世家云『春秋據魯、親周、故殷』，皆作『親』字。何注云『孔子以春秋當新王，上黜杞，下新周，而故宋』，是何注本作『新周』也，當亦爲嚴、顏之異。」○按，董子、史記「親周」皆「新周」之誤，錢大昕言之當矣，惠棟未憭此。

220 云從爲王者之後記災也者　閩、監、毛本無「之」字。按，注中亦無，乃衍文。

221 故不得待以初也　毛本「以」誤「有」。　×

222 今此被出亦待書見　浦鏜云「待」疑「特」字誤。

十有七年

223 臣道强之所致　宋本「强」作「彊」。　×

224 殘賊而弑之也是也　浦鏜云「殺」誤「弑」。按，何校本正作「殺」。

十有八年

225 欲言殘賊於鄫國都　閩、監本同。毛本「於」改「于」。　×

226 諸大夫皆雜言曰　閩、監、毛本作「雜然」，與傳同。

227 掃地曰墠　釋文注作「埽地」，此從手旁，非。

228 注成三日至之禮者　閩、監、毛本「者」改「○」。　×

229 反命乎介　唐石經、諸本同。成十五年傳作「反命于介」。

230 不待報罪也　鄂本「罪」作「非」。

231 遂殺君本當絶　鄂本「遂」作「逐」，誤。

232 又不當逐 鄂本同。閩、監、毛本「又」誤「父」。

06—233 春秋公羊卷第七 唐石經「七」改「六」。×

校記

❶南昌本下有校語「唐石經宣公第七卷六」。

❷此條末南昌本有校語云「○案，毛本此句别分一節。以葬匡王疏係葬匡王下」。

❸南昌本校語「二事」作「二字」。

❹南昌本校語自「避」字始回行，下有大字「止」。

❺南昌本此條下移一格。

❻南昌本校語無「人」字。

❼南昌本校語無「毛」字。

春秋公羊傳注疏校勘記卷七

公羊註疏成公卷十七❶

07—001 成公第八　唐石經下注「卷七」二字。 ×

元年 ×

002 周二月夏十二月　此本原刻「周二」之「二」缺上畫，翻刻本遂改爲「周正月夏十一月」，閩、監、毛本承其誤。

003 舒恒燠若　閩、監、毛本同。釋文：「舒恒，尚書作『豫』。奥若，本又作『燠』。」經義雜記曰：「尚書『厥民隩』，五帝本紀作『其民燠』，蓋古文尚書『厥民奥』，今文尚書『厥民燠』。釋文引馬云『煖也』，是馬從今文讀。」按，何氏今文之學也，引尚書作「恒奥若」，是今文「燠」亦作「奥」。○按，段玉裁云：「僞孔本作『豫』，鄭、王本作『舒』。羣經音辨引作『舒常奥若』，云『何休讀今本作燠』。按，音辨『恒』作『常』，避宋諱也。」

004 當寒而温例賞也　諸本同。按，「例」當作「倒」，字之誤也，此本疏云「凡爲賞罰，宜出君門，而臣下行之，故曰倒賞也」可證，閩、監、毛本亦誤作「例賞」矣，襄廿八年疏引作「倒置」，「置」字誤，「倒」字不誤。

005 故曰例賞也　按，「例」者「倒」之誤。

006 通財貨曰商　閩、監、毛本作「通財粥貨曰商」，釋文「粥貨，羊六反」，此脫。

007 言執在三年外　毛本「年」誤「月」。 ×

008 丙午及荀庚盟　閩本同。監、毛本「及」誤「反」。 ×

009 秋王師敗績于貿戎　唐石經、諸本同。釋文：「貿戎，左氏作『茅戎』。」 ×

二年

010 帥師會晉郤克衛孫良夫曹公子手　唐石經、諸本同。釋文：「手，一本作『午』。左氏作『首』。」經義雜記曰：「春秋正義云『沈氏引穀梁傳曹公子首偪，今本作曹公子手僂』，大射儀『相者皆左何瑟後首』，注『古文後首爲後手』，則『手』爲假借字，『首』爲正字。一作『午』者，『手』字形近之誤。」

011 不從内言敗之者　此本「敗」誤「敵」，今訂正。

012 楚師敗績即傳云　浦鏜云「即」當衍字，是也。

013 即知宣十二年　閩、監本同。毛本「即」改「則」。

014 持外故從外也　按，「持」爲「恃」之誤。

015 君不使乎大夫　唐石經、諸本同。按，「君不」下似脱「行」字，當補正。解云「春秋謹於別尊卑，理嫌疑，故絶去使文，以起事張例，則所謂『君不行使乎大夫也』者是」，則疏本有「行」字，又隱六年疏兩引皆作「君不行使乎大夫」，閔元年疏引同。

016 是爲先晉之文　毛本「爲」誤「謂」。

017 宋公陳侯以下　毛本「以」作「已」。

018 佚獲也　唐石經、諸本同。釋文：「佚，音逸。下同。一本作『失』。」九經古義云：「古『佚』字皆作『失』。『佚』又與『逸』同。尚書無逸，漢石經作『佚』。春秋經曰『肆大眚』，穀梁曰『肆，失也』，失猶佚也。佚與逸同，謂逸囚。」○按，漢石經無逸之「逸」作「劮」。

019 晉郤克投戟　唐石經、鄂本「戟」作「戟」。

020 逢丑父者　唐石經、諸本同。鄂本「逢」作「逄」，誤。○按，逢姓之「逢」从夆，不从夅，諸家説多誤。

021 故特巽丑父備急　閩、監本同，蓋誤。宋本、毛本「巽」作「選」，當據正。

022 不知頃公將欲堅敵意邪　閩、監、毛本同。

鄂本「將欲」作「欲將」。

023 **内大惡諱** 毛本「大」誤「多」。 ×

024 **万嘗與莊公戰** 閩、監、毛本「万」作「萬」。 ×

025 **樊光云斳斫也** 毛本「斫」誤「砍」。

026 **非王法所當貴** 閩、監、毛本同，誤也，當作「非王法所得貴」。按，疏標起訖云「注如以」至「得貴」，解云「但春秋爲王法，是以不得貴耳」，則疏本作「得」字，今毛本疏標起訖亦改作「當貴」矣。

027 **賢季子則賢君許使臣有大夫故宜有君矣** 何校本作「賢季子則吴何以有君有大夫以季子爲臣則宜有君者也」，共廿三字，與襄廿九年傳合，當據正。

028 **丑父權以免齊侯** 監本「父」誤「公」。

029 **同時而聘于齊** 毛本「于」誤「與」。

030 **不書恥之** 據疏此下有「臧孫許眇也」五字一句，今各本脱去，則疏文無所系。

031 **注臧孫許眇也者** 閩、監本同。毛本「也者」誤倒。 ×

032 **按此一句註宜在不書恥之下今定本無疑脱誤也** 此二十字當是挍書者札記語，非作疏者本文也。作疏時注固不脱，且疏内少言定本者，定本乃唐初顔師古所爲，則知公羊疏出唐以前人矣。

033 **踊于棓而窺客** 鄂本及漢制考作「踊于掊而窺客」，注同。「棓」字從手，非。閩、監、毛本「窺」作「闚」，唐石經缺，釋文作「闚」，云「本又作『窺』」。

034 **踊上也** 鄂本「上」作「止」，非也。

035 **於是使跛者迓跛者** 唐石經、諸本同。釋文：「迓，本又作『訝』。」周禮秋官掌訝注：「鄭司農云『訝，讀爲跛者訝跛者之訝』，釋曰『此公羊傳文』，時晉使郤克聘齊。郤克跛，齊使跛者往御，御亦訝也。」按，鄭司農所據公羊傳作「跛者訝跛者」，賈公彥所據公羊傳作「跛者御跛者」，皆與今本異。訝，正字。御，假借字。迓，俗字。

036 卿主迎者也　鄂本無「也」字。

037 大夫率至于館　盧文弨曰「至」當作「迓」。按，儀禮「率」作「帥」。

038 宰夫朝服致飧腍厥明至于館　閩、監、毛本同，誤也。鄂本「至」作「訝」，當據正。盧文弨曰：儀禮「腍」作「飪」，音義同。

039 怪師勝猶不解　鄂本同。閩、監、毛本「怪」作「恠」，俗字。　×

040 賂以紀甗玉磬　左傳「磬」作「磬」。

041 是則土齊也　唐石經、諸本同。解云：「一本云『是則土齊，曰不可也者』。」

042 郤克眣魯衛之使　唐石經同，葉鈔釋文亦作「眣」，音舜，閩、監、毛本誤作「眣」。

043 本禍所由生　監本「由」誤「田」。　×

044 汲追與之盟　鄂本疊「汲」字，此脱。

045 公及楚人秦人宋人陳人衛人鄭人齊人　唐石經、諸本同。解云：「一本無『齊人』者，誤也。」

046 据會而盟一處　鄂本「据」作「據」，下三年注同。　×

047 得一貶焉爾　唐石經「一」作「壹」，蓋因何注作「一貶」轉改也。

三年

048 以無新宮知宣公之宮廟　○按，當作「以無新公」乃合。魯桓公廟謂之「桓宮」，僖公廟謂之「僖宮」，煬公廟謂之「煬宮」，魯無新公，故疑之而問也。

049 **未有新公之名**　閩本同。監、毛本作「新宮」，誤。○按，謂魯君無謚「新公」者也。

050 **以無新宮**　何校本「宮」作「公」，是也。

051 **注謂之新宮至有所改更也者**　閩、監、毛本刪「者」字。 ×

052 **据桓僖宮災**　鄂本「据」作「據」。 ×

053 **隱公攝位久不還**　閩、監本同。毛本「位」誤「政」。

054 **夏之正月**　毛本「正」誤「五」。

055 **桓宮僖災者**　毛本「宮」誤「公」。

056 **注据國内兵不舉者**　閩、監、毛本刪「者」字。 ×

057 **晉郤克衛孫良夫伐將咎如**　唐石經、諸本同。釋文：「將咎如，左氏作『廧咎如』。」 ×

058 **故云不舉重矣**　閩本同。監、毛本「云」改「曰」。 ×

059 **至及於魯**　毛本「於」改「于」。 ×

060 **自此之後**　監本「自」誤「目」。 ×

四年

061 **鄭伯堅卒**　唐石經、諸本同。釋文作「伯臤」，云「本或作『堅』」。解云：「左氏作『堅』字，穀梁作『賢』字，今定本亦作『堅』字。」按，云定本亦作「堅」，與左氏同，然則疏本作「臤」，與釋文同也。九經古義云：「『臤』與『賢』本一字，説文『臤，古文以爲賢字』，漢潘乾校官碑云『親臤實智』，國三老袁良碑云『優臤之寵』；『堅』又與『賢』通，東觀漢紀云『陰城公主名賢得』，續漢書天文志作『堅得』，疑古『賢』字、『堅』字皆省作『臤』。公羊從古文作『臤』，穀梁以爲『賢』，左氏以爲『堅』，師讀各異故也。」

062 **鄭伯堅卒者**　閩、監、毛本刪「者」字。按，段校本「堅」作「臤」。

063 冬城運　唐石經、諸本同。五年「秋大水」注作「城鄆」。

五年

064 有罪時無罪月是也　閩、監、毛本脱「是」字。

065 夏叔孫僑如會晉荀秀于穀　釋文：「荀秀，左氏作『荀首』。」

066 河上之山也　唐石經、鄂本、閩本同。監、毛本「河」作「江」，誤也。

067 壅河三日不沇　唐石經、諸本同。釋文：「壅河，於勇反。沇，音流。」按，釋文當本作「雍」，今從土，當後人所加。

068 與正道同　閩、監、毛本同。鄂本「正」作「王」。

069 故湨梁之盟　監、毛本同，誤也。鄂本、閩本「湨」作「溴」。釋文「溴，古闃反」，當據正。❷

070 昭四年遂滅瑕　浦鏜云「厲」誤「瑕」。按，浦説是也。

071 十三年滅蔡　浦鏜云「一」誤「三」。按，是也。

六年

072 未有武公之文　毛本「公」誤「宮」。

073 立者不宜立也　唐石經、諸本同。解云：「亦有直云『不宜立』，無在上『立者』二字也。」

074 有二祧享嘗乃止　浦鏜云下脱「注」，是也。「有」字上何校本有「遠廟爲祧」四字，與祭法合。

075 大夫立三廟二壇　浦鏜云「一」誤「二」，非也。

076 而此傳也及註譏其立者　浦鏜云「也」衍

字，是也。

077 春秋時魯國君弒　浦鏜云「三」誤「國」。浦說是也，作「三」字與彼注合，彼正義詳之。

078 秋仲孫蔑叔孫僑如率師侵宋　唐石經、鄂本、閩、監本同。毛本脱「率師」二字。

079 晉欒書率師侵鄭　唐石經、諸本同。按，左氏、穀梁皆作「救鄭」，上書「楚公子嬰齊率師伐鄭」，故晉欒書率師救之也，「侵」字誤。嚴杰曰：上文「鄭伯費卒」，注云「楚伐鄭喪，不能救，晉又侵之」，然則公羊作「侵鄭」，與左、穀異也。

七年

080 重録魯不覺寤　解云：「重讀如煩重之重也。」

081 食牛者未必故鼠　左傳正義引注「食」上有「後」字。

082 又有咎在人君取己有災而不云改更者　浦鏜云「又有」當「又食」之誤。按，「云」疑衍。

083 故因始見以漸進　鄂本、閩、監本同。毛本「因」誤「言」。

084 何氏不言楚言荆者　浦鏜云「何氏」下脱「云」。

085 六臣秉政　浦鏜云「大」誤「六」。

八年

086 今而書之　閩、監本同。毛本「今」誤「經」。

087 願請汶陽之田　毛本「請」誤「取」。

088 叔弓如宋葬共姬　毛本「共」誤「其」。

089 正者文不變也　鄂本、閩、監本同。毛本「正」誤「王」。

090 元年春王正月也　「也」上當有「正」字。

091 其實二年三年以下之經皆如是　毛

本「三年」誤「三月」。

092 何氏云不言天王者　閩、監、毛本「氏」下衍「注」。

093 而上繫於天也　浦鏜云「上」下脱「自」字。浦説是也，隱元年注有「自」字。毛本「於」改「于」。

094 但春秋見當時之王　毛本「時」誤「世」。

095 功未足施而錫之非也　浦鏜云「非」下脱「禮」字。按，文元年注有「禮」字。

096 棄而日卒者　閩、監、毛本同。鄂本「棄」作「弃」。

097 晉侯使士燮來聘　唐石經、鄂本、閩本同。監、毛本「燮」作「爕」，非，下同。

098 紀履緰來逆女　閩、監、毛本「紀」誤「杞」。

九年

099 知其爲脅也　解云：「爲讀如『子爲衛君乎』之爲。」

100 何氏云以己從人曰行　閩、監本同。毛本「云」改「曰」。

101 擇日而祭於禰　毛本「於」改「于」，疏同。

102 所以彰其潔　何校本「潔」作「絜」，疏同。按，「潔」乃俗字。

103 注義與上同也　閩、監、毛本删「也」字。毛本「義」誤「議」。此本「上同」誤倒，今訂正。

十年

104 下昊日昳久　閩本同。監、毛本「昊」誤「吴」，「昳」誤「昳」。

105 公會晉侯齊侯宋公衛侯曹伯伐鄭　諸本同。唐石經缺。解云「此經『公會晉侯、宋公』以下『伐鄭』」，與今本異。

106 故如此解也　閩本同。監、毛本「如」誤「以」。

107 以若不得脱危然　浦鏜云「似」誤「以」。浦説是也。與桓二年注合。

108 至而凡奪臣子辭　浦鏜云「故復」誤「而凡」，是也。

109 故侈大其能容之　解云：「考諸舊本，『大』上無『侈』字。」按，上云「侈，大也」，故此云「大其能容之」，舊本是，今衍。

110 唯天子娶十二女　鄂本同。閩、監、毛本「娶」作「取」。按，釋文作「取」，云「七住反，本或作『娶』」。疏本標注作「娶」。

111 孔子爲後王　浦鏜云下當脱「立制」二字，是也。

112 没世子也是也　浦鏜云「殺」誤「没」，是也。

113 當絶之　疏及諸本同。鄂本「絶」作「詔」。

114 注當絶之者　閩、監、毛本「者」改「〇」。×

115 冬十月　此本、鄂本、閩、監、毛本皆脱，唯唐石經有之。嚴杰曰：左、穀皆有此三字，與公羊經異。錢大昕云：何注云「去冬者惡成公」，然則石經有此三字，非何意也，故知唐石經未必是，歷來版本未必非也。

公羊註疏成公卷十八

十有一年

116 晉侯使郤州來聘　唐石經、諸本同。釋文：「郤州，本亦作『犨』。」九經古義云：「世本『郤豹生義，義生步揚，生州，州即犨也』，與公羊合。左傳『魏武子犨』，世本亦作『州』。司馬貞云『州、犨聲相近，字異耳』。」

117 不能相親信反相疑　閩、監、毛本同。

本或「反」下有「復」字。

十有二年

118 自其私土而出也　穀梁傳疏引作「私土謂國也」，非是。×

119 即桓十六年　毛本「桓」誤「恒」。×

120 何言小國者據其私土之言也　浦鏜云疑當疊「小國」二字。

121 夏公會晉侯衛侯于沙澤　釋文：「沙澤，二傳作『瑣澤』，定七年同。」×

十有三年

122 月者善公尊天子者　閩、監、毛本「者」改「〇」。×

123 公自京師　解云：「『公』下『自』上有『至』字者，衍文。」

124 言自王所與此異　閩、監、毛本同。按，「言」上當脱「不」字。

125 復生事脩朝禮而後行　疏中標注作「生事脩朝禮而行」。解云：「『生事』之上有『復』字者，衍文。」

126 注生事脩朝禮而行者　閩、監、毛本作「生事修朝禮而後行〇」。

127 注問無復出至鑿行　閩、監、毛本作「注問無事復至鑿行」，此脱「事」字。

128 曹伯廬卒于師　唐石經、諸本同。釋文：「伯廬，本亦作『盧』。」×

129 危公幼而遠用兵者　閩、監、毛本「者」改「〇」。×

十有四年

130 凡娶早晚皆不譏者　鄂本同，此本疏標起訖亦作「娶」；閩、監、毛本改「取」，非。釋文作「凡取」，云「本又作『娶』」，閩、監、毛本蓋據此。

131 則桓公三年娶于齊　閩、監、毛本「三」誤「二」。×

132 鄭公子喜率師伐許　唐石經、鄂本、閩、監本同。毛本「率」改「帥」。

十有五年

133 然則嬰齊孰後後歸父也　唐石經、鄂本、監、毛本同。此本閩本脱一「後」字，今補正。

134 唯有耼季而已　閩本同。監、毛本「耼」作「聃」。

135 又長幼當仲　毛本「又」誤「文」。×

136 是以不得更以佗字連之　閩、監本同。毛本「字」誤「事」。

137 弑子赤而立宣公　諸本同。唐石經缺。釋文作「殺」，音弑。×

138 舍此無累者乎　毛本「乎」誤「何」。×

139 何賢乎荀息傳云　浦鏜云「傳云」二字衍。何煌云：「『何賢乎荀息』下當有『奚齊卓子者驪姬之子也荀息傅焉』十五字，『傳云』二字誤。」

140 臧宣公者相也　閩、監、毛本同，誤也。鄂本作「臧宣叔」，宣十八年疏引此傳同，當據正，唐石經缺。

141 諸大夫皆雜然曰　唐石經、諸本同。宣十八年疏引作「雜言曰」。

142 仲氏也　鄂本「氏」誤「如」。

143 豈謂作世子之子乎　閩本同。監、毛本「謂」誤「得」。

144 公會晉侯衛侯鄭伯曹伯宋世子成　鄂本、元本同。唐石經、閩、監、毛本「成」作「戍」。釋文：「世子戍，音恤，本或作『成』。」

145 晉侯執曹伯歸之于京師　唐石經、諸本同。僖廿八年注作「歸于京師」，無「之」字，傳文方辨別「歸之于」、「歸于」二者之不同，然則石經此處有「之」字，其誤甚矣，左氏、穀梁亦無「之」。

146 注爲篡喜時者　閩、監、毛本删「者」，下有「解云」。

147 宋華元出奔晉　唐石經、諸本同。鄂本「奔」作「犇」，下同。

148 注不省文至文大之言　閩、監、毛本「言」作「也」，此「言」字蓋誤衍，注中當本無「也」字。

149 射姑殺也射姑殺則其稱國以殺何　閩、監、毛本同。此本「射姑殺則」四字剜擠。

150 狐射姑民衆不説　按，今傳無「狐」字。

151 注據楚不殊　閩、監、毛本下有「解云」，此脱。

152 外土諸侯也　此本、閩、監本「土」誤「士」，鄂本、毛本不誤，今訂正。

153 大揔下上言之辭也　閩、監、毛本同，誤也。鄂本「上」作「土」，當據正。

154 乃言會吴于鐘離是也　閩、監、毛本「鐘」改「鍾」。

155 解云即元年傳云　按，「元」上脱「隱」字。

156 一繫於正月　何校本作「一一繫於正月」。

157 欲其遠近徧及海内如此　閩、監、毛本作「如一」。此誤。

十有六年

158 即此注云辛未滕子卒是也　浦鏜

云「經」誤「注」。

159 書蘧蒢與瞷　閩、監、毛本「蒢」作「篨」。

160 直是行而得書卒書日　浦鏜云「行」下當脱「進」字。

161 晉厲公見餓殺九重　閩、監、毛本「九」誤「猶」；鄂本「餓」作「弒」，誤，「九」字與此本同。

162 注是後楚滅舒庸者　閩、監、毛本「者」改「○」。❸

163 文不言書　浦鏜云當作「又不言書」。

164 易故末言之　鄂本同。閩、監、毛本「末」誤「未」。

165 公子喜時在内也　釋文：「喜時，左傳作『欣時』。」　×

166 訟治于京師　閩、監、毛本同。鄂本「訟」作「説」，誤。

167 嫌自京師天子有力　鄂本「子」誤「士」。　×

168 正猶公子喜時之力　浦鏜云「猶」當「由」字誤。

169 晉侯執曹伯以畀介宋人　浦鏜云「以」「介」二字衍。

170 舍之于招丘　唐石經、諸本同。釋文：「招丘，二傳作『苕丘』。」　×

171 前此者晉人來乞師而不與者　閩、監、毛本作「前此者」至「不與○解云」，移此疏於「執未有言仁之者」節注下，此本在「執歸書者」至「起其功也」節疏下。

172 此其言舍之何仁之也　唐石經、諸本同。浦鏜云禮記表記注引此「仁之也」作「人也」。疏云：「欲人愛此行人。」

173 此其言人之何　唐石經、諸本作「仁之何」，此與表記注合。○按，此誤字而有合於古者也，公羊本三云「人之」，後來皆改作「仁之」，則此作「人之」爲誤字矣。

174 故重而不暇別外内也者　閩本同。監、毛本「暇」誤「假」。

175 成公將會厲公　唐石經作「晉厲公」，此脱「晉」字。

176 謂上伐鄭　鄂本下有「也」字。

177 齊人執陳袁濤塗　閩本同。監、毛本「袁」誤「轅」。

178 以其銜命奉國事執之　浦鏜云「所銜」誤「銜命」。

179 乙酉刺公子偃　解云：「考諸舊本，此經下無注。若有注者，衍字耳。」

十有七年

180 魯郊博卜春三月　鄂本、閩、監本同。此本疏標起訖亦作「博」，毛本誤作「傳」，疏同。按，「博卜」者，廣博卜三月也。浦挍本作「轉卜」，非。

181 上辛尤始新　閩、監、毛本同。鄂本作「猶」，是也。

182 先有事存后稷神名也　浦鏜云：「名」衍字，從續通解挍。

183 必先有事於蜚林　釋文：「蜚林，芳尾反，又音配。」惠棟云：「古『配』字，讀爲『妃』，故『配林』一作『蜚林』，音相近。」

184 必先有事於泮宫　釋文：「泮，本又作『郊』。」按，禮記禮器注云「『泮宫』字或爲『郊宫』」。

185 公孫嬰齊卒于貍軫　釋文：「軫，之忍反。左氏作『脤』，穀梁作『蜃』。」解云：「正本作『貍辰』字。」

186 卒于貍軫者 閩、監、毛本删「者」字。 ×

187 舒庸東夷道吴圍巢 解云：「考諸舊本，亦有無此注者。」

十有八年

188 注厲公猥殺四大夫者 閩、監、毛本「者」改「○」。 ×

189 楚爲魚石伐 鄂本下有「宋」字，此脱。

190 主書者其專封 鄂本「者」下有「起」，此脱。解云：「起其專封之義。」

191 天子囿方百里 鄂本「百」作「伯」。

192 晉侯使士彭來乞師 釋文：「士彭，二傳作『士魴』，襄十二年同。」

07—193 春秋公羊卷第七 唐石經「八」改「七」。 ×

校記

❶南昌本下有校語「唐石經成公第八卷七」。

❷南昌本校語下有「疏同」。

❸南昌本出文「舒」作「書」。

春秋公羊傳注疏校勘記卷八

公羊註疏襄公卷十九❶

08—001 襄公第九　唐石經下注「卷八」。

元年

002 后知其意欲逐君側之惡人　閩、監、毛本同。按，「后」當作「後」。

003 而不加叛文故難之　毛本「難」誤「雖」。×

004 猶有屈彊臣之助　閩、監、毛本同，誤也。鄂本「助」作「功」，解亦云「雖不能誅，猶有屈魚石之功」，當據以訂正。

005 恐見及是以辟而去　毛本「及」誤「友」。×

006 書者至之助　鄂本「助」作「功」。

007 后莒牟夷以牟婁來奔　閩、監、毛本同。鄂本「后」作「後」，當據正，下注同，疏中亦誤作「后」。

008 故奪繫于宋　鄂本「于」作「於」。×

009 齊國夏曷爲與石曼姑帥師圍戚　浦鏜云「石」上脱「衛」。○按，浦説與哀三年傳合。

010 夏晉韓屈帥師伐鄭　唐石經、諸本同。解云：「左傳、穀梁『屈』作『厥』。」

011 次于合　釋文：「于合，二傳作『鄬』。」解云：「左傳『合』作『鄬』字。」

012 秋楚公子壬夫帥師侵宋　唐石經「公子壬夫」四字磨改。

013 揖讓而入門　今禮記無「而」字。

014 故各得行朝聘之禮是也　閩本同。監、毛本「各」誤「名」。×

二年

015 鄭伯睔卒　唐石經、諸本同。釋文：「伯睔，古困反。」九經古義云：「古今人表『鄭成公綸』，師古曰『綸，音工頑反』；又泠淪氏，服虔曰『淪，音鯀，鯀與昆同音』，故『綸』、『淪』字皆讀爲『鯀』。」

016 公會晉侯以下伐鄭是也　毛本「伐」誤「代」。×

017 爲中國諱也　疏中標注有「諱伐喪也」四字。解云：「考諸古本，皆無此注，且與下傳文煩重。若有注者，是衍字。」按，今本無此注，是也。

018 据莒伐杞取牟婁不爲中國諱　諸本同。按，此注當衍，釋文本有此，疏本無之，是也。釋文音傳「爲中」云「于僞反」，下及注并下文「鄭爲」皆同，此陸本有注之證。解云「正据莒人取牟婁，不爲中國諱矣，而何氏不注之者，以上文已据取牟婁，是以不能重出」，此疏本無注之證，淺人襲疏語爲之，而未覺其與上複也。

019 諱伐喪也　鄂本「諱」上有「注」字。

三年

020 公至自晉　鄂本與上「長樗」合爲一節。

021 成公比失意如晉　鄂本「如」作「于」。此誤。疏云「言成公比失意於晉者」，「于」作「於」爲是，當據正。

022 由如文十四年注云　浦鏜云「由」當作「猶」。按，「由」與「猶」通。

023 注据曹伯襄言會諸侯者　閩、監、毛本無「者」字，有「解云」。×

024 共結和親　鄂本「共」誤「兵」。

025 起主爲與袁僑盟也　鄂本無「與」字。

026 今重言陳者　毛本「陳」誤「成」。

四年

027 夫人弋氏薨　唐石經、諸本同。解云：「左氏經作『姒氏』字，聲勢。與此同。」

028 葬我小君定弋　釋文：「定弋，左氏作『定姒』。」

五年

029 据晉郤克與莊孫許　閩、監、毛本同，誤也。鄂本「莊」作「臧」，當據正；疏中作「臧孫許」，不誤。

030 蓋舅出也者　閩、監、毛本删「者」字，是也。

031 凝讞于晉　閩、監、毛本「凝」作「疑」。此誤。按，釋文「疑，魚竭反」，如作「凝」，不得音「魚竭反」矣，此本載音義亦誤「凝」。

032 主者善之　監、毛本同，閩本作「書者善之」，鄂本作「主書者善之」，閩、監、毛本互脱一字。

033 注書者善之　閩、監本同。毛本「書」作「主」。

034 仲孫蔑衛孫林父會吳于善稻　唐石經、諸本同。釋文：「善稻，左氏作『善道』。」

035 恩澤不施所致　鄂本「施」下有「之」，此脱。

036 圍彭城在元年春　閩本同。監、毛本「春」誤「是」。

037 圍彭城是也　閩本同。監、毛本「是」誤「春」。

038 蓋爲三年六月　浦鏜云「爲」當「謂」字誤。

039 文略不悉耳　毛本「耳」誤「而」。

040 蓋以略夷狄故之也　閩、監、毛本脱「之」。按，「故之」當作「之故」。

041 郲婁子　唐石經、諸本同。左氏、穀梁作「郲子」。

042 文與巫訴　鄂本同。閩、監、毛本「文」誤「又」，疏同。

043 冬戍陳　唐石經、閩本同。監、毛本「戍」誤「戌」，下同。

044 解云謂歷敘諸侯　監本「解」字空缺。×

045 公會晉侯宋公衛侯鄭伯曹伯莒子邾婁子滕子薛伯　唐石經、諸本同。左氏無「莒子邾婁子滕子薛伯」，穀梁與此同，無「婁」字。

六年

046 始卒更名日書葬者　鄂本「更」作「便」。

047 皆蒙上月矣　毛本「上」誤「六」。×

048 楚人滅夔　浦鏜云：公羊經作「隗」，公、穀作「夔」。

049 不勞備説注据譚子言奔者　閩、監、毛本分注「据譚子」以下疏文於「齊侯滅萊」傳注下。

050 不舉滅爲重　閩、監、毛本作「舉滅國爲重」，脱「不」字。❷

七年

051 鄭伯髡原如會　唐石經作「髡原」。釋文「髡原，左氏作『髡頑』」，疏本作「髡頑」，解云「正本作『頑』字，一本作『原』，非也」。按，疏文所據之本較之釋文多得其正。

052 卒于操　唐石經、諸本同。釋文：「于操，左氏作『鄵』。」×

053 鄭伯髡頑如會者　閩、監、毛本删「者」。

054 曷爲二日卒之　按，桓五年傳「二」上有「以」字。

055 何隱爾弑也　唐石經、諸本同。釋文作「殺也」，云「音試，下及注皆同」。×

056 鄭伯曰不可　唐石經、諸本同。昭十二年疏引作「鄭伯不可」，無「曰」字。

057 則伐我喪　按，昭十二年疏引作「即伐誤」。

058 注据城虎牢者　閩、監、毛本「者」作「事」，

是也。按，「事」下當有「者」字。❸

059 取之曷爲不取之 傳作「則曷爲不言取之」。❹

060 禍由中國無義 鄂本同。閩、監、毛本「禍」作「旤」，釋文亦作「旤」，音禍。

061 以操定邑 鄂本「定」作「鄭」。此誤。

062 其傷君論之 下當脱「者」字。

063 故養逐而致之 監、毛本同，誤也。鄂本、閩本「逐」作「遂」，當據正。

* 未見諸侯其言會何 毛本作「其言如會何」，與傳合。

八年

064 鄭伯以弑 諸本同。釋文「弑」作「殺」，音試。 ✕

065 探順事上 鄂本作「上事」。

066 春秋弑君賊不討 閩、監、毛本作「君弑」，今傳同。

067 獲蔡公子燮 唐石經、鄂本、閩本同。監、毛本「燮」作「爕」，非。疏云「穀梁作『公子濕』」，毛本改作「溼」。

068 嫌如子糺取一人 鄂本同。閩、監、毛本「糺」作「糾」。

069 不明伺候 閩、監、毛本作「候伺」，注及釋文同。

九年

070 春宋火 唐石經、諸本同。釋文：「宋火，二傳作『宋災』。」 ✕

071 故可以見火 諸本同。浦鏜云『大』誤「火」。按，解云「災者，害物之名，故可以見其大於火也」，浦挍是。

072 先聖法度 鄂本「先」誤「失」。

073 成周宣謝火 浦鏜云「災」誤「火」。○ 按，宣十六年經作「災」。

十年

074 遂滅偪陽　唐石經、諸本同。釋文：「偪，音福，又彼力反。」解云：「左氏經作『偪』字，音夫目反，一音逼近之逼。」左氏音義「偪陽，徐甫目反，又彼力反，本或作『逼』」。按，左氏經當本作「福陽」，穀梁作「傅陽」。九經古義云：「古今人表作『福陽』，漢書地理志及續漢志皆作『傅陽』。」

075 不當書晉　鄂本「晉」作「致」。此誤。

076 深諱若公與上會　鄂本「諱」下有「使」字，此脱。○按，正義本有「使」字。

077 云開道强夷者　閩、監、毛本「强」作「彊」。×

078 冬盜殺鄭公子斐　釋文：「亦作『斐』，左氏作『騑』。」×

079 五年陳戍之下　浦鏜云「戍陳」誤倒。○按，浦説是也。又按，「戍」字从人、戈，「戌」字从戊、一，版本多亂，前後皆當以此正之。

十有一年

080 三軍者何也　閩、監、毛本無「也」字。

081 師荅之云三卿也者　閩、監本同。毛本「師荅」誤「所合」。×

082 若似大司馬敘官云　何校本同。閩、監、毛本「似」改「是」。○按，隱三年疏亦云「若似，蓋云歸哉。言若似者，重累言之」。

083 襄公委任强臣　閩、監、毛本同。鄂本「强」作「彊」。按，公羊注彊弱字皆作「彊」，今本彊、强錯出。

084 軍職不共　鄂本「共」作「恭」。釋文：「不共，音恭。」

085 成公數卜郊不從　毛本「從」誤「能」。×

086 同盟于京城北　唐石經、諸本同。解云：「穀梁與此同。左氏經作『亳城北』。服氏之經亦作『京城北』。」九經古義云：「京城地在滎陽，隱元年傳謂之『京城大叔』是也。亳城無考，當從公、穀爲正。」

公羊註疏襄公卷二十

十有二年

087 春王三月　唐石經、鄂本、閩本同。監、毛本「三」誤「正」。

088 蠻荆以强　閩、監、毛本同。鄂本「强」作「彊」。

＊此何以書爲公之也　補：毛本作「爲公取之也」，此本誤脱「取」字。

089 知此莒人伐我東鄙圍台之經爲文者　浦鏜云「爲」下當脱「常」字。

090 昭元年三月取運　浦鏜云下當脱「傳云」。

091 而自益其邑　鄂本「而」作「以」。按，正義正作「以」。

092 夏晉侯使士彭來聘　唐石經、諸本同。解云：「考諸正本，皆作『士魴』字。若作『士彭』者，誤矣。」按，疏中標經「士彭」當本作「士魴」。

093 因始卒其父　疏中「因」作「乃」。

094 問其有因　疑當作「其間有因」。

＊十有三年

095 夏取詩　唐石經、諸本同。釋文：「詩，二傳作『邿』。」解云：「正本皆作『邿』字，有作『詩』字者，誤。」齊召南云：公羊經、傳作「詩」，漢地理志「東平國，亢父，詩亭，故詩國」亦是同公羊，非誤也。○按，説文「邿，附庸國，在東平、亢父，邿亭」。

十有四年

096 鄭公孫囆　唐石經、諸本同。釋文：「囆，二傳作『蠆』。」×

097 臣日以强　閩、監本同。毛本「强」作「彊」。×

098 三年之後君若贅旒然　釋文作「綴流」，云「一本作『贅旒』」。○按，穀梁疏引此亦作「贅」。浦鏜云：「二」誤「三」，從穀梁疏挍。

099 注三年之後君若贅旒然者　閩、監、毛本「者」作「○」，下有「解云」二字。

100 叔孫豹會晉荀偃　諸本同。唐石經缺。解云：「舊本作『荀偃』，若作『荀罃』者，誤。」

101 叔孫豹會晉荀者　閩、監、毛本「者」作「偃」。按，「偃」、「者」當並有。

102 己未衛侯衎出奔齊　左、穀無「衎」字。

103 後甯氏復納之者同　鄂本「復納之」下有「出納之」三字，此脱。按，疏中引注亦有，當據以補入。

＊ 大國月重乖離之　○補：毛本「月」上有「書」字，「之」下有「禍」字，此誤脱。

104 謂書衎之名　毛本「之」誤「者」。　✕

十有五年

105 天子之大夫也　孫志祖云：穀梁疏云「公羊以劉夏爲天子下大夫」，據此則「大夫」之上疑脱「下」字。

106 稱子者參見義　解云：「參讀爲一三之三。」

＊ 即定四年秋七月　補：「四」下脱「年」字。

107 五十之國六十有三　浦鏜云「五十」下脱「里」。○按，浦説是也。

108 其餘以録士　浦鏜云「禄」誤「録」。

109 明魯當共送迎之禮　鄂本「迎」作「逆」。

110 故與至攜同文　鄂本同。閩、監、毛本「攜」改「巂」。按，釋文作「至攜」，此本載音義同，此疏及僖廿六年經、傳、釋文皆作「至巂」。

111 晉侯周卒　唐石經、諸本同。釋文：「侯周，一本作『雕』。」

十有六年

112 于湨梁　唐石經、閩本同。監、毛本「湨」誤「溴」。釋文作「狊梁」，云「本又作『湨』」。

113 据葵丘之盟　解云：「此注云『葵丘』者，誤也，宜爲『牡丘』字矣。」

114 公會晉侯以下于湨梁者　閩、監、毛本删「者」，下注「据葵丘之盟者」同。

115 君若贅旒然　唐石經、諸本同。釋文：「贅旒，本又作『綴流』。」

116 若今俗名就壻爲贅壻矣　鄂本「名」誤「民」。

117 三委于臣而君遂失權　浦鏜云：「正」誤「三」，從六經正誤挍。按，此本疏引注云「而君遂失實權」，閩、監、毛本疏無「實」字。

118 大夫故得信在　鄂本「在」作「任」。此誤。

119 注其後叛臣二者　閩、監、毛本「者」改「〇」。

120 即下二十三年　閩本同。監、毛本「三」誤「五」。

121 叔老會鄭伯晉荀偃者　此本上接「陳侯之弟光出奔楚之屬也」下，鄂、閩、監、毛本移此於「宋人伐許」下，又删「者」字，增「解云」二字。

122 叔老會鄭伯晉荀偃　唐石經、諸本同。疏云：「正本作『荀偃』。若有作『荀罃』者，誤。」

十有七年

123 春王二月　唐石經原刻「三」磨改「二」。按，左氏、穀梁皆「二月」。

124 邾婁子瞷卒　釋文、唐石經「瞷」作「瞯」。左氏作「邾子牼卒」。九經古義云：「考工梓人云『數目顧

脰』，注云『故書頠或作硜，鄭司農云硜讀爲鬜頭無髮之鬜』，是『硜』有瞷音，故或作『瞷』。」×

125 圍洮　釋文亦作「洮」，云「左氏作『桃』」。×

十有九年

126 諸侯盟于祝阿　釋文：「祝阿，二傳作『祝柯』。」×

127 注据諸侯圍許致圍者　閩、監、毛本删「者」字。×

128 正以楚爲彊夷　閩、監本同。毛本「彊」改「强」，非。

129 爲其驕蹇　諸本同。唐石經缺。釋文作「憍」，云「本又作『驕』」。×

130 邾婁來加禮於魯　按，「婁」下脱「子」字。

131 齊侯瑗卒　唐石經、諸本同。釋文：「瑗，于眷反。一音環。二傳作『環』。」×

132 恩動孝子之心服諸侯之君　閩、監本同。鄂本、毛本「心」下有「義」字。按，解云「哀痛其喪，是其恩。故心『恩動孝子之心』，依禮而行，是其義，故曰『義服諸侯之君』也」，是疏本有「義」字，當據補。

133 公救成至遇　閩本同。監、毛本「成」誤「陳」。

134 鄭殺其大夫公子喜　唐石經、諸本同。釋文：「公子喜，二傳作『嘉』。」×

135 罪不相兼故也　閩本同。監、毛本「兼」誤「及」。

二十年

136 仲孫遬　葉鈔釋文、唐石經、閩本同。監、毛本「遬」作「遫」，非。×

137 陳侯之弟光出奔楚　唐石經、諸本同。釋文：

「弟光，左氏作『弟黃』。」九經古義云：「白虎通云『璜之爲言光也』。風俗通云『黃，光也』。」

138 **癸酉日者食之是也**　浦鏜云「癸酉」下脱「朔」字。❺

二十有一年

139 **惡受叛臣邑**　鄂本「受」下有「人」字。

140 **十有一月庚子孔子生**　唐石經、諸本同。釋文作「庚子孔子生」，云「傳文上有十月庚辰，此亦十月也，一本作『十一月庚子』，又本無此句」。按，穀梁傳作「庚子孔子生」，與陸氏本合；疏本作「十有一月庚子」，與唐石經同。〇按，作「十月」者是也，考杜氏長厤十月庚辰小，十一月己酉大，十一月無庚子，庚子乃十月二十一日也，齊召南説。

141 **時歲在己卯**　疏及鄂本、閩本同。監、毛本作「乙卯」，非。錢大昕云：於三統術是年歲在乙巳，「乙卯」當爲「乙巳」之訛，疏作「己卯」，亦非。

二十有二年

142 **前彊隨漷有邾婁地**　鄂本同。閩、監、毛本「彊」作「疆」，疏同。

143 **而今與魯不於上會月者**　鄂本「魯」作「會」。此誤。毛本「於」誤「與」，鄂本、閩、監本及疏皆不誤。

144 **冬公會晉侯齊侯宋公衛侯鄭伯曹伯莒子邾婁子滕子**　唐石經、諸本同。二傳「邾婁子」作「邾子」，左氏無「滕子」。

二十有三年

145 **夏邾婁鼻我來奔**　唐石經、諸本同。釋文：「鼻我，二傳作『畀我』。」

146 **自近始也**　諸本同。昭廿七年疏引作「以近治也」，「始」爲「治」之訛，當據正。按，解云「正以地接于魯，故先治之也」，是疏本作「治」。

147 **以近書也〇**　鄂本「〇」作「者」。

148 宋大夫山譖華元貶　二十年疏引此下有「之」字。

149 更入於曲沃　鄂本、閩、監本同。毛本「於」改「于」。

×

150 故復言入也　浦鏜云「者」誤「也」。

151 故知從晉鄉曲沃之時　閩、監、毛本「鄉」誤「卿」。

152 定十一年秋宋樂世心　閩、監、毛本「世」改「大」，非，經作「世」字。

153 次于雍渝　唐石經、諸本同。釋文：「雍渝，左氏作『榆』。」

154 晉人殺其大夫先都之屬　毛本「先」誤「光」。

二十有四年

155 仲孫羯帥師侵齊　唐石經、諸本同。釋文作「仲孫偈」，云「本又作『褐』，亦作『羯』，同」。

156 此與師衆民怨之所生也　元本同，監、毛本「此」作「北」，皆誤；鄂本、閩本作「比」，又鄂本無「也」，當據以訂正。

157 于陳儀　釋文「陳儀，二傳作『夷儀』，二十五年同」，閩、監、毛本皆誤以此釋文爲注，鄂本無之，此本加圈以別之，是也。

158 陳鍼宜咎出奔楚　唐石經、諸本同。釋文作「咸宜咎」，云「本又作『鍼』，其廉反」。

×

公羊註疏襄公卷二十一

二十有五年

159 鄭伯突入于櫟　浦鏜云下當脱「傳云」。

160 諼君以弒也　諸本同。唐石經缺。釋文作「以殺」，云「音試，注同，後年放此」。

161 以先言入后言弒也　鄂本「后」作「後」，下及疏並同。

162 冬鄭公孫囆帥師伐陳　諸本同。唐石經本作「公孫蠆」，口旁後加。疏云：「公孫囆云云，亦有一本作『公孫萬』字者。」何煌云：「『萬』當『蠆』字誤。」按，閩、監、毛本皆脱此疏。

163 吴子謁伐楚　唐石經、諸本同。釋文云：「謁，左氏作『遏』。」按，疏本作「遏」，云「亦有一本作『謁』字者」，作「遏」則與左氏合，而陸氏乃區別之，義疏所據之本，往往勝於釋文，公羊疏非唐人所爲也。

164 吴子遏者亦有一本作謁字者　何校本同。閩、監、毛本「遏」、「謁」字互倒，據釋文、唐石經所改也。

165 傷而反未至乎舍而卒也　唐石經、鄂本、閩、監本同。毛本「反未」誤倒。

166 還就張本文伐名　惠棟云：「伐名」二字屬上句，蓋名于伐而不名于卒，故謂知以傷辜死，爲伐名張本，疏云「伐名知傷而反卒」，誤讀。

167 是以何氏進退月之　閩本同。監、毛本「月」誤「見」。×

二十有六年

168 注甯喜至剽者　閩、監、毛本「者」改「○」。×

169 是諼詐于成喜之文也　浦鏜云「成于」字誤倒。

170 注凡篡至親親也者　閩、監、毛本删「者」字。×

171 正以有繼及之道故也○　鄂本「○」作「者」，下「故衛人未有説者」同。

172 是以申生無罪　毛本「是」誤「合」。×

二十有七年

173 陳孔瑗　唐石經、諸本同。釋文：「孔瑗，二傳作『孔奂』。」×

174 我即死　唐石經、諸本同。鄂本「即」作「則」。

175 子苟納我　唐石經作「子苟欲納我」，諸本脱「欲」字。石經考文提要云：宋景德本、鄂泮官書本、春秋集傳釋義皆作「子苟欲納我」。

176 夫負羈縶　唐石經、諸本同。釋文：「羈縶，本又作『羇』。」 ×

177 非甯氏與孫氏　唐石經原刻下有「也」字，後磨改重刻删去，故次行九字。

178 攜其妻子　鄂本、閩、監本同。唐石經「攜」作「擕」。毛本作「挈」，注同，係臆改。❻

179 是后闔殺吴子餘祭　鄂本「后」作「後」。

180 蔡世子般弑其君莒人弑其君之應　諸本同。按，釋文「闔殺，下音弑」，此二「弑」字亦當作「殺」，音弑，因上有釋文，故作「殺」，此無釋文，故改「弑」也。

181 闔弑吴子餘祭　監、毛本「弑」作「殺」。閩本缺。 ×

二十有八年

182 舒恒燠若　閩本同。監、毛本「若」誤「君」。 ×

183 當寒而温倒置也　「倒置」當作「倒賞」。按，成元年注作「例賞」。

184 次于雍渝　閩、監、毛本同。翻刻者「渝」作「榆」，非，左氏經作「榆」。

185 二十七年夏　閩本同。監、毛本「二」誤「三」。 ×

186 公方久如楚　鄂本「久」作「欲」，此誤。

187 正取朞月　釋文亦作「期」，云「又作『朞』」。 ×

188 閏不書何以書　浦鏜云「何」上脱「此」字，是也。

二十有九年

189 皆云春王正月　閩、監、毛本「王」誤「正」。

190 無尺土之居　毛本「土」誤「寸」。

191 閽弒吳子餘祭　唐石經、諸本同。釋文作「閽殺」。

192 三王肉刑揆漸加　鄂本「漸」作「斬」，誤。解云：「揆度其世，以漸欲加而重之，故曰揆漸加。」

193 感女子之訴　毛本「訴」誤「訢」。

194 疾之而機矣　諸本同。盧文弨曰：疑當作「疾如機矣」，即所謂其機如此也。

195 幪巾也使不得冠飾　閩、監本同。毛本「巾」誤「申」，「飾」誤「作」。

196 故變盜言閽　閩本同。監、毛本「變」誤「慶」。

197 近刑人則輕死之道也　唐石經原刻無「則」字，後磨改增之，故此行十一字。

198 注故不至其君者　浦鏜云七字當衍文。按，此標何注起訖，特閩、監、毛本「注」字失加黑匡者，下無「解云」二字耳，不當衍也。

199 衛世叔齊　唐石經、諸本同。解云：「左氏經作『大叔儀』。」

200 釋曰即莊二十三年夏　閩、監本同。毛本「釋曰」改「解云」。按，周禮、儀禮疏及穀梁疏皆稱「釋曰」，公羊疏稱「解云」，或後人所改，此其改之未盡者。

201 故怪之　閩、監、毛本「怪」作「恠」，非。

202 雖蔬食菜羹瓜祭是也　按，古論語作「瓜祭」，魯論語作「必祭」，何氏今文之學當引作「必祭」。○按，何於尚書多用伏生之學，於論語不可必其用魯也。

203 釋曰論語鄉黨文　閩、監、毛本「釋曰」改「解云」。 ×

204 及瓜質薄之物　監本「及」誤「反」。 ×

205 釋曰言天誠有吳而不滅之　閩、監、毛本「釋曰」改「解云」。 ×

206 地不出蘖　閩、監、毛本「蘖」改「孽」。

207 周公不夭　閩、監本同。毛本「夭」誤「大」。

208 然則今此謁等亦自祈死　監本「自」誤「目」。 ×

209 在上二十五年餘祭也立　此本自「故謁也死解云」起至「凡者非一之辭」止通爲一節，閩、監、毛本分爲四段，散置傳文每節下，割裂破碎，不成文理矣。

210 凡爲季子之故也者　閩、監、毛本作「凡爲季子故也○解云」。

211 僚已得國無讓也　鄂本「無讓也」作「無所讓」。此誤。

212 僚惡得爲君乎　唐石經、鄂本同。閩、監、毛本「惡」改「焉」。按，釋文作「僚焉」，云「於虔反，本又作『惡』，音烏」，蓋據此所改。

213 注闔廬至子光者○解云　閩、監、毛本改作「注闔廬謁之長子光者」。

214 吳語文　毛本「文」下衍「○」。

215 爾弑吾君　唐石經、鄂本同。閩、監、毛本「弑」改「殺」。按，釋文作「爾殺吾君」，云「申志反，注『殺僚』同」，蓋據此所改，注中則諸本皆作「殺僚」。

216 義不可留事　鄂本無「可」。此衍。

217 言由其能去之故　毛本「由」誤「中」。 ×

218 則宜有君者也　浦鏜云十二年疏引作「則國宜有君者也」。唐石經缺，以上下字數計之，當無「國」字。

219 故不足以隆父子之親厚君臣之義　何校本十二年疏引作「故不足乎季子所以隆父子之親也」，與今本異。

220 欲其享之　浦鏜云「享」誤「高」。浦説是也。

三十年

221 楚子使薳頗來聘　諸本同。唐石經缺。釋文：「頗，一本作『跛』。二傳作『薳罷』。」

222 公數如晉　解云：「文當言『如晉』，是。若有作『如楚』字者，誤也。」

223 即上三年春公如晉　閩、監、毛本「春」誤「冬」。

224 二十八年公○如楚　閩、監、毛本删「○」，非。

225 故移恩録文於葬也　閩本同。監、毛本「於」誤「與」。

226 天王殺其弟年夫　釋文：「年夫，二傳作『佞夫』。」

227 未三年不去王者　鄂本、閩本同。監、毛本「去」誤「王」。

228 未三至子行　閩、監、毛本「三」下衍「年」。毛本「未」上有「注」字。

229 亦知天子之踰年即位也　閩本同。監、毛本「亦」誤「以」。

230 其稱謚何　唐石經、諸本同。毛本「謚」改「諡」，非，注及疏并前後同。

231 不見傅母不下堂　唐石經、諸本同。釋文：「傅母，本又作『姆』，同。」

232 故賢而録其説　鄂本「説」作「謚」。此誤。

233 使若加弑　釋文作「加殺」，云「音試，下同」。×

234 晉人齊人宋人衛人鄭人曹人莒人邾婁人　唐石經、諸本同。鄂本脱「莒人」二字。

235 爲諸侯所閔憂　閩、監、毛本同。鄂本「閔」作「同」。此誤。

236 時雖各諸侯使之恩　鄂本「各」作「名」。此誤。

237 外求鄰國　閩、監本同。毛本「求」誤「來」。

三十有一年

238 春秋見者不得見也　浦鏜云「復」誤「得」。按，浦説是也。

239 還於哀上災之　浦鏜云「世」誤「上」。

240 解云文九年春　浦鏜云「元」誤「九」。○按，浦説是也。

241 莒人弑其君密州　唐石經、鄂本、閩本同。監、毛本「密」作「宻」，非，注同。

08—242 春秋公羊卷第八　唐石經「九」改「八」。×

校記

❶ 南昌本下有校語「唐石經襄公第九卷八」。

❷ 南昌本出文「不」作「滅」。校語「滅國」作「國滅」，「不」作「國」。

❸ 南昌本校語「按」作「案」。

❹ 此條南昌本下有校語「○補，案，此本此疏諱伐之下、喪也之上空二格。當是此句有脱」。

❺ 南昌本出文「者」作「有」。

❻ 南昌本校語「挈」作「絜」。

春秋公羊傳注疏校勘記卷九

公羊註疏昭公卷二十二❶

09—001 昭公第十　唐石經旁注「卷九」。　×

元年

002 齊國酌　唐石經、諸本同。釋文：「國酌，二傳作『國弱』。」按，疏云「齊國酌，亦有作『國弱』者」，是公羊本與二傳同。

003 石惡　齊召南云：二傳作「齊惡」，是也，石惡已於襄廿八年出奔晉矣。○案，釋文不云二傳作「齊惡」，是公羊古本與二傳同，孫志祖說。

004 鄭軒虎　唐石經、諸本同。釋文：「軒虎，舊音罕。二傳作『罕虎』。」○按，罕、軒皆干聲。

005 于漷　唐石經、諸本同。釋文亦作「漷」，云「左氏作『虢』，穀梁作『郭』」。惠棟云：「郭」、「虢」字古通，「虞虢」作「虞郭」。

006 故見王者治定　浦鏜云「欲」誤「故」，四年「會于申」疏同。

007 無所復爲議　定六年注「議」作「譏」，昭四年疏引同。

008 然則所見之世文致大平　閩、監、毛本改「太平」，下同。

009 先舉八年經文　閩本同。監、毛本「先」誤「元」。

010 齊公子商人弑其君舍又同矣　浦鏜云「文」誤「又」。

011 但始有討　疑當作「招但有討」，何校本「討」作「計」，是也。

012 而經曷爲書招名氏　閩、監、毛本「氏」誤「字」。

013 據棄疾不豫貶　鄂本「棄」作「弃」，此本下及疏皆作「弃」。

014 三月取運　唐石經、諸本同。或作「二月」，誤。

015 以不月者與取運異　浦鏜云「者」衍。按，浦說是也。

＊ 泰無大夫者至而問之　補：毛本此段疏文八十六字在下節注下，是也，此本誤。

016 正以此伯故也　閩、監、毛本同。一本作「正以稱伯故也」，當互脱一字。

017 晉荀吴帥師敗狄于大原　唐石經、諸本同。解云：「左氏作『大鹵』字，穀梁與此同。」

018 下濕曰隰　閩本同。監、毛本「濕」改「溼」，下同。

019 但當名爲隰　浦鏜云「常沮洳」三字誤「但當」。〇按，此非誤也，所傳不同耳。

020 莒殺莒公子意恢　浦鏜云「其公子」誤「莒公子」。浦說是也。

021 子未踰年　浦鏜云「子」衍字。浦說是也。

022 彊云當國　浦鏜云「彊」當「而」字誤。

023 解云隱十年夏　浦鏜云「七」誤「十」。浦說是也。

024 楚子卷卒　唐石經、諸本同。釋文：「子卷，左氏作『麇』。」解云：「左氏作『麇』字，二傳本亦有作『麇』字者。」按，卷、麇一聲之轉，故文異。

025 二小傳本　浦鏜云「小」字衍。

三年

026 滕子泉卒　諸本同。唐石經初刻作「原」，後磨改爲「泉」。解云：「左氏、穀梁作『原』字。」

027 襄公上葬　穀梁疏引作「葬襄公」，不誤。

028 皆公自會葬　閩、監、毛本「自」誤「至」。

029 叔弓如宋葬恭姬　閩、監、毛本「恭」誤「共」。

030 議公不自行是也　閩、監本同。毛本「議」改「譏」。

四年

031 大雨雪　唐石經、諸本同。釋文：「大雨雪，左氏作『大雨雹』。」解云：「正本皆作『雹』字，左氏經亦作『雹』，故賈氏云『穀梁作大雨雪』，今此若有作『雪』字者，誤也。」經義雜記曰：「范注穀梁云『雪或爲雹』，則穀梁亦有作『雹』者，或據左氏、公羊言之，若今公羊作『雪』，釋文同，則誤也。」

032 今此若有作雪字者　閩、監、毛本脱「者」字。

033 楚子主會行義　監本「子」誤「于」。

034 故見王者治定　○按，定六年注「故」作「欲」。此誤。

035 楚人執徐子　唐石經、鄂本同。閩、監、毛本誤「楚子」。

036 注不書至録之　此本在「注以襄公」至「奔魯」節疏下，閩、監、毛本改作「注不書至邑也」，移於「不書入防者」節注下。

037 月者善義兵　五年疏引作「月者善録義兵」，此脱「録」字。

038 遂滅厲　唐石經、諸本同。釋文：「滅厲，左氏作『賴』。」疏云：「遂滅厲，有作『賴』字者。」

五年

039 故正舍二軍　浦鏜云「合」誤「舍」。

040 何故不云曷爲不言舍三軍而言卿

者　浦鏜云「軍」、「卿」字疑互誤。非也。注言此傳何不云三軍而云三卿也。

041 今此据上作三軍不言中　疏中引注「不言中」下有「云三」二字，此脱。

042 傳不足以解之者以上解下　諸本同，誤也。按，解云「今此傳文少，故言傳不足解之也。欲以上解下者」云云，則此注「足」下衍「以」字，「者」下脱「欲」字，當據以刪補。

043 注据漆至言及　閩、監本同。毛本「至」誤「閭」。

044 敗莒師于漬泉　唐石經、諸本同。釋文：「漬泉，左氏作『蚡泉』，穀梁作『賁泉』。」×

045 穀梁作漬泉字　「賁」誤「漬」。

046 不以名令于四竟　鄂本同。閩、監、毛本「不以」誤倒。

047 据秦伯嬰稻名　解云：「文十八年經作『罃』字。今此『嬰』字誤。」

048 今此嬰字者誤也　按，「今此」下當脱「作」字。

049 寧知非彼誤者　閩、監、毛本「寧」誤「能」。

050 獨嬰稻以嫡得立之　解云：「『嬰』字亦誤，宜爲『罃』。」

六年

051 其意不進　閩、監本同。毛本「意」誤「義」。

052 杞伯句卒　浦鏜云「匄」誤「句」。○按，浦説是也。

053 解云上城已貶者　何校本「城」下有「杞」字。

054 寧可備盡　浦鏜云「盡」當「書」之誤。

055 是後叔弓與公比如楚　解云：「一本云『叔弓如齊』者，誤。」

056 有豫賦之煩也　疏及諸本同。釋文出「賦斂」二字云「力驗反，或無此字」。×

057 即上文夏季孫宿如晉是也　閩本同。監、毛本「夏」誤「下」。

058 楚薳頗帥師伐吳　唐石經、諸本同。解云：「左氏、穀梁作『薳罷』字。」×

七年

059 故云不汲汲于齊矣注是後楚滅陳云云者　閩、監、毛本改作「注是後楚滅陳蔡○解云」，移此以下於「日有食之」注下。×

060 叔孫舍如齊莅盟　唐石經、諸本同。釋文：「叔孫舍，二傳作『婼』。」×

061 是後楚滅陳　鄂本同。疏及閩、監、毛本下有「蔡」字，此脱。

062 即下三十年秋　浦鏜云「二」誤「三」。○按，浦説是也。

八年

063 秋蒐于紅　唐石經、諸本同。釋文作「廋」，云「本亦作『蒐』」。×

九年

064 殺陳孔瑗　解云：「左傳、穀梁作『奐』。」

065 陳火　解云：「左氏作『災』字。穀梁與此同。」

066 其言陳火何　諸本同。唐石經作「其言火何」，無「陳」字。

067 此大意欲存之　鄂本「大」作「天」。此誤。

068 即襄元年春　浦鏜云「九」誤「元」。浦説是也。

十年

069 夏晉欒施來奔　唐石經、諸本同。釋文：「晉欒施，左氏作『齊欒施』。」孫志祖云：此非晉之欒氏，公羊經文誤，當同左氏作「齊」。

070 季孫隱如　唐石經、諸本同。釋文：「隱如，左氏作『意如』。」　×

071 宋公戌卒　唐石經、諸本同。釋文：「宋戌，讀左傳者音城。何云『向』，云『向戌，與君同名，則宜音恤』。」

072 今無冬者　閩、監、毛本「者」作「更」，則屬下。

十有一年

073 絶曷爲絶之　唐石經、諸本同。十三年疏引作「絶也曷爲絶之」，此脱「也」字。

074 楚公子棄疾　唐石經「棄」作「弃」。

075 安不忘危　閩本同。監、毛本「忘」誤「亡」。

076 希數大異　閩本同。監、毛本「大」誤「實」。

077 盟于侵羊　唐石經、諸本同。釋文：「侵羊，二傳作『祲祥』。」疏本作「盟于浸羊」，解云「穀梁傳作『侵祥』字。服氏注引者，直作『詳』，無『侵』字。皆是所見異也」。九經古義云：「古『祥』字作『詳』。易履『視履考祥』，釋文云『本又作詳』。書君奭『其終出于不祥』，蔡邕石經云『其道出于不詳』。吕刑『告爾祥刑』，後漢劉愷傳引作『詳刑』，周祥注亦云『度作詳刑，以詰四方』。今公羊作『侵羊』者，春秋繁露云『羊之爲言猶祥』，爾雅『祥，善也』，鄭注車人云『羊，善也』。」

078 盟于浸羊　閩、監、毛本「浸」作「侵」。

079 直作詳字侵字　閩、監、毛本作「無侵字」。此誤。

080 結其善事然齊國酌者　閩、監、毛本移「齊國酌者」二十四字於「秋季孫隱如」節經下。

081 齊國酌 唐石經、諸本同。解云：「賈氏作『酌』字，與此同。服氏及穀梁皆作『齊國弱』字。」

082 于屈銀 唐石經、諸本同。釋文：「屈銀，二傳作『厥慭』。」九經古義云：「説文『慭，从心，猌聲。猌讀若銀』。公羊『厥』字多作『屈』。」

083 非怒也 唐石經、諸本同。解云：「『非』字有作『悲』字者，誤。」

084 十有二年 毛本「年」誤「月」。

085 明其父得有子而廢之 按，哀二年注無「其」字，此衍。

086 納頓子于頓 浦鏜云下當脱「傳云」，是也。

087 不欲令人妄億錯 蜀大字本、閩、監、毛本同。鄂本「億」作「意」。釋文：「妄億，於力反。錯也字，或作『措』。」按，論語音義「毋意，或於力反」，於力反則本作「億」，與此注合，陸氏以爲非，誤也；此本「錯」字剜改，故小而偏，當本作「措」，疏標起訖作「億措」可證，閩、監、毛本疏亦改作「億錯」矣。❷

088 星隕如雨之下 閩、監、毛本同。此本「隕」字剜改。何校本作「霣」，是也。

089 及其衰末 毛本同，誤也。閩、監本作「衰未」，何校本同。

090 許男辛臣卒 閩、監、毛本「辛」作「新」。

091 則如主會者爲之 鄂本同。閩、監、毛本「如」作「知」，誤。

092 史文也北燕夲在上 閩本同。鄂本無「也」字，此衍。監、毛本「北」誤「比」。

093 不及改順文楚殺其大夫成然者 閩、監、毛本刪「楚殺其大夫者」六字，移「成然左氏」十三字於「楚殺其大夫成然」經下，割裂之甚。

094 楚殺其大夫成然　唐石經、諸本同。疏云：「左氏作『成熊』，穀梁作『成虔』字。」按，穀梁作「成虎」，此作「虔」，誤。

095 公子整出奔齊　唐石經、諸本同。釋文：「公子整，或作『憖』。」

096 故爲夷狄所强　諸本同，誤也。疏中兩引皆作「夷狄所彊」，當據正。

097 今楚行詐滅陳蔡　閩、監、毛本同，誤也。鄂本「今」作「令」，此本疏中兩引亦作「令」，當據以訂正。

098 即伐我喪　襄七年疏「即」作「則」，是也。

099 以中國爲彊　閩、監、毛本「彊」改「强」，非。

100 云令楚行詐滅陳蔡者　閩、監、毛本「令」誤「今」，下同。

101 即託義討招瑗託義討蔡般是也　閩、監、毛本「託」皆改「托」。閩本「般」作「股」，監本誤「殷」。

公羊註疏昭公卷二十三

十有三年

102 得晉力可以歸　此本「晉」誤「有」，「可」誤「司」，今據諸本訂正。

103 謂其本無弒君而立之意　諸本同，誤也。鄂本「謂」作「明」，疏引注同，當據正。

104 加弒責之爾　此本疏中引注作「加殺」，閩、監、毛本亦改作「弒」。

105 謂懸縊而死也　閩、監本同。毛本「謂」誤「爲」。

106 今比亦爲未踰年君　閩、監、毛本「比」

誤「此」。

107 所以不据僖九年晉里克弑其君之子奚齊者　閩、監、毛本「弑」作「殺」，非。

108 即上傳云楚公子弃疾　閩、監、毛本「弃」作「棄」，下同。

109 弃疾則楚子居也　鄂本同。閩、監、毛本「則」作「即」，疏同。

110 然則彼二公子見殺言其　毛本同。閩、監本「二」誤「一」。

111 公不與盟者何　此本此節疏在「公不與盟」之下，閩、監、毛本移於「公不與盟者何」之下。

112 正以盟會並録　閩、監、毛本「並」作「詳」。

113 不肯與公盟　鄂本「肯」作「肎」，下同。

114 据扈之會至恥之　閩、監、毛本删「之會」二字。

115 君子不恥不與焉　唐石經、諸本同。此本脱上「不」字，今補正。

116 時不受賂也　諸本同。疏引桓二年傳「受賂」以證之。此本作「受盟」，「盟」字剜改，今訂正。

117 共弑君而立　閩、監本同。毛本「共」誤「其」。

118 故言因爲公張義也　閩本同。監、毛本「爲公」誤倒。

119 故使若有國自歸者□　閩、監、毛本「□」作「也」，此本實缺，蓋衍。

120 因以起楚封之　此本疏引「因」作「固」。

121 **無君所責** 鄂本同。疏及閩、監、毛本作「無君無所責」。

122 **即諸侯存陳** 閩、監、毛本作「諸侯存之」，此作「陳」，誤。按，解云「非謂上會諸侯埤地封之，當如救邢、城楚丘之屬。傳亦有文實之文」，然則「存之」當作「封之」矣。

123 **既已稱爵** 閩本同。監、毛本「已」誤「以」。

124 **見陳國合存之意** 閩、監、毛本「國」誤「君」。

125 **然則何以不書葬** 浦鏜云「弒」誤「然」。○按，作「殺」與十一年傳合。

126 **靈公本者弒父而立** 閩、監、毛本刪「者」字。按，「者」字當在「靈公」下。

127 **楚子虔何以不名** 浦鏜云「不」衍字。

128 **絶也曷爲絶之** 十一年傳無「也」字。

129 **不日者略兩夷** 解云「考諸舊本，日亦有作『月』字者。春秋上下滅例書月」，然則爲「日」字者誤。按，三十年冬十有二月吳滅徐疏引此注云「不月者略兩夷」，此處疏本仍作「曰」。

130 **靈王非賢責之略** 此本、閩本「責」誤「表」，今訂正。監、毛本「責」改「君」，「之略」誤倒。

131 **因有奔文可責是也** 按，三十年注作「因有出奔可責」，無「文」字。

十有四年

132 **但以本篡故固不序** 閩、監、毛本「固」作「因」。

133 當卒月葬時也如卒日葬月嫌與大國同故復卒不日　閩本同。監、毛本「與」誤「於」。按，此「常」誤「當」，「始」誤「如」，「後」誤「復」。

134 是故上文上曹伯　浦鏜云當作「卒曹伯」。

十有五年

135 吳子夷昧卒　唐石經、諸本同。釋文：「夷昧，音末，本亦作『末』。」

136 畢其祭事　閩、監、毛本「其」作「竟」。

137 誓將去汝　浦鏜云「逝」誤「誓」。

138 與鄭稱同　閩、監、毛本同。浦鏜云「鄭稱」當「孔傳」之誤。梁玉繩云：「鄭偁爲魏侍中，有荅魏武帝金輅之問，見續後漢書輿服志注，又魏志延康元年注引魏略言偁篤學大儒，爲武德侯叡傳，叡即魏明帝也。」丁杰云：孝經鄭注據此處疏文，非康成，亦非小同，當是鄭偁。孫志祖云：徐彦疏云，「與鄭偁同，與康成異」，則偁與康成爲二家明矣。

139 夏蔡昭吳奔鄭　唐石經、諸本同。解云：「左氏、穀梁皆言『朝吳出奔鄭』。」

140 始封名言歸　疏作「書歸」。

141 而舊解以昭吳爲蔡侯盧之字者　閩、監、毛本「盧」改「廬」，非。

142 非謂礭然相似　何校本同。閩、監、毛本「礭」作「確」。

十有六年

143 楚子誘戎曼子殺之　唐石經、諸本同。釋文：「戎曼，二傳作『戎蠻』，哀四年同。」

144 見王道大平　閩、監、毛本「大」作「太」，非，疏同。

十有七年

145 **晉荀吳帥師滅賁渾戎**　唐石經、諸本同。穀梁「賁」作「陸」，左氏作「陸渾之戎」。

146 **伐謂參伐也**　毛本「謂」誤「爲」。×

147 **北者高也極者藏也**　按，「高」、「藏」字疑互誤。❸

148 **自号西周王**　閩、監、毛本「号」作「號」。

149 **二十二年秋**　浦鏜云「三年」誤「二年」。

150 **恒與敬王處据相拒**　按，「處据」疑「居處」之誤，或當爲「處據」。

151 **据於越敗吳于醉李**　釋文作「檇李」，云「本或作『醉』」。×

十有八年

152 **爲天下記異也**　唐石經、諸本同。鄂本「異」作「災」，誤。

153 **故天應以同日俱灾**　鄂本、閩本同。監、毛本「天」誤「大」。×

十有九年

154 **晉人圍郊**　此本「圍」誤「國」，疏同，今據諸本訂正。

155 **自上十二年夏**　此本「二」字缺上畫，閩本缺下畫，監、毛本遂誤作「一」，今訂正。

156 **逐出昭公矣**　按，「逐」當作「遂」。

157 **秋七月戊寅**　浦鏜云：戊，「辰」之誤。按，浦說是也。

158 **尹氏立王子朝是也賊未討何以書葬者**　閩、監、毛本下增「○解云」，移「賊未討」以下於傳下。

159 **不成于弑也**　唐石經、諸本同。釋文作「于殺」，云「音試。下『于殺』、『加殺』皆同」。×

160 無人爲大　閩、監、毛本「無」改「唯」，非。

161 不得繼父后　鄂本「后」作「後」。

二十年

162 奔未有言自者此其言自何　唐石經、諸本同。釋文出「者此」，云「舊於此下有『比』者，非」。

163 据始出奔未有言此者　鄂本同。閩、監、毛本「此」作「自」。按，此本疏標起訖云「注据始」至「言此者」，閩、監、毛本亦改「此」爲「自」。

164 當言以畔如邾婁庶期　閩、監、毛本「期」改「其」，非，鄂本及此本疏標起訖皆作「庶期」。又鄂本「以畔」作「以鄭」。此誤。

165 何言乎公子喜時　毛本「子」誤「羊」。❹

166 喜時曹伯廬弟　解云：「賈、服以爲廬之庶子者，蓋所見本異。」

167 負芻喜時庶兄　鄂本作「從兄」。

168 世子率與守國　閩、監、毛本「與」作「輿」。此誤。解云：「春秋説文，言率輿守國。輿，衆也。」

169 持棺絮從　釋文「絮從，女居反」，説文云「絮，緼也」，段玉裁云釋文當作「絮」。

170 絮謂新綿　閩、監、毛本「綿」作「緜」。

171 公子至其身　閩、監、毛本「其身」改「當主」。

172 秋盜殺衛侯之兄輒　唐石經、諸本同。釋文：「兄輒，左氏作『縶』。」

173 宋華亥向甯華定出奔陳　唐石經、諸本同。釋文：「向甯，二傳作『向寧』。」

二十有一年

174 春王三月　唐石經、鄂本同。閩、監、毛本誤「二月」。

175 自陳入于宋南里以畔　唐石經、諸本同。解云：「左氏、穀梁皆作『南里』，而賈氏云『穀梁曰南鄙』，蓋所見異。」

176 齊故刑人之地　閩、監、毛本同，誤也。鄂本「故」作「放」，當據正。

177 宋樂世心　毛本「世」作「大」，鄂本不誤，公羊作「世心」，左氏作「大心」，廿五年釋文可證，嚴杰説。

178 自曹入于蕭不言宋　鄂本此下疊「言宋」二字，此脱。

179 何氏特引此事者　閩本同。監、毛本「氏」誤「事」。

180 叔痤卒　唐石經、諸本同。解云：「左氏、穀梁作叔輒。」

181 叔痤卒○解云　閩、監、毛本脱「卒」字。

182 冬蔡侯朱出奔楚　唐石經、諸本同。解云：「左氏與此同。穀梁作『蔡侯東』。」

二十有二年

183 大蒐于昌姦　唐石經、諸本同。釋文作「大廋」，云「本亦作『蒐』。昌姦，二傳作『昌間』。」

184 以上二事以解傳文何言乎王室亂之意　按，此十六字當在「天王出居于鄭是也」之下。❺

185 刺周室之微　十八年疏引此下有「弱」字。

186 不言成周　蜀大字本、閩、監、毛本同。鄂本「言」作「曰」。

187 故正王可知也　疏引作「皆可知」。

188 傳若事悉解　浦鏜云疑脱一「事」字。

189 云注不爲天子諱者　按，「注」字當衍，何校本作「注云」。

190 閔二年傳云　浦鏜云「元」誤「二」。按，浦説是也。

191 不舉猛爲重者　鄂本、閩本同。監、毛本「舉」誤「居」。

192 正以言王傾國受師　此本「傾」作「頃」，今據閩本訂正。監、毛本作「須」，非。

193 以者何行其意也　浦鏜云上當脱「傳云」。

194 自號西周王　鄂本同。閩、監、毛本「自」誤「故」，「主」作「王」。按，廿六年冬十月下疏引作「自號西周王」。

195 不月者　蜀大字本、閩、監、毛本同。鄂本無「者」字。

196 三者皆不當卒卒又名者　蜀大字本、閩、監、毛本同，誤也。鄂本「三」作「二」，無下「卒」字，當據以訂正。按，解云「言二者皆不當卒」，又云「既不合卒，今書其名」，皆與鄂本合。

197 假令得作外踰年君問自不得書其卒　浦鏜云「問」疑「亦」字誤。

公羊註疏昭公卷二十四

198 二十三年　閩、監、毛本同。唐石經作「廿有三年」，此脱「有」字。

199 叔孫舍如晉　唐石經、諸本同。解云：「左氏、穀梁作婼字。」

200 叔孫舍者　閩、監、毛本删「者」字。

201 曷爲不繫乎周　閩、監、毛本「乎」作「于」。×

202 比肸附父仇　閩、監、毛本同。鄂本「仇」作「讎」。

203 何氏云奔者　浦鏜云「奔」上脱「出」字，是也。

204 沈子楹　唐石經、諸本同。釋文亦作「楹」，云「左氏作『逞』，穀梁作『盈』」。按，此本疏中下文作「沈子盈」，則疏本與穀梁同，故於此下無文。

205 衛未有罪矣　浦鏜云「爾」誤「矣」。

206 春秋伐者爲客　毛本「伐」下衍「人」字。

207 豎刀易牙爭權　監本同。閩本、毛本「刀」改「刁」。

208 中國所以異乎夷狄者　閩、監、毛本同。鄂本「乎」作「于」。×

209 即定十四年夏四月　浦鏜云「十」衍字，是也。

210 蔡公孫歸生　按，經作「歸姓」，此順注文引作「生」。

211 即此胡子髡沈子盈滅是也　閩、監、毛本「盈」作「楹」。

212 嫌敗走及殺也　鄂本「也」作「之」。此誤。

* 皆獲戕之文在今上　補：毛本作「上今」，此誤倒。

213 二理合符　毛本「二理」誤倒。×

214 是以稱人矣　盧文弨曰「人」爲「名」之誤。

215 癸亥公孫于齊是也　浦鏜云「己」誤「癸」。按，浦説是也。

216 注吳光殺僚滅徐者即下二十七年　閩、監本同。毛本「者」下增「○解云」。

217 二十三年十有二月癸酉朔　閩、監、毛本「酉」誤「亥」。浦鏜云「二年」誤「三年」。按，浦説是也。

218 齋戰疾 鄂本、閩、監、毛本「齋」作「齊」。

二十有四年

219 叔孫舍至自晉 二傳無「叔孫」字。

220 自以大夫之罪執之 閩本同。監、毛本「以」誤「已」。

221 時年叔倪出會 鄂本作「明年」，諸本皆誤作「時」。

222 杞伯鬱釐卒 唐石經、諸本同。釋文作「鬱氂」，云「本亦作『釐』」。疏云：「左氏、穀梁作『郁釐』字，今正本亦有『郁』字者。」按，「亦有」下當脱「作」字。

223 葬杞平公 此本「叔孫舍」至「自晉」三節疏皆在此經下，閩、監、毛本分配各經之下。

二十有五年

224 夏叔倪 釋文、唐石經、諸本同。疏云：「穀梁與此同，左氏經賈注者作『叔詣』字。」

225 宋樂世心 唐石經、諸本同。釋文：「樂世心，左氏作『大心』。」

226 有鸛鵒來巢 唐石經、諸本同。釋文：「鸛，音權。左氏作『鸜』，音劬。」按，周禮考工記「鸜鵒不踰濟」，釋文本作「鸛鵒」，此疏亦引冬官「鸛鵒不踰濟」。

227 不可以尺寸録之 浦鏜云「可」衍字。

228 昭公依托上雩 鄂本「托」作「託」。

229 去臣則逐季氏意明矣 閩、監、毛本同，誤也。鄂本「臣」作「辰」，當據正，釋文亦作「去辰」。

230 而言又雩者可以起其非實雩 閩、監、毛本「可」作「何」。毛本「言又」誤倒。

231 次于楊州 葉鈔釋文、鄂本、閩本同。唐石經、閩、監、毛本作「揚州」，疏同。按，左氏作「陽州」。

232 昭公將弒季氏　唐石經、諸本同。釋文作「將殺」，云「音試，下及注同」。○按，依疏則傳文本作「弒」也，漢石經公羊「弒」皆作「試」，猶今人語云「姑且試之」，故其語可通乎上下也。

233 吾欲弒之如何是也　閩、監、毛本「如何」作「何如」。

234 子家駒曰諸侯僭於天子大夫僭於諸侯　唐石經、諸本同。考工記「畫繢之事，其象方天時變」，注引「子家駒曰天子僭天」，今何本無此句；周禮大宰疏引作「諸侯僭天子，大夫僭諸侯」，此二「於」字當爲衍文，考工記注無「於」字可證。

235 注失禮成至知也　閩、監、毛本無「成」字。

236 禮天子諸侯臺門　周禮太宰疏引何氏云「天子兩觀諸侯臺門」，與今本異。

237 注禮天至一觀　當作「注禮天子諸侯臺門」，故解云「在禮器文」，今本標起訖是後人所改。

238 明有則也　閩、監、毛本同，誤也。鄂本「則」作「制」，當據正。「制」謂已所制也，「則」即「法」，複上。

239 東夷之樂曰株離　釋文及諸本皆作「株離」，蜀大字本作「郝」，誤。

240 云繫牛曰婁者　何校本同。閩、監、毛本「云」作「也」，此本「云」字亦剜改作「也」，今訂正。

241 委己者也　唐石經同。釋文：「委己，音紀。」閩、監、毛本「己」誤「巳」。

242 猶順於己之人　浦鏜云「於」下當脱「食」字。

243 固是其宜矣　浦鏜云：「也」誤「矣」，從經傳通解挍。

244 固爲季氏用　監、毛本同，閩本「固」作「因」，皆誤；鄂本作「而爲季氏用」，與儀禮通解續正合，當據以訂正。

245 終弒而敗焉　唐石經作「終弒之而敗焉」，諸本脱「之」字。按，疏中標經云「終弒之」者，有「之」，與石經合。

246 弔死國曰弔　諸本同。段玉裁云此「國」字衍。

247 謙自比齊下執事　釋文作「嗛自」，云「音謙，本亦作謙」。

248 慶子免君於大難矣　唐石經原刻無「也」字，後磨改增刻，諸本誤承之。

249 即所錫之以死　蜀大字本、閩、監、毛本同。鄂本「錫」作「賜」。按，傳言「賜」，不當殊文，鄂本是也。

250 申曰脡　鄂本同，此本疏中亦作「申」；閩、監、毛本改「伸」，疏同。

251 國子執壷漿　唐石經、鄂本、閩本同。監、毛本「壷」改「壺」，非。

252 餕熟食　鄂本「熟」作「孰」，下同；加四點者，俗字。

253 致饔餼五牢　浦鏜云經「致」作「歸」，是也。

254 若今之糒米也〇　諸本同。按，此「〇」當删，下載糗糒字音切，亦義疏之言，非釋文也。浦鏜云已見釋文，當衍者。非，此與釋文不同。

255 乏器謙不敢求索　鄂本「乏」誤「之」。

256 而以行客之人　「而」疑衍。浦鏜云「而以」疑「蓋以」之誤。

257 謂之拜命謂之辱　閩、監、毛本同。鄂本作「謂之拜命之辱」，此下「謂」字衍，當據以刪正。

258 注食必至讓也　閩、監、毛本「必」下有「祭」。

259 今則更以簞壺盛饔飧是　浦鏜云「是」疑「也」字誤。

260 敢辱大禮敢辭　唐石經、諸本同。解云：「亦上有『不』字者。若有『不』字，則辭下讀。」按，當作「『敢』上亦一本有『不』字者」。

261 今已無有　解云：「謂己身之已，或解爲已然之已。」按，音紀是。

262 昭公自謙失國　鄂本「謙」作「嫌」。此誤。

263 昭公於是噭然而哭　唐石經、諸本同。按，說文「嘂，高聲也。一曰大呼也，从㗊，丩聲，春秋公羊傳曰『魯昭公叫然而哭』」，「噭」與「叫」聲相近，許以「叫」爲高聲大呼，較之何注云「噭然，哭聲貌」，義益切也。

264 既哭以人爲菑　唐石經、諸本同。何注云：「菑，今大學辟雍作『側』字。」按，此即東漢熹平立石大學之公羊傳也。

265 以搴爲几　唐石經、鄂本同。釋文亦作「以搴」，閩、監、毛本「搴」改「鞍」，非。

266 其禮與其辭足觀矣　唐石經「與」字起磨改重刻此六字，故此行十一字。

267 下三十年　浦鏜云「十」下脱「一」。按，浦說是也。

二十有六年

268 次于楊州　閩本同。監、毛本「楊」改「揚」，下同；何校本並作「陽」，與穀梁合。

269 注月者閔至居運者　閩、監本同。毛本下增「○解云」，何校本無「○解云」。

270 無王罪深淺　何校本「罪」下有「之」字。

271 昭無臣子又即如定公當致也　蜀大字本、閩、監、毛本同。鄂本「又」作「入」，則上屬，言昭無臣子納公也。

272 棘者何　浦鏜云上當脱「傳云」二字。○按，廿九年疏引亦無「傳云」，非脱也。

273 天子不親征下士　閩、監、毛本同。何校本「士」作「土」，何校本作「土」，與定十二年注合。

274 不能圍成不能服　定十二年注作「公親圍成」。此誤。

275 盟于鄟陵　鄂本、閩、監、毛本同。唐石經、蜀大字本「剸」作「鄟」。釋文：「鄟陵，音專，本亦作『專』。」鄂本從刂。❻

276 王城者何　閩、監本同。毛本「王」誤「于」。×

277 上言天王者有天子已明　鄂本「者」作「著」。此誤。

278 起正居在成周　蜀大字本、閩、監、毛本同，誤也。鄂本「正」作「王」，當據正。此本疏云「起成周爲王居」，閩、監、毛本亦誤爲「正居」。

279 正以此上二十二年秋　閩、監本同。毛本「年」誤「月」。×

280 尹氏召伯毛伯　唐石經、諸本同。解云：「穀梁與此同。左氏『召伯』作『召氏』。」

281 當先誅渠帥　鄂本同。閩、監、毛本「帥」作「率」。按，釋文作「渠率」，云「或作『帥』」。

282 注云立王子朝獨舉尹氏者　閩、監本同。毛本刪「云」字。

二十有七年

283 文方見爲季子諱本　閩、監、毛本同，誤也。鄂本「文」作「又」，當據正。○按，依疏當作「文」，屬上讀。

284 不出賊以明闔廬罪　閩、監、毛本同，誤也。鄂本「明」作「除」，當據正。解云「今此月者，直是本不出賊，以除闔廬罪」，可證本是「除」字。

285 於是使專諸刺僚者闔廬弑僚之文也　閩、監、毛本「者」改「著」。何煌云「者」疑作「是」。

286 注月者明失衆見弑　浦鏜云「非」誤「明」。

287 邾婁快來奔　唐石經、諸本同。釋文：「邾婁快，本又作『噲』。」

288 以近治也　何校本作「自近始也」，與襄廿三年注合。

289 獨舉一國　何校本「國」下有「者」字，是也。

二十有八年

290 止自卒月葬時　閩、監、毛本「止」誤「正」。

291 鄭伯寗卒　諸本同。唐石經缺。釋文：「伯寗，乃定反，下同，左氏并下滕子名並作『寧』。」

二十九年

292 定十三年春宋公之弟辰及仲佗石彄公子地　浦鏜云「一」誤「三」，「地」，經作「池」，是也。❼

293 棘者何　浦鏜云上當脱「傳曰」二字。按，此類皆疏文原本如是，非脱誤也。

294 裁得國外土地而已　閩、監本同。毛本「土」誤「上」。

三十年

295 固有出奔可責　宋本、閩、監本同。毛本「固」作「因」，誤。

三十有一年

296 會晉荀櫟于適歷　唐石經、諸本同。釋文：「荀櫟，本又作『躒』，又作『濼』。」×

297 季氏負捶謝過　閩、監、毛本「捶」作「棰」，疏同。釋文作「負箠」，云「本又作『捶』」，此本疏標起訖亦作「負箠」。

298 以殊外言來者　鄂本「以」作「而」。

299 公遜于齊　何校本「遜」作「孫」。

300 是以二注備書矣　閩本「二」字缺上畫，監、毛本誤作「一」。

301 秋葬薛獻公　唐石經、宋本同。閩、監、毛本「薛」誤「晉」。

302 冬黑弓以濫來奔　唐石經、諸本同。釋文：「黑弓，二傳作『黑肱』。」

303 注叔術者邾婁至弟也　何校本「至」作「之」。×

304 顏淫九公子于宮中　唐石經「顏」下有「公」字，後磨改删去，故此行九字。

305 於是負孝公之周訴天子　唐石經「訴」作「訢」，閩、監、毛本改「愬」。按，釋文作「周愬」，云「本亦作『訴』」，蓋據此所改。

306 云爾非德也　閩、監、毛本同。鄂本無「德」，此誤衍。蜀大字本脱「也」字。

307 有子焉謂之盱　唐石經、諸本同。釋文：「盱，許于反。本或作『䀰』，一音夸。」×

308 爲顏公夫人時所爲顏公生也　按，下「爲顏公」三字誤衍，複上，當删正。

309 知小爭食　鄂本同。閩、監、毛本「小」作「少」。

310 幾者動之微吉事之先見　鄂本同。此本翻刻「者」、「吉」誤「爲」、「者」，閩、監、毛本承之。

311 曰嘻此誠爾國也　唐石經原刻無「此」，後磨改增之，故此行十一字。

312 誅顔之時天子死　唐石經、諸本同。惠棟云：謂「誅顔天子死也」，作一句讀。按，「時」字疑衍。

313 無妻嫂惑兒爭食之事　閩、監、毛本同，誤也。鄂本「惑」作「感」，當據正。

314 夫子本所以知上傳　鄂本「知」作「如」。此誤。監本「夫」誤「天」。

315 然則外內亂　閩、監、毛本作「內外」。

316 春秋所通之君　鄂本「所」作「新」，此誤，上云「春秋新通之」可證。

317 又觸天下實有濫　鄂本、宋本、閩、監本同。毛本「實」誤「寶」。

318 晉人執宋仲機于京師　閩、監、毛本「機」改「幾」，是也。

三十有二年

319 與取濫爲亟　解云：『取』亦有作『受』字者。」按，莊二年疏引作「受」，今作「與取濫」，誤。

320 比取兩邑　毛本「比」誤「北」。

321 有尊尊之意也　蜀大字本、閩、監本同。鄂本無「也」字。毛本誤「尊卑」，疏不誤。

322 言成周者起正居　疏中引注作「欲起正居」，此脱「欲」字。

323 彼注云言成周者　按，「彼」字當衍，何校本無「彼」字。

09—324 正以王微弱 閩、監、毛本「王」誤「上」。

校記

❶ 南昌本下有校語「唐石經昭公第十卷九」。
❷ 南昌本校語「䟽標起訖」作「梳標起訖」。
❸ 此條南昌本出文下無校語。
❹ 南昌本出文「言」作「賢」。
❺ 南昌本下有校語「○補，案，此本王室下脱亂字」。
❻ 南昌本無校語「鄂本從刂」。
❼ 南昌本無校語「地，經作池，是也」。

春秋公羊傳注疏校勘記卷十

公羊註疏定公卷二十五[1]

10—001 定公第十一　唐石經注「卷十」。

元年

002 即莊元年經云　閩、監、毛本「莊」下有「公」字。○按，「公」字衍文。

003 公及邾婁儀父盟于蔑　閩、監、毛本「蔑」改「眛」。按，作「蔑」者左傳字。

004 故據之耳　閩、監本同。毛本「據」作「据」。

005 本有有正月者　監、毛本同。閩本不疊「有」字。按，下「有」字衍文。

006 統者始王也　浦鏜云「王」衍字。浦説是也。

007 自公侯至於庶人　毛本「於」改「于」，下並同。

008 而左氏以爲喪及壞隤　閩、監本同。毛本「隤」誤「嘳」。

009 起珪辟琮璜五玉盡亡之　浦鏜云「璜」下脱「璋」。○按，有「璋」字則與八年注合。

010 世世寶用之辭也　何校本「寶」作「保」，是也。

011 是可以世世傳保而珠玉之　八年疏作「金玉」。此誤。

012 實爲聖漢將興之瑞　閩、監本同。毛本「將」誤「中」。

013 恩隆於定哀　閩、監、毛本「恩隆」誤倒。

014 故此曰慎之至也　盧文弨曰：「此曰」倒，「此」蓋遙承上「此孔子」之「此」。

015 晉人執宋仲幾于京師　唐石經、諸本同。釋文：「仲幾，本或作『機』。」按，昭三十一年疏作「仲機」，左氏、穀梁及漢書五行志皆作「幾」。

016 不蕘城也　閩、監、毛本同。唐石經「蕘」作「衰」。釋文作「不衰」，云「或作『蕘』」。困學紀聞云：「按左氏傳『遲速衰序，於是焉在』，又云『宋仲幾不受功』。『蕘』字當從漢志作『衰』，與左氏合。」經義雜記曰：「五行志『不衰城』，師古曰『衰城，謂以差次受功賦也。衰音初爲反，一曰衰讀曰蕘，蕘城，謂以草覆城也。蕘音先和反』。按釋文及漢志知公羊本作『不衰城』。說文『衰，艸雨衣，从衣，象形』，何注用說文本義。作『蕘』，俗字也，『衰城』義當從師古說。」

017 若今以草衣城是也　解云：「衣，讀如衣輕裘之衣。」

018 不似左氏方始欲城耳　閩、監本同。毛本「似」誤「以」。

019 晉人執宋行人樂祈黎　浦鏜云「黎」誤「犂」。✕

020 非伯討例雖無其例　閩、監、毛本「非」作「見」。此誤。

021 晉人執衛侯歸之于京師　毛本「之」誤「至」。依全書例則「晉」字上當補「冬」字。❷

022 故曰以佗罪舉也　毛本「佗」改「他」。

023 故得然解　閩、毛本同。監本「然」誤「無」。✕

024 十九年三月　浦鏜云「正」誤「三」。○按，浦說是也。

025 禮始死于北牖下　宋本同。閩、監、毛本「牖」作「墉」，疏同。按，釋文作「北墉」，云「音容，本又作『牖』」。鄭注禮記「北牖」下云「或爲北墉」，蓋何注本作「北墉」，即鄭所云或本是也；今公羊注作「北牖」，則後人從禮記改轉。毛本「于」改「於」，非。

026 飯含於牖下　宋本、閩、監本同。毛本「牖」誤「牗」。

027 寢東首於北牖下是也　閩、監本同。毛本「於」改「于」。下「浴於」、「飯於」、「斂於」、「殯於」、「祖於」、「葬於」並同。

028 此不書日故同之　按，「同」爲「問」之誤。

029 昭二十二年秋　浦鏜云「三年」誤「二年」。

030 例既宜日而不日者　閩、監、毛本脱「者」。

031 使若惡愈於武宮故也　閩、監本同。毛本「故」誤「是」。

032 冬十月　監本「冬」字空缺。

033 時猶殺菽　閩、監、毛本同，誤也。鄂本「猶」作「獨」。解云「知獨殺菽，不殺他物者」，當據以訂正。

034 彼傳云何災不書　浦鏜云「一」誤「何」。

035 而不書穀名　莊七年注「而」作「然」。

036 隱三年而作註云　浦鏜云「而作」當「傳何」誤。下「作注」之「作」同。

037 非常而可怪　浦鏜云「而」衍。按，浦説是也。

038 彊於叔孟　毛本「彊」改「强」。

039 與賈復異　按，「復」當「服」之誤。

040 薨於乾侯　閩、監本同。毛本「於」改「于」。

041 雖作淫祀　毛本「淫」誤「溪」。

二年

042 方於下及聞其文問之　鄂本「聞」作「間」。此誤。

043 諸侯僭天子久矣　昭廿五年傳「僭」下衍「於」字，當從此所引。

044 則知天子明矣　按，「知」當「如」字誤。

045 時災者兩觀　唐石經作「主災者兩觀」，諸本皆誤作「時」。孫志祖云左傳疏引作「主」。

046 嫌主覆問上所說二事　何校本「主」上有「以」字，與隱三年注合。

047 中丘者何　毛本「中丘」誤倒。

048 欲復言城中丘何以書　浦鏜云「故」誤「欲」。○按，何校本「故書」下有「也」字，是也。

049 注据俱至如常　閩、監本同。毛本改「故常」。

050 解云正以所作　毛本「所」誤「新」。

051 脩大也　唐石經、諸本同。毛本「脩」改「修」。

052 亦可施於久不脩　蜀大字本、閩、監、毛本同。鄂本「于」作「於」，下同。按，作「於」是。

053 三年　監本「年」誤「月」。

054 三月辛卯　唐石經原刻「三月」，磨改作「二月」。解云：「公羊、穀梁皆作『三月』，左氏作『二月』，未知孰正。」按，此則當從唐石經原刻。

055 盟于枝　唐石經、諸本同。釋文：「于枝，二傳作『拔』。」按，「枝」當爲「拔」字之誤也，如「公孫拔」之誤爲「公孫枝」。

四年

056 于召陵　唐石經、諸本同。釋文作「邵陵」，云「本或作『召』」。

057 似若成十六年秋公會單子尹子　浦鏜云：十六年伐鄭無單子，十七年有之，此二字當衍。○按，浦說是也。

058 蔡公孫歸姓　唐石經、諸本同。釋文：「公孫歸姓，二傳無『歸』字，姓音生。」按，昭廿三年注作「歸生」，疏引此經同。

059 明國不存　閩本剜改「不」作「當」，監、毛本承之。○按，作「當」與襄六年注合。

060 而沈子不死位　閩、監、毛本「而」作「今」。

061 鄭游速帥師滅許　經「速」作「遬」，此本「速」字剜改，蓋本作「遬」。

062 有强臣之讎　閩、監本同。毛本「强」作「彊」。 ×

063 公及諸侯盟于浩油　唐石經、諸本同。釋文：「浩油，二傳作『臯鼬』。」九經古義云：「鹽鐵論作『誥鼬』，爾雅釋訓『臯臯琄琄』，樊光本作『浩浩』。」

064 故褒與信辭　鄂本「褒」作「襃」。 ×

065 寧知再言公爲喜録之者　浦鏜云「寧」疑衍字或「何」字誤，非也，「寧知」猶「安知」也。

066 杞伯戊卒于會　唐石經、諸本同。釋文：「伯戊，音茂，又音恤。二傳作『成』。」

067 不日與盟同日　解云：「考諸古本『日』亦有作『月』者。」 ×

068 邾婁子穿卒之屬是也　何校本「屬」作「文」。

069 則例書日　何校本「則」作「雖」。

070 比與諸侯行義伐鄭　按，桓十六年注「伐」字上有「兵」字。

071 但善其比與義　閩、監、毛本「與」作「行」。

072 因上王魯故王之　閩本作「故主之」，是也；此作「王之」，誤。監、毛本「故」作「文」，上屬，與疏合，「主之」作「王之」則誤也。❸

073 主天子大夫卒之　閩、監、毛本「天子」作「起以」。按，解云「正欲起大夫卒之」，明此誤。

074 故知一人也 閩、監、毛本「也」誤「其」。

075 今而録見 何校本「録」作「書」。

076 言卒等有恩 閩、監、毛本「卒」作「雖」，非。

077 天王之崩爲諸侯之主也 浦鏜云：上「之」衍，傳無「爲」。○按，何校本無「之爲」二字，與傳合。

078 明當有恩禮也 閩本「也」改「又」，監、毛本承之。

079 明罪重於圍 鄂本「明」誤「胡」。

080 即哀九年楚子以下 浦鏜云「元」誤「九」。○按，何校本「正」作「元」。

081 晉士鞅衛孔圄帥師伐鮮虞 諸本同。釋文：「孔圄，左氏作『圉』。鮮虞，本或作『吳』，音虞。」唐石經作「孔圉」，「虞」字缺。

082 更受采地於京師 毛本「於」誤「于」。

083 經使無文 浦鏜云「史」誤「使」。段校本作「傳」，是也。

084 戰于伯莒 唐石經、諸本同。釋文：「伯莒，左氏作『柏舉』。」

085 以者可行其意也 浦鏜云「何」誤「可」。

086 爲格化之類也 閩、監本同。毛本「爲」誤「謂」。○按，何校本作「爲」。

087 則不免爲亂 鄂本「爲」作「於」。

088 用事乎河 毛本「事」誤「是」。

089 爲是拘昭公于南郢 何校本「于」作「於」，是也。

090 君子不得不與也 鄂本「與」下有「之」。

091 止以蔡爲兵故首也　浦鏜云「故首」疑誤倒。何校本云「止」疑「正」。

092 故注者取而説之　閩、監、毛本「説」作「況」。

093 亦不可誅　浦鏜云「可」下脱「加」。按，浦説是也。

094 子復囚非當復討　鄂本「囚」作「讎」，當據正。毛本「討」誤「封」。

095 時子胥因吴之衆　蜀大字本、閩、監、毛本同。鄂本無「之」，此衍。

096 不除云　閩本「云」缺上畫，監、毛本改作「去」。

097 友便佞　諸本同。釋文作「辯佞」，云「如字，本又作『便佞』」。按，疏本亦作「辯佞」，云「辯爲媚矣」；今本作「便佞」，蓋據何晏論語集解所改。

098 酌酒切肺　書傳「肺」作「脯」。

099 攝以威儀注云　按，「注」當作「箋」。

100 蓋以闔廬爲諒　何校本「諒」作「亮」。

101 謂口柔面柔體之屬　毛本「體」下有「柔」，此及閩、監本皆脱。

102 吴入楚　唐石經、諸本同。左氏「楚」作「郢」。

103 日者惡其無義　鄂本「無」作「不」。此誤。

104 春王正月　浦鏜云「二」誤「正」。按，浦説是也。

五年

105 宋大夫叛　疏中引作「宋五大夫叛」，何校本同，此脱「五」字，當據補。

106 時爲蔡新被强楚之兵　鄂本「强」作「彊」。

107 注與戍陳義　按，「義」上脱「同」。

108 不序　何校本「不」上有「故」字。

109 於越者何越者何　唐石經原刻脱「越者何」三字，後磨改補刻，故三行每行十一字。

110 曷爲或言於越　毛本「曷」誤「易」。

111 治國無狀　解云：「亦有一本『狀』皆作『禮』字，但非古本，是以不能得從之。」

112 士卒罷敝　釋文作「罷弊」，云「本亦作『敝』」。

113 疾罪重　鄂本、閩、監本同。毛本「罪」誤「最」。

114 是以不能得從之也　閩、監、毛本無「也」字。

115 仲遂以貶起弑　釋文作「起殺」，云音試。

116 舉君絶爲重是也　閩、監、毛本「絶」誤「逐」。

公羊註疏定公卷二十六

六年

117 秋晉人執宋行人樂祁犂　唐石經同。閩、監、毛本「祁」作「祈」。

118 季孫斯仲孫忌帥師圍運　唐石經、諸本同。解云：「古本無『何』字，有者誤也。穀梁及賈經皆無『何』字，而賈氏云『公羊曰仲孫何忌者蓋誤』。」按，上文「夏季孫斯仲孫何忌如晉」，有「何」字。❹

119 文致大平　蜀大字本、閩、監、毛本同。鄂本「文」誤「又」。

120 則此經無可明矣　浦鏜云「何」誤「可」。○按，浦説非是。

121 名子爲宫皇之屬是也　閩、監本同。毛本「皇」改「涅」。

七年

122 齊侯衛侯盟于沙澤　唐石經、諸本同。左氏、穀梁無「澤」字。

123 費重不恤民之應　鄂本、宋本、閩本同。監、毛本「應」誤「費」。

124 蓋遂重者先言之故也　浦鏜云「遂」當「逐」字誤。

125 仲孫何忌圍運是　浦鏜云：經文無「何」字，惟六年夏如晉經有「何」字，亦衍文。按，浦説是也。

126 又重之以齊師伐我我自救之役　蜀大字本、閩、監、毛本同。鄂本無下「我」字。

八年

127 再出尢危於侵鄭　閩、監、毛本同。蜀大字本脱「再」。鄂本「尢」誤「大」。

128 正以内有强臣之讎　閩、監本同。毛本「强」改「彊」，下並同。

129 而外犯强齊　閩、監、毛本「强」作「彊」。

130 故使若得意者　疏及閩、監、毛本同。鄂本脱「使」字。

131 莊六年作注云　按，「作」爲「傳」之誤。

132 今此書　何校本下有「致」字。

133 趙鞅　按，左氏傳經作「士鞅」。

134 葬曹靖公　唐石經、諸本同。釋文作「曹竫」，云「才井反，本亦作『靖』」。按，段校本作「竫」。

135 至文三年　浦鏜云「二」誤「三」。按，浦説是也。

136 藏於其家　毛本「於」改「于」。

137 舉逐君爲重　蜀大字本、閩、監、毛本同。鄂本下有「也」字。

138 眡而鋟其板　唐石經、諸本同。石經原刻作「俄」，後改「眡」，下同。釋文作「眡」，又云「鋟，本又作『鐵』，七廉反，又且審反，本或作『鍛』，誤」。按，桓二年傳「俄而可以爲其有矣」，莊三十二年傳「俄而牙弑械成」，字皆作「俄」，何注桓二年云「俄者，謂須臾之間創得之頃也」，此從「目」，非。

139 將殺我于蒲圃　唐石經、諸本同。釋文「蒲圃，本又作『甫』」，葉鈔本作「滿圃」。

140 至乎日若時　疏及諸本同。唐石經「乎」磨改，「日」誤「曰」。

141 下季氏云　閩、監本同。毛本「下」誤「于」。×

* 於其乘焉者謂於其上車之時矣

補：案，此疏當在下節注下。此誤。

142 可以橫去　蜀大字本以下同。鄂本「橫」作「撗」。

143 臨南投策而墜之　諸本同。釋文作「而隊」，唐石經缺。

144 臨南駷馬　唐石經、諸本同。釋文：「駷，本又作『揀』，字書無此字，相承用之。」

145 捶馬銜走　鄂本「捶」作「搖」，「銜」作「銜」。○

按，依說文當作「箠」，假借作「捶」，譌作「搖」。

146 矢著于莊門　唐石經、諸本同。釋文：「莊門，本或作『嚴』，亦音莊。」×

147 弑不成却反舍于郊皆說然息　唐石經、諸本同。釋文「弑」作「殺」，云「音試，下同。卻，本又作『却』。說然，本又作『稅』」。

148 時季氏邑至於千乘　鄂本「於」作「于」，非。×

149 半圭曰璋　鄂本、閩本同。監、毛本「圭」作「珪」，下珪辟字皆從玉。

150 奉璋峨峨　鄂本、閩、監、毛本同。此本翻刻者「峨」字誤從虫旁。釋文：「峨峨，本又作『娥』。」按，廣雅釋訓「娥娥，容也」，與何氏引詩正合，毛詩作「義」，假借字也。

151 質拊也　閩、監、毛本同。釋文作「質柎」，此從手旁，訛。

152 謂之石　段校本「謂」字上有「百二十斤」四字，下文「三斗有餘」四字乃衍文。

153 謂緣甲䪼也　釋文作「甲䪼」，毛本「䪼」誤「頗」。

154 莫善乎蓍龜　解云：「今易『善』作『大』，爲異。」惠棟云：「古易皆作莫善乎蓍龜，王弼本『善』作『大』，後人皆仍其誤。」按，今文易作「莫善」，古文易作「莫大」，鄭注本及王弼本皆費氏古文也，故作「大」，鄭注云「言其廣大無不包也」可證是「大」字。

155 世世寶用之辭　疏引作「世世保用之辭」，此以「保」訓「寶」也，今本仍作「寶」，非，定元年疏引同。○按，何校本正作「保」。

156 喪其五玉　鄂本同。閩、監、毛本作「寶玉」，非，此本訛作「玉玉」，今訂正。

157 而君臣之義立者家語文　按，今家語無「君臣之義立」。

九年

158 鄭伯囏卒　唐石經、鄂本、閩、監本同。毛本脱「伯」字。釋文：「伯囏，左氏作『蠆』。」

159 知得例不蒙上　鄂本下有「月」字，諸本皆脱，疏云「不蒙上月」。

160 得之書喪之書　今傳「喪之書」在上。

161 善魯能却難早　釋文作「卻難」，云「亦作『却』」。　×

十年

162 叔還如鄭莅盟　閩、監、毛本「莅」作「涖」，非，俗字。　×

163 夏公會齊侯于頰谷　唐石經、諸本同。釋文：

「頰谷，左氏作『夾谷』。」 ✕

164 上平爲頰谷之會不易　鄂本「平」誤「乎」。 ✕

165 於是誅侏儒首足異處　鄂本疊「侏儒」二字。

166 得意故致也　鄂本「也」作「地」。此誤。

167 寡人或過於魯侯　閩、監、毛本同，誤也。鄂本「或」作「獲」，當據正。○按，穀梁注引作「獲」。

168 不當取邑　浦鏜云「當」下脱「坐」字。○按，宣十年注有「坐」字，浦説是也。

169 止欲兩君揖讓　此本翻刻者及閩、監、毛本「止」皆作「正」。按，作「正」是也。

170 歸其四邑　監本「其」誤「共」。 ✕

171 實非刼詐　閩、監、毛本同。此本「詐」誤「非」，今訂正。

172 帥師圍費　唐石經、諸本同。解云：「左氏、穀梁『費』爲『郈』，公羊正本作『費』字。」

173 宋樂世心出奔曹　唐石經、諸本同。解云：「『世』字亦作『泄』字，故賈氏言焉，左氏、穀梁作『大』字。」

174 宋公子池出奔陳　唐石經、諸本同。鄂本「奔」作「犇」。釋文：「公子池，左氏作『地』。」按，閩、監、毛本誤以「池左氏作地」五字釋文爲注，此本、鄂本皆無之。

175 解云左傳　鄂本「傳」作「氏」。❺

176 世字亦作泄字者　按，「亦」下當脱「有」字。❻

* 會于鞌者至作浦字者　補：此疏文三十五字當在下節注下。

177 會于鞌　唐石經、諸本同。疏云：「左氏、穀梁作『安甫』。穀梁經『甫』亦有作『浦』字者。」按，毛本「浦」誤「蒲」。

178 三大夫出不月者　蜀大字本、閩、監、毛本同。宋本「三」誤「二」。

十有一年

179 言當重者　浦鏜云「當」下脱「坐」。

180 叔還如鄭蒞盟　閩、監、毛本同。唐石經、蜀大字本「蒞」作「莅」，鄂本作「涖」，一從艸，一從水；此合并爲「蒞」，非。

十有二年

181 子無道當廢之　鄂本下有「師」。

182 失衆見弑　釋文作「見殺」，云音試。

183 禍端在定　解云：「『在定』亦有作『在是』者，今解從『定』。」按，薛弑其君比即在定十三年，則此作「定」非也，「定」當從「是」。

184 亦据侯伯大都已言之　浦鏜云「已」當「邑」字誤。

185 五板而堵　按，毛詩小雅鄭箋引「而」作「爲」，下「而雉」同。

186 八尺曰版堵者　浦鏜云「堵」衍字。按，傳注「版」作「板」，當從此。

187 韓詩外傳文　按，此當作「内傳」。

188 五堵而雉　唐石經、諸本同。按，詩鴻鴈正義引王愆期注公羊云「諸儒皆以爲雉長三丈，堵長一丈」，疑「五」誤，當爲「三」。

189 百雉而城　唐石經、諸本同。鄂本「城」誤「成」，注「軒城」同。

190 三十二步二尺也　浦鏜云「三步」誤「二步」。

191 注不能至澤廢　閩本同。監、毛本「澤廢」誤倒。

192 公會晉侯盟于黄　唐石經、諸本同。按，左氏、穀梁皆作「齊侯」，此作「晉」，誤也。宋張洽云：黄，齊地，公羊作晉侯，誤。

193 故先取以應之　閩、監本同。毛本「應」誤「進」。

194 天子不親征下士　閩、監、毛本同。蜀大字本「士」作「土」，此本疏中引注亦作「土」。

195 故危録之　蜀大字本、閩、監、毛本同。鄂本下有「矣」。

196 不肯從王者征伐　浦鏜云彼注作「莫肯」，是也。

十有三年

197 次于垂瑕　唐石經、諸本同。釋文：「垂瑕，二傳作『垂葭』。」

198 大蒐于比蒲　唐石經、諸本同。釋文作「大廋」，云「本又作『蒐』」。

199 書歸赦之　哀三年疏引作「書歸而赦之」。

200 是以春秋書歸以舍之　浦鏜云「赦」誤「舍」。

十有四年

201 晉趙陽出奔宋　唐石經、鄂本、閩、監本同。毛本「陽」誤「鞅」，疏同。解云：「穀梁與此同，左氏作『衛趙陽』。」

202 三月辛巳　閩、監、毛本同，誤也。唐石經原刻作「三月」，後磨去上一畫。按，左氏、穀梁皆作「二月」，此作「三」，誤。

203 陳公子佗人　唐石經「佗」字人旁磨改。釋文：「公子佗人，二傳作『公孫佗人』。」

204 以頓子牄歸　唐石經、閩、監、毛本同。鄂本「牄」誤「牄」，蜀大字本誤「愴」。釋文：「子牄，二傳作『牂』。」

205 當合死位　閩、監本同。毛本「當合」誤倒。

206 於越敗吴于醉李　唐石經、諸本同。釋文：「醉李，本又作『檇』。」✕

207 公會齊侯衛侯于堅　唐石經、諸本同。釋文：「于堅，如字，本又作『掔』，音牽，左氏作『牽』。」✕

208 熟曰燔　唐石經、諸本同。釋文曰：「燔，本亦作『膰』，又作『繙』。」✕

209 論語云祭于公　毛本「於」改「于」。

210 若數于此　閩本同。監、毛本「此」誤「比」，下「緩於此」閩、監、毛本皆誤「比」。

211 諸侯相見於隙地曰會　今禮記「隙」作「郤」。

212 至竟必假途　何校本「途」作「塗」。

213 謂考校其德行　毛本「校」改「挍」。✕

214 公及齊侯遇於穀　毛本「遇」誤「會」，「於」改「于」。

215 粥羔肫者不飾　此本及閩、監本疏中引注「肫」作「豚」，毛本始改爲「肫」，非。按，史記、家語皆作「羔豚」。✕

216 故深諱其本文三日不朝　閩、監、毛本同，誤也。鄂本、蜀大字本「文」作「又」，屬下讀，當據正。

217 坐受女樂令聖人去　鄂本、宋本同。閩、監、毛本「令」誤「今」。✕

218 孔子爲魯大司寇　浦鏜云家語無「大」字。〇按，孫志祖云：史記孔子世家亦有「大」字，疑今本家語脱耳，相魯篇亦云「由司空爲大司寇」。❼

219 即家語始誅編云　按，「編」當「篇」之誤。

220 此事乃正　浦鏜云「正」當「止」字誤。

221 犁鋤曰　何校本「鋤」作「鉏」。×

222 陳女樂馬於魯城南高門外　何校本「馬」上有「文」字，是也。

223 乃語魯侯爲周道游　毛本「游」改「遊」。×

224 夫子可以行矣　毛本「以」誤「已」。×

225 郊又不致膰胆於大夫　浦鏜云「俎」誤「胆」。

226 已無無冬字　浦鏜云衍一「無」字。

十有五年

227 漫也　鄂本、閩、監、毛本同。唐石經、元本「漫」作「曼」。按，釋文作「漫也」。

228 云内録不言火是也者　浦鏜云「録内」字誤倒。

229 然則内可以不言火　閩本同，誤也，當從監、毛本「可」作「何」。

230 動作當先自克責　何校本同。閩、監、毛本「作」誤「則」。

231 二月辛至豹歸　自此節至「養牲不過三月」節此本合爲一節。

232 魯郊博卜春三月　閩、監、毛本「博」誤「傳」，下同。×

233 故上三卜吉則用之　閩本同。監、毛本「上」作「卜」。×

234 蒙卦彖辭云　按，「彖」當作「象」。

235 萬物應之而萌牙生　閩、監、毛本「牙」改「芽」。○按，「牙」、「芽」古今字。

236 鄭軒達帥師伐宋　唐石經、諸本同。釋文：「軒達，左氏作『罕虎』。」×

237 次于鑳篨　唐石經、閩本同。監、毛本「鑳」誤

238 即文五年王正月　浦鏜云「王」上脱「春」。

文弨曰：左氏經作「渠蒢」，傳作「籧篨」。

「蘧」，疏同。解云：「左氏作『籧篨』字，賈氏無說。」盧

239 壓死　釋文作「厭死」，於甲反。×

240 故知但以奔與不奔爲異也　閩、毛本同。監本「異」誤「畏」。×

241 姒氏卒　唐石經、諸本同。解云：「穀梁作『弋氏』字。」

242 即鄭公之妾子　諸本同，誤也。鄂本作「定公」，當據正。

243 謚同於夫　閩、監本同。毛本下衍「人」字。×

244 日下昊　宋本、閩本同。監、毛本「昊」改「昃」，非，注及疏同。按，釋文、唐石經作「昊」。

245 故以子正之　毛本「正」誤「止」。×

10—246 春秋公羊卷第十一　唐石經原刻「十一」，後刮去「一」字。×

校記

❶ 南昌本下有校語「唐石經定公第十一卷下」。

❷ 南昌本出文「晉」上有「冬」字。校語「至」下有「上冬字脱」一句，此條末有校語「此本不誤」。

❸ 南昌本出文「故」作「文」。校語「故作文」作「故亦作文」，「則誤也」作「同誤」。

❹ 南昌本出文「季」作「李」。

❺ 南昌本出文「傳」作「氏」。校語「鄂本傳作氏」作「毛本氏作傳」。

❻ 南昌本出文無「者」字。

❼ 南昌本此條位于「即家語始誅編云」條後。

春秋公羊傳注疏校勘記卷十一

公羊註疏哀公卷二十七[1]

11—001 哀公第十二　唐石經下注「卷十一」。 ×

元年

002 滅以歸可知　閩、監、毛本同。鄂本上有「從」字，此脱。

003 鄭游速帥師滅許　閩本同。監、毛本「速」作「遬」。浦鏜云下脱「以許」二字。

004 伐之不諱者　蜀大字本、閩、監、毛本同。鄂本「者」誤「也」。

二年

005 所以再出大夫名氏者　解云：「此注『氏』字，或有或無。」

006 季孫斯所以不與盟者　此本「季孫」下空缺一十二字，方接「斯所以」云云，文無脱漏。

007 各盟所得　浦鏜云：穀梁「所」作「其」，又此句下當脱「范氏云」三字。

008 正以犯父之命　毛本「犯」誤「和」。 ×

009 然則定十四年夏　浦鏜云「秋」誤「夏」。○按，浦説是也。

010 晉赵鞅帥師及鄭軒達帥師戰于栗　唐石經、諸本同。釋文亦作「栗」，云「一本作『秩』，二傳作『鐵』」，疏本作「及鄭軒達戰于鐵」，解云：「諸家之經，『軒達』下有『帥師』。唯服引經者無。於鐵者，三家同。有作『栗』字者，誤也。今定本作『栗』字。」按，「鄭軒達」下不言「帥師」者，蒙上「晉趙鞅帥師」也，今三家下有「帥師」，當衍，疏本與服氏無之，是也。疏又謂三家同作「戰于鐵」，定本作「栗」者，誤，而釋文同定本作「栗」，區别之，云「二傳作『鐵』」。案，陸德明所據之本不及疏本也。

011 及鄭軒達戰于鐵者　閩、監、毛本「鐵」作「栗」，妄改。

012 稱云君殺大夫之辭者　閩、監、毛本「者」改「〇」。按，「稱云」是「解云」之誤，當在「者」下。

三年

013 曼姑受命于先君而立輒　浦鏜云：于先君，傳作「乎靈公」。按，浦說是也。

014 起曼姑得拒之　按，「拒」當同傳作「距」，下同。

015 止應圍衛　閩、監本同。毛本「止」誤「正」。×

016 上行於下是也　閩、監本同。毛本「上」誤「尊」。×

017 聽靈公命立者是王事　此本「者」誤「是」，今據鄂本訂正；閩、監、毛本因誤作「是」，遂刪去此字。

018 是王法行於諸侯　蜀大字本、閩、監、毛本同。鄂本「於」作「乎」，何校本疏中同。

019 曰古之賢人也　解云：「言古之賢士，且有仁行。若非『仁』字，如此解之。若作『人』字，不勞解也。」

020 曰怨乎求仁而得仁　鄂本、元本、閩本同。監、毛本「怨乎」下增「曰」字，非。何煌云：案，文勢不當有「曰」字，論語有者衍文。

021 是父之命行乎子也　傳無「命」字。

022 子曰古之賢人也者　段校本「人」作「仁」，是也。

023 蓋從始据之　閩本同。監、毛本「据」作「據」。

024 解云春秋逸義　浦鏜云「之」誤「逸」。

025 但遂其重處一過見之而已故餘輕處不復見之　浦鏜云：「逐」誤「遂」，「其餘」誤「故餘」。

026 嫌主覆問上所以説二事　毛本「主」誤「王」。 ×

027 帥師城開陽　唐石經、諸本同。釋文：「開陽，左氏作『啓陽』。開者，爲漢景帝諱也。」

028 稱人者　鄂本「稱」誤「稚」。 ×

029 即僖十年鄭殺其大夫申侯之屬是　浦鏜云「七」誤「十」。按，浦説是也。

030 大平之終　鄂本、閩、監本同。毛本「大」改「太」，非。釋文：「大平，音泰。」 ×

031 明年二月葬秦惠公是也　閩本同。按，「二」當作「三」，監、毛本誤「五」。

四年

032 盗殺蔡侯申　閩、監、毛本同。唐石經「殺」作「弒」。釋文：「盗殺，音試，下同。」❷

033 宋人弒其君處臼之下　毛本「宋」誤「晉」。 ×

034 賤於稱人者　毛本「於」改「于」。 ×

035 未加刑也　鄂本「未」誤「去」。 ×

036 故不繫國　浦鏜云下脱「不繫國」三字。按，浦説是，否則與襄廿九年注不合。

037 然則此處之盗　毛本「盗」誤「益」。 ×

038 正以方當刑放之　閩、監本同。毛本「正」誤「王」。 ×

039 則晉人執曹伯言畀宋人　鄂本、閩、監本同。毛本「言」誤「以」。

040 即僖二十八年二月丙午　浦鏜云「三」誤「二」。按，浦説是也。

041 與此異故執不知問　毛本「與」誤「于」。×

042 此解名此言歸意也　閩、監、毛本同，誤也。鄂本作「名而言歸」，當據正。

043 以頓子牄歸　閩、監、毛本「牄」作「牂」。

044 云蔡遷于州來者在三年冬　浦鏜云「二」誤「三」。按，浦説是也。

045 理應不譏故以此　閩本同。監、毛本「以」誤「云」。×

046 蒲社災　唐石經、諸本同。釋文：「蒲社，左氏作『亳社』。」解云：「公羊以爲蒲者，古國之名。今穀梁經、傳皆作『亳』字，而賈氏云公羊曰薄社也者，蓋所見異。」經義雜記曰：「禮記郊特牲『薄社北牖』，注『薄社，殷之社，殷始都薄』，釋文『薄，本又作亳』，書序『將遷其君於蒲姑』，釋文『蒲，如字，徐又扶各反，馬本作薄』，史記周本紀作『遷其君薄姑』，是『薄』、『蒲』、『亳』三字古通。」

047 按今穀梁經傳皆作亳宅　何校本「宅」作「社」，是也。

048 公羊曰薄社也者　何校本「薄」作「浦」。

049 社者封也　唐石經「封」字磨改。

050 明諸侯得專討士以下也　解云：「考諸正本，何注盡於此。若有注者，衍字矣。」

五年

051 春城比　唐石經、諸本同。釋文：「城比，本又作『芘』，亦作『庇』，左氏作『毗』。」

052 喪以閏數也　釋文：「數，所主反，下及注『月數』、『閏數』同。」解云：「此數讀如『加我數年』之數，非頭數之數。」

053 謂喪服大功以下諸喪　毛本「喪」誤「侯」。

054 當以閏月爲數　解云：「此數乃爲頭數之數。」

055 以月數恩殺故并閏數　解云：「此數亦如『加我以數年』之數。」

056 此數亦如加我以數年之數也　按，「以」字衍文。

六年

057 春城邾婁葭　唐石經、閩、監、毛本同。鄂本「葭」作「瑕」，非。釋文：「邾婁葭，左氏作『邾瑕』。」❸

058 邾婁未曾加非於魯　閩、監本「曾」誤「會」。×

059 齊陳乞弑其君舍　唐石經、諸本同。釋文：「君舍，二傳作『荼』，音舒。」九經古義云：「史記律書『舍者，日月所舍。舍者，舒氣也』，是『舍』有舒義，故有舒音。」

060 即文十四年冬　浦鏜云「秋」誤「冬」。按，浦説是也。

061 然則此公乃有爲而言非王道也　閩本同。監、毛本「王」作「正」。按，「公」蓋「乞」之誤。○按，齊召南云「公」字衍文，是也。

062 大國篡例月小國而　浦鏜云「時」誤「而」。按，浦説是也。

063 正得述事之宜矣　閩、監本同。毛本「述」誤「逑」。×

064 常陳乞子　監本「子」誤「千」。○按，「恒」作「常」，避漢諱也。❹

065 冬十月霄霜殺菽　閩、監、毛本「霄」作「隕」。

066 於是使力士舉巨囊　唐石經、諸本同。釋文：「囊，乃郎反，又音託。」按，史記齊大公世家「囊」作「橐」，故音託。

067 庚蔚云　浦鏜云「庾」誤「庚」。按，浦説是也。

068 皆色然而駭　唐石經、諸本同。釋文：「色然，如字，本又作『垝』，又或作『危』。」按，一切經音義引作「歡然」，此作「色」，蓋誤。

069 開之則闖然　唐石經、諸本同。釋文：「闖然，見貌，字林云『馬出門皃』。」按，說文：「覢，暫見也，从見，炎聲。春秋公羊傳曰『覢然公子陽生』。」

070 而陽生今正當立　鄂本、閩本同。監、毛本「今」作「本」。

七年

071 解云莊十年傳例　浦鏜云「例」下有「云」字，是也。

072 今始若不諱　閩、監本同。毛本「始」作「使」。

073 今文言來　何校本「文」作「又」。

074 絶曷爲絶之　唐石經、諸本同。按，僖廿六年疏引此「曷」上有「之」字，此脱。

八年

075 鄧吾離之下傳云曹何以名　浦鏜云：「『皆』誤『曹』字，『鄧』下脱『侯』。」按，浦説是也。

076 夏齊人取讙及僤　唐石經、諸本同。釋文云「僤，字林作『墠』，左氏作『闡』」，解云「左氏、穀梁作『讙闡』字」。

077 歸邾婁子益于邾婁　唐石經、鄂本、閩本同。監、毛本「于」作「子」。

078 故復名之　監、毛本「名」誤「明」。　×

079 正以言歸也何者　此本「也」字剜擠，監本「何」誤「向」。

080 然言與歸我濟西田邑同文者　閩本脱「邑」字，監、毛本承之。

九年

081 而莫之知辟也　毛本「之知」誤倒。×

082 今此二經　何校本「此」作「比」。

十年

083 春正月成伯來奔　浦鏜云：「春」下脱「王」，「盛」誤「成」。按，浦説是也。

084 祭伯來奔之下　浦鏜云「奔」衍。按，因傳有「奔」字，而誤增入也。

085 薛伯寅卒　唐石經、諸本同。釋文：「伯寅，二傳作『伯夷』。」×

086 葬滕昭公是也　浦鏜云「昭」當爲「頃」。按，浦説是也。

087 然則今比略之者　閩、監、毛本「比」作「此」。

088 戰于柏舉　浦鏜云：舉，經作「莒」。

公羊註疏哀公卷二十八

十有一年

089 令亦云魯公與伐　閩、監、毛本「令」誤「合」。按，「令」當「今」字之誤。❺

十有二年

090 城郭里若亦有井　閩、監、毛本同，誤也。鄂本「若」作「井」當據正。

091 出稷禾秉芻正米　浦鏜云「缶」誤「正」。

092 正以齊義穆姜之屬　閩本缺「義」字。按，「齊義」蓋「文姜」之誤。

093 秋公會衛侯宋皇瑗于運　諸本同。唐石經缺。釋文云：「運，左氏作『鄆』。」❻

094 冬十有二月蝝　唐石經、諸本同。釋文：「蝝，本亦作『螽』，注同。」按，注「比年再蝝」，疏作「比年再螽」。

095 天不能殺地不能理　惠棟云：二語見荀子，

「理」當作「埋」。

096 自是之后　閩本同。監、毛本「后」改「後」，疏同。×

097 宋國以亡　解云：「考諸舊本，『宋』是『宗』字，宗國猶大國。」按，當作「宗國」字，宗國謂魯也。

098 冬十二月螽是也　監本「二」誤「月」。×

099 皆在春秋后　鄂本「后」作「後」。×

十有三年

100 上九年注云　毛本「上」誤「十」。×

101 夏許男戍卒　閩、監、毛本同。鄂本「戍」作「戌」，唐石經缺，釋文作「成」，云「本亦作『戍』」。

102 鄭游速滅許　閩、監本同。毛本「速」作「遬」。

103 敗齊臨菑　解云：「菑字有作『晉』字。黄池近晉，晉人畏而會之故曰臨晉。」

104 正及者汲汲之辭　浦鏜云「正」下脱「以」。

105 解云凡言及者　閩、監本同。毛本「凡」誤「故」，何校本亦作「凡」。

106 不與夷狄之主中國　唐石經、閩、監本同。毛本「主中」誤倒。

107 尚猶汲汲於吴　鄂本、閩本同。監、毛本「於」改「于」。×

108 而魯侯蒙俗會之者惡愈　桓二年疏引此下有「也」字，此脱。

109 偏至之辭而已　閩、監、毛本「偏」誤「徧」。×

110 其歷言某侯某侯　閩、監本同。毛本「歷」誤「虚」。×

111 會于貫　按，經文作「會于貫澤」，此及僖九年「盟葵邱」疏皆無「澤」字。

112 **小國言江黃**　按，當作「遠國」。

113 **晉魏多**　釋文：「魏多，左氏作『魏曼多』。」×

114 **明先自正而后正人**　閩本同。監、毛本「后」作「後」。×

115 **文致大平**　閩、監、毛本「大」改「太」。×

116 **見于旦也**　諸本同。唐石經「于」字磨改，當本作「平」。解云：「于字有作『平』字者，誤。」

117 **諸侯伐主治**　閩、監、毛本同，誤也。鄂本作「諸侯代王治」，余本「伐」亦作「代」，當據正。

118 **注是后至道絶**　閩本同。監、毛本「后」改「後」。×

119 **盜殺陳夏彄夫**　唐石經、諸本同。釋文：「陳夏，一本作『廉』。彄夫，一本作『嫗』，音同，二傳作『夏區夫』。」

十有四年

120 **何以書記異也**　唐石經、諸本同。隸釋載漢石經公羊殘碑「何以書」上有「十有四年」字，據此及隱公傳知經、傳別行，傳首皆載某公年數，後人以經合傳，始删傳中紀年矣。

121 **何異爾非中國之獸也**　唐石經、諸本同。春秋左氏傳序正義引孔舒元公羊傳本作「今麟，非常之獸。其爲非常之獸柰何」，與注本迥異。

122 **大平之嘉瑞**　閩、監、毛本「大」改「太」。×

123 **堯祚將**　浦鏜云下當脱「復」字。孫志祖云：以禮運正義挍之，浦説是也。

124 **然則何氏云吉凶不並**　按，「云氏」二字衍。

125 **正以僖二十八年**　浦鏜云下脱「春」字。○按，「春」乃「冬」字之誤。

126 知庶人采樵薪者　鄂本、元本同。閩、監、毛本「采」作「採」，下及疏同。

127 今乃舉此爲文　閩本同。監、毛本「今」誤「金」。

128 破木燃火之意　閩、監本同。毛本「意」改「義」，非。

129 從東鄉西　閩本同。監、毛本「鄉」改「向」。

130 天王狩于河陽　鄂本、閩本同。監、毛本脱「天王狩」三字。

131 蓋据魯變周之春　蜀大字本、閩、監、毛本同。鄂本「据」作「據」。

132 草木萌牙　毛本「牙」改「芽」。

133 非所以養微者是也　何校本無「者」字。

134 游于中土　毛本「游」改「遊」。

135 在麟趾之篇也　閩、監、毛本同。浦鏜云「之趾」字誤倒，非。

136 天下太平　釋文「大，音泰」，此本疏中亦作「大平」，下同。

137 然后乃至　閩本同。監、毛本「后」改「後」。

138 鳳皇來儀　鄂本、閩本同。監、毛本「皇」改「凰」，俗字，下及疏並同。

139 而紀堯道　段玉裁云「紀」爲「紹」之誤。

140 舜樂者其秉簫乎　段玉裁云「者」上當脱「舞」字。

141 無王者則不至　唐石經、諸本同。杜氏春秋左傳序云「春秋之作，左傳及穀梁無明文」，正義曰「今驗何注公羊亦無作春秋事。案，孔舒元公羊傳本云『有王者則至，無王者則不至。然則孰爲而至，爲孔子之作春秋，是有成文也』」，今何注本此下無此二句。

142 **擿巢毁夘**　閩、監本同。毛本「擿」作「摘」，非。×

143 **有麐而角者**　唐石經同。閩本「麐」字剜改囷作「君」，監、毛本承之，非也。釋文作「麐」，云「本又作『麇』，亦作『麐』」。按，隸釋載漢石經作「麐」，即「麐」之隸變。爾雅釋獸「麔，麐身牛尾」，郭注引公羊傳曰「有麐而角」，是古本作「麐」也。石經考文提要云：宋景德本、鄂泮官書本皆作「麐」。

144 **劉帝未至**　毛本「劉」誤「則」。×

145 **反袂拭面涕沾袍**　唐石經、諸本同。疏本作「反袂拭目涕沾袍」，云「目亦有作『面』字者，袍亦有作『衿』字者」。按，釋文作「沾袍」，步刀反。經義雜記曰：「説文『袍，襺也』，『袷，交衽也』，是當作『涕沾袷』。『衿』、『襟』皆俗字，作『袍』非也。論衡指瑞云『反袂拭面，泣涕沾襟』，春秋正義云，『下沾衿之泣』，離騷『霑余襟之浪浪』。皆可證。又杜氏春秋序亦作『反袂拭面』。疏本作『拭目』，非。」

146 **夫子素案圖録知庶聖劉季當代周**　鄂本、蜀大字本同。毛本「案」改「按」。閩本剜改「聖」作「姓」，監、毛本因之。惠棟云：當作「庶聖」，參同契曰「夫子庶聖雄」。

147 **又先是螺蟲冬踊**　疏中「螺」作「螽」。

148 **秦項驅除**　釋文作「駈除」。×

149 **積骨流血之虞**　鄂本「虞」作「虐」，不誤。解云：「虐，亦有作『害』者。」

150 **然后劉氏乃帝**　閩、監、毛本同。鄂本「后」作「後」。×

151 **亦受氣于祖**　閩本「祖」誤「但」，監、毛本改「火」，非。×

152 **金在四方**　閩、監本同。毛本「金」誤「今」。×

153 **乃爲周王將亡之異**　閩本同。監、毛本

「王」改「室」。

154 即上十二年冬十有二月螽　監本誤「十有三月」。 ×

155 十三年冬十有二月螽是也　浦鏜云「一月」誤「二月」。按，浦說是也。

156 云彗金星埽旦置新之象者　按，注作「金精」，何校本不誤。

157 金精掃旦　何校本「掃」作「埽」。

158 即燕齊楚韓魏趙也　閩、監、毛本「趙魏」，下同。

159 張儀在西而相秦以戎　閩、監本同，誤也，當從毛本「戎」作「成」。

160 除其犲狼而已　閩、監、毛本「犲」作「豺」。

161 爾時天下土崩　監本「土」誤「上」。 ×

162 顏淵死子曰噫　唐石經作「孔子曰」。按，下「西狩獲麟，孔子曰」注云「加姓者，重終也」，然則於此不當有「孔」字矣。

163 天將亡夫子之証　閩本剜改「証」作「證」，監、毛本承之，疏同。

164 公羊子於后言之　何校本「后」作「後」。 ×

165 故曰將亡夫子証　毛本「夫」誤「孔」。 ×

166 西狩獲麟　唐石經、諸本同。經義雜記曰：「論衡指瑞云『春秋曰西狩獲死驎』，今三傳本無『死』字，而公羊云『顏淵死，子曰噫，天喪予。子路死，子曰噫，天祝予。西狩獲麟，孔子曰吾道窮矣』，注云『時得麟而死。此亦天告夫子將没之徵』，則此傳本作『西狩獲死麟』，與上『顏淵死』、『子路死』一例，『吾道窮矣』與上『天喪予』、『天祝予』一例。『驎』，俗『麟』字。」

167 止以演孔圖云　閩、監、毛本「止」作「正」。

168 祖之所逮聞也　唐石經、諸本同。隸釋載漢石經「逮」作「還」。九經古義云：「說文『還，迨也』。玉篇『迨，還行相近』，又目部『眔，目相及』。方言云『迨，還及也。東齊曰迨。關之東西曰還。或曰及』。」

* 是以須發二魁與辭之言　補：毛本作「三代異辭」，此本「二魁與」三字恐誤。

169 已發見君恩之傳　閩、監、毛本「傳」誤「薄」。　×

170 喪失國寶　閩、監、毛本「寶」誤「家」。　×

171 子赤卒是也　浦鏜云「赤」衍。

172 人道浹　釋文：「浹，一本作『帀』。」解云：「浹字，亦有作『帀』字者。」　×

173 必止於麟者　毛本「於」改「于」。　×

174 鳳凰來儀　鄂本「凰」作「皇」，何校本疏同。

175 春秋記以爲瑞　解云：「記，亦有作『託』者。」

176 明大平以瑞應爲效也　鄂本「效」作「効」。按，疏中引注同。

177 以親曾祖　閩本同。監、毛本脫「以」字。　×

178 故云人之道浹也　浦鏜云「之」衍。

179 云必止至於麟者　浦鏜云「至」衍。

180 今解彼記也　浦鏜云「從」誤「彼」。

181 言若不致瑞　閩、監本同。毛本「瑞」誤「順」。　×

182 故据五經以難之　閩、監、毛本「難」誤「推」。　×

183 莫近諸春秋　浦鏜云：詩序及爾雅序疏引何注有「莫近猶莫過之也」七字，今疑脫。

184 得麟之后　閩本同。鄂本、監、毛本「后」作「後」，下及疏並同。　×

185 趍作法　閩、監、毛本「趍」作「趨」。✕

186 秦政起　解云：「秦始王名正。」

187 血書飛爲赤烏　蜀大字本、閩、監、毛本同，誤也。鄂本「烏」作「鳥」，當據正，疏同。

188 秦始皇名正　按，秦始皇不名「政」，梁玉繩史記志疑曾辨之。

189 其血乃飛爲赤烏　何校本「烏」作「鳥」，是也。

190 乃有制作之象　閩、監、毛本「制」誤「訓」。✕

191 鳳凰來儀　何校本「凰」作「皇」，疏同。

192 崇德致麟　余本「致」誤「政」。✕

193 德合者相友　余本「友」誤「反」。✕

194 子公羊子曰其諸以病桓與　閩、監、毛本上「子」誤「夏」，「與」誤「下」。

195 欲似堯舜當古麻象日月星辰　閩、監、毛本「似」誤「以」。

196 后有聖漢　何校本「后」作「後」。✕

11—197 春秋公羊卷第十一　唐石經「十二」磨改「十一」。✕

校記

❶ 南昌本下有校語「唐石經哀公第十二卷十一」。

❷ 南昌本無校語「釋文盜殺，音弑，下同」。

❸ 南昌本無校語「釋文：邾婁葭，左氏作邾葭」。

❹ 南昌本校語「恒」作「常」，「常」作「恒」。

❺ 南昌本下有校語「此本今字不誤」。

❻ 南昌本無校語「釋文云：運，左氏作鄆」。

春秋公羊傳釋文校勘記

春秋公羊序

f01—001 掾　○唐石經亦從手，注疏本有改從木者，非。

002 讓嘲　○葉本、徐本同。盧文弨校本依注疏本作「釀嘲」，蓋誤，如本作「釀」字，陸氏當有音。

隱元年

003 夫不　○「夫」當作「天」，說詳注疏挍勘記。

004 而去下去同　○盧本作「下去惡同」，云舊脱「惡」字，今據下文「去惡就善」補。

005 于眛　○按，段玉裁云：說文「眛，从目，末聲」，與从目未聲之字有別，「眛」與「蔑」古音同。

006 其處　○按，注云「會盟戰皆録地其所期處重期也」，陸本蓋作「會盟戰皆録其處重期也」。盧文弨曰：據注當作「期處」，此「其」字訛。

007 隱爲下注爲并年末注同。○盧本并上補一「内」字。

二年

008 齊衰下七雷反　○葉本「七」作「土」，誤。

009 將取　○葉本「將」誤「牂」。

三年

010 懦弱又乃臥反　○葉本「臥」作「又」，誤。按，「懦」當作「愞」，「需」與「耎」不同，據「乃亂反」則從「耎」而非從「需」也。

011 傳與下音與　○葉本作「音与」，此作「音與」，非。

012 馮弑音試注同　○按，此當本作「馮殺，音試」，淺人據注疏本改作「弑」。

四年

013 弑其申志反　○按，此當本作「殺其」，故陸音申志反；如本作「弑」，無煩音矣。陸云弑字從式，殺字從殳，不同也。字多亂，故時復音之，可知，則不重出，語極明析。

014 將辟今本多即作辟字　○盧本改云「即作避字」，是也，此誤。

015 石碏七畧反　○葉本、盧本「畧」作「略」，下並同，是也。

016 簒　○葉本、盧本作「簒」，此從厶，非。

五年

017 下傚户教切　○按，此當本作「下效」，故爲作音。

六年

018 編年皆布干反　○盧本及注疏本「干」作「千」。此誤。

八年

019 廣四　○葉本作「廣卌」，下「袤四」同。按，古二十作廿，三十作卅，唐石經猶然。孝經音義作「卌强而仕」，徐本改「廣四」、「袤四」，非也。

十年

020 公敗凡臨佗曰敗　○葉本叠「曰敗」二字，當有脱文，徐本删去。

十一年

021 弑也申志反　○此當本作「殺也，申志反」，莊元年「君殺，申志反」，桓元年「繼殺，申志反」，皆可證。

桓二年

022 以復下不復同　○葉本、注疏本作「反復同」，誤。

四年

023 右髃羊紹反　○按，「髃」當作「髃」，從肙，不得羊紹反。

024 而酳七刃反　○葉本、盧本「士刃反」。此誤。

五年

025 怴呼述反 ○按，陸音呼述反，則字當從戉；唐石經从戌，此從戌，皆訛，玉篇、廣韻作「怴」，不誤，詳見注疏校勘記。

六年

026 惡乎烏乎猶於何也 ○按，「烏」當作「惡」。

七年

027 不愉本又作偷 ○注疏本作「不偷」，本又作「婾」，當由妄改。

八年

028 韭夘 ○盧改「卵」作「夘」，俗字。

十一年

029 于折一今作析 ○葉本、盧本作「一本」。此誤。

十四年

030 見輕賢偏反 ○盧本「偏」作「徧」。此誤。

莊元年

031 君殺申志反下皆同 ○葉本、盧本同。傳文自唐石經以下諸本「殺」皆改「弒」，注疏自十行本以下載音義亦改「弒」，惟此未誤，可據以訂前後諸「弒」字之訛，下「與殺」同。

三年

032 逆王姬 ○葉本「逆」作「逆」。

四年

033 以酅 ○葉本作「以酅」。

034 幾世 ○葉本「世」作「丗」，下並同。

035 闐其苦鵙反 ○葉本作「闐其」，非也。盧本「鵙」作「鵙」。

七年

036 未墜直類反 ○此當本作「未隊」，文三年、定八年皆作「而隊，直類反」可證。釋文凡音「直類反」者，字皆作「隊」。

十年

037 滅譚人南反　○盧本作「徒南反」，依注疏本所改「人」，蓋「大」之誤。

十二年

038 仇牧下音木　○葉本作「下音牧」，誤。

039 公博戲名也字書作簿　○葉本作「戲名也，字書作薄」，盧本「戲」改「戱」。○按，當作「作簙」，「博」假借字。

040 其脰頸也　○注疏本「頸」誤「脛」。

041 伏雞扶又反　○注疏十行本同。閩、監、毛本「又」改「六」，非。

042 復見賢徧反　○葉本「徧」作「遍」。

十三年

043 以長丁丈反　○十行本誤「于文反」。

044 壓境於甲反又於輒反　○唐石經、注疏本作「壓竟」，德明當本作「厭竟」，定十五年注「壓死」，釋文作「厭死，音於甲反」可證。此本作「壓」，作「境」，皆係淺人所改。

十四年

045 于鄄規面反　○注疏十行本同。閩、監、毛本「面」改「因」，非。

十八年

046 有蜮或謂之射工音食　○葉本「音」誤「盲」。

二十三年

047 有汙　○今本注作「有淫泆汙貳之行」，「淫泆」二字衍文。

二十四年

048 曹羈　○唐石經、諸本同。葉本「羈」作「覊」，俗字。

049 贛諫　○盧本同。葉本「贛」作「贑」，是也。

二十六年

050 子髠　○葉本作「髡」，下從兀，盧本同；此從几，非，注疏本同，文元年「髠」字準此。

051 避難　○注疏本作「辟難」，此作「避」，俗字。

二十七年

052 嘗更　○盧本同。葉本作「甞更」，作「嘗」者，後人所改，凡唐石經、宋槧本「嘗」皆作「甞」。

三十年

053 比殺申志反　○注疏本作「比弑」，并改釋文「殺」作「弑」，三十一年「桓殺」同。

054 已蹙子六反　○按，當作「已戚」。

三十一年

055 軍幟本又作織同　○疑當作「軍識，本又作幟同」，毛詩、禮記、周禮注旗幟字皆作「識」。

三十二年

056 牙殺申志反注及下親弑同　○「下親弑同」當作「下親殺同」。

閔元年

057 械成户戒反　○葉本「戒」字空缺。

058 繼弑申志反　○當本作繼殺，僖元年「繼弑」同；又此二年「弑音試，下及注同」，當本作「殺音弑」。

059 盍殺　○注疏本作「盍弑」。

060 子女乎　○「乎」爲「子」之誤，盧本已改正。

僖元年

061 而縊一本作榏　○注疏本、盧本皆作「搤」，從手，此從本，訛。

062 與殺下申志反　○唐石經以下本作「與弑」，注疏載釋文十行本作「殺」，閩、監、毛本改「弑」。

二年

063 倉卒寸忽反　○盧本、注疏本同。葉本「寸」誤「丁」。

三年

064 飭過音勑　○葉本、盧本、十行本同。閩、監、毛注疏本「勑」改「敕」。

065 其應後災祥之應皆放此　○葉本「災」作「灾」，下並同。

四年

066 卒怗他協反　○注疏十行本同。閩、監、毛本「怗」誤「帖」，所載釋文同。葉本、十行本、閩本「協」作「恊」，下並同。

五年

067 比殺　○注疏本作「比弒」，非。

068 戮力又作勠　○葉本云「又作戮」，則正文當作「勠」字，鄂本注作「勠力一心」，與葉本正合。

七年

069 寗母音無或音某　○葉本作「寗毋」，與唐石經同，盧本已改正。

八年

070 簒嫡下音的下同　○此當本作「簒適」。

九年

071 不預音豫　○注疏本同，誤也。葉本「豫」作「預」，則正文不當作「預」。按，注云「時宰周公不與盟」，釋文必本作「不與，音預」，既改正文「不與」爲「預」，遂改小字「音預」爲「豫」也。

072 殺其音弑　○唐石經以下本作「弑其」，十行本載釋文作「殺」，閩、監、毛本誤改「弑音試」。案，「音試」是也，盧本從之。

十年

073 嘗訊　○葉本「嘗」作「甞」，唐石經同。

074 十六年案七志七録何注止十一卷　○葉本、盧本同。此本「止」誤「上」，今訂正。按，漢書藝文志公羊、穀梁皆十一卷，王、阮兩家著録卷數本此。

075 是月 如字或一音徒兮反 ○盧文弨曰「一音徒兮反」，則字作「提」，陸不云「本或作提」，疏矣。按，盧文弨考證「徒兮」誤「接兮」。○按，集韻十二齊收「是」字，即引此傳。

076 六鶂 ○注疏本作「六鷁」。○按，説文有「鶂」字，無「鷁」字。

十八年

077 豎刁 ○唐石經以下本同。十行本作「豎刀」，載釋文亦作「刀」，盧本從之。

二十一年

078 溴梁 古闃反 ○盧本同。葉本、注疏本「闃」作「闐」，非。

二十六年

079 至巂 户圭反又似兖反 ○葉本「兖」誤「充」。盧文弨曰：本或作「雋」，故有「似兖」一音。

二十八年

080 侈也 昌爾反 ○葉本「爾」誤「鬲」。

三十年

081 衛雍 又作壅同 ○注疏本作「衛壅」，因倒改釋文，十行本所載與此同。

三十一年

082 撟君 本又作矯 ○注疏本作「矯君」，閩、監、毛本倒改釋文，十行本所載與此同。

三十三年

083 不瑑 大轉反 ○十行本同。葉本「轉」誤「傳」。

084 嵚 鄒深生又本或作廞同 ○十行本同。閩、監、毛本「廞」作「厥」。盧文弨考證云：從注疏本作「厥」，説文止有「㡆」字。○案，説詳注疏挍勘記。又按，盧文弨考證「深生」作「誕生」，是也。誕生，南齊人，著漢書音義。

文元年

085 于戚午寂反　○十行本作「千寂反」，盧本同；此作「午」，訛。

二年

086 躋僖本又作躋同　○唐石經作「躋」，僖公釋文當以「躋」爲正，十行本二字皆作「躋」，閩、監、毛本載釋文正作「躋」，當由後人倒轉也。

087 喪取本亦作娶同　○注疏十行本同。閩、監、毛本「取」、「娶」字互易，此類並同，下不悉著。

五年

088 顓臾下音揄　○葉本「揄」作「揄」。

七年

089 先眛　○唐石經、鄂本「眛」字皆從目，此從日，訛，盧本已改正。○按，眛从末，不從未，説見前。

090 眣晉丑乙反　○盧本作「眣晉」，是也，詳注疏挍勘記及盧文弨考證。「丑」字十行本作「尹」，閩、監、毛本作「伊」。

八年

091 壅塞於勇反　○此當本作「雍塞」，僖廿八年「衛雍，於勇反」，釋文凡音「於勇」者，字皆作「雍」。

十年

092 屈貉下音麥户各反　○葉本「麥」下有「又」字，此脱，盧本已據補。

十一年

093 伐圈説文作圏字林臼万反　○按，玉篇「圈，懼免切，牢也」，「圏，巨萬切，邑名」，廣韻二十五願作「圏，邑名，臼万切」，誤也，此當作「説文作圏」。今説文「圈，養畜之閑也」，無「圏」字，依陸氏則説文、字林皆有「圏」字。玉篇本之爲邑名，正字，何本公羊作牢圈字，通借也。葉本作「臼万反」，盧本從之，不知「臼」乃誤字耳。

十二年

094 善諍皮勉反 ○葉本「勉」作「池」，非。

095 不別彼列反 ○葉本「彼」作「波」，非。

096 及運後皆同 ○葉本作「後皆爾」。

十三年

097 犅音岡 ○盧本同。葉本作「音對」，十行本、閩、監、毛本同。

十四年

098 簒弒 ○葉本作「簒殺」，盧本從之。此誤。十行本注疏載釋文作「殺」，閩、監、毛本改「弒」。

099 接菑 ○注疏本、盧本同。葉本作「捷菑」，則與二傳同，誤也。

100 沛若有餘貌 ○葉本「貌」作「皃」。

101 壓之於甲反又於輒反 ○按，此當本作「厭之」，何訓爲服，不當加土；唐石經作「壓」，非。

十六年

102 潄 ○葉本、盧本作「漱」，此從夂，非。

十八年

103 頭 ○鄂本、十行本注「頭」作「脰」。

104 弒也音試 ○此當本作「殺也」，因唐石經以下本皆作「弒」，遂據改。

宣六年

105 摮猶摮也 ○葉本「猶」誤「猪」。

106 躇與踱同 ○注疏本、盧本同。葉本「踱」作「蹶」。○按，集韻十八藥「躇」下即引此傳，又云或作「踱」。

107 而踆以足逆躢之 ○注疏本同。葉本「躢」作「蹋」，盧本從之。

十二年

108 屢往 ○宋本、十行本注作「數往」。

十五年

109 柑馬以木銜馬口　○葉抄本「木」字空缺，「柑馬」當作「拑馬」。

十六年

110 宣謝災左氏作宣榭火　○盧本同，誤也。十行本、閩本、監本載釋文皆作「宣謝火」，「謝」字此從木，誤。

十八年

111 墠帷埽地張帷　○葉本「埽」作「掃」，十行本、閩、監、毛本載釋文同。

成二年

112 棓高下有絶加躡板曰棓　○按，注作「凡無高下」，此脱一「無」字。

113 而闚　○鄂本、十行本傳作「而窺」。

114 踦閭又音於倚反　○十行本、閩、監、毛本作「於綺反」，盧本從之。按，集韻四紙「踦，隱綺切」，即引此傳。

115 眣魯　○葉本「眣」作「昳」，十行本載釋文同，盧本從之。此誤。

五年

116 壅河於勇反　○此當本作「雍河」，故陸爲作音，如本從土，無煩出之矣。

七年

117 湨古闃反　○葉本、盧本「闃」作「闃」，是也。

118 見者賢徧反　○葉本、注疏本「賢徧反」下有「下同」一字，盧本據補。

十年

119 姤丁故反　○注疏本「丁」誤「了」。

120 取十　○鄂本、十行本注作「娶十」，十四年注「凡取」同。

十五年

121 使于及下使乎同　○葉本「下」、「乎」二字空缺。

122 殺子音試　○注疏本傳作「弑子」，十行本載釋文作「殺」，閩、監、毛本改「弑」。

十六年

123 爲重　○盧本作「爲重衆」，補一「衆」字，説詳考證。

124 舍是下傳舍臣放此　○葉本「臣」字空缺。

十七年

125 蜚林又音配　○十行本同。閩、監、毛本改「又作配」，非也，禮記作「配」，公羊注作「蜚」。

襄二年

126 爲中并下文鄭爲皆同　○按，「鄭爲」當作「爲中」，「鄭」字屬上讀。

七年

127 于操一音七南反　○盧文弨曰：古「喿」與「參」往往易混，此音「七南」，必本有作「摻」字者。

八年

128 殺也　○唐石經以下本傳皆作「弑」也。

129 以殺　○今本注皆作「以弑」，十行本載釋文作「殺」，閩、監、毛本改「弑」。

九年

130 宋火二傳作災　○葉本「災」作「灾」。

131 見火　○盧本作「見大」。考證曰：今本注作「見火」，訛。

十三年

132 取詩二傳作邿　○葉本「邿」作「鄁」。

十五年

133 至攜又囚兖反　○鄂本、十行本注作「至攜」，十行本載釋文同。閩、監、毛本注及釋文皆作「至巂」，盧本同。考證曰：舊「巂」作「攜」，又「似兖」

作「囚兗」，今據僖六年改正。巂，本或作雋，故有似兗一音。

十六年

134 昊梁本又作溴古閴反　○葉本「閴」作「闃」，盧挍從之。唐石經以下經本作「溴梁」，十行本載釋文與此同。閩、監、毛本「昊」、「溴」字互易，凡注疏本互易之字，已見盧文弨考證者，今不贅。

十七年

135 郲婁子瞷或下姦反　○盧本同。葉本「姦」作「姧」。

二十五年

136 以弑音試　○當本作「以殺」。

二十七年

137 閽殺　○葉本「閽」字中從昏。

二十九年

138 僚焉　○唐石經、鄂本傳皆作「僚惡」。

三十年

139 傅母又武侯反　○葉本「侯」作「候」，是也。

昭元年

140 疆運　○葉本作「彊運」。

五年

141 濆泉濆泉湧泉也　○盧本「涌」誤「踊」。

六年

142 賦斂力驗反或無此字　○注疏本作「豫賦之煩」，無「斂」字。

十年

143 宋戌讀左傳者音成何云向成與君同名則宜音恤　○葉本作「宋戌」，見昭公九年注，當據正，盧本已從改。考證曰：「「宋戌」當作「宋公戌」」，脱「公」字。注疏本讀作註音城，舊作「音成」，今據左傳音改。毛本「君」誤「治」。

十二年

144 **可彊**其丈反　○葉本、注疏本「彊」作「强」；此誤，盧本承之。凡彊弱字作「彊」，勉强字作「强」。

145 **妄億**於力反　○按，「億」當作「意」，鄂本注作「妄意，措，於力反」，下當有「下同」二字，且下「子絶四毋意」之「意」音同也，論語音義「毋意，或於力反」可證。

146 **成然**左氏作成熊　○十行本載釋文同。閩、監、毛本「熊」下有「穀梁作成虔字」六字，乃删疏語誤作釋文者，不可不正。

十三年

147 **圍費**音秘　○葉本、注疏本「秘」作「祕」，盧本同。按，「祕」、「秘」正俗字。

二十年

148 **絮從**女居反説文云絮緼也　○段玉裁云：陸音女居反，則「絮」當作「絜」，説文作「絜」，葉本引説文作「絮」，誤。

二十五年

149 **揚州**　○葉本作「楊州」，閩本載釋文同。○按，作「楊」是也。

150 **干楯**食尹反又音尹　○十行本、閩、監、毛本皆作「食允反」，此作「食尹」，蓋因下音尹誤，盧本已改正。

二十六年

151 **渠率**　○鄂本、十行本注作「渠帥」。

二十七年

152 **祁犂**又力私反　○葉本「私」作「祕」。

三十一年

153 **荀櫟**亦滴濼也　○葉本作「滴㶟」，若作「濼」字，則與上「又作濼」複。

154 **負箠**本又作捶　○盧本「捶」改「棰」。按，十行本注作「捶」，閩、監、毛本注作「棰」，所載釋文各如其本，是從木者後來所改，定八年「馬捶」舊本皆從手可證。

定元年

155 **不衰** 一或作蓑 一或音初危反 ○盧文弨曰疑作「本或作衰」。按，下「一」字當衍。

四年

156 **將爲** 于僞反下不爲也不爲匹爲是注爲子胥同 ○葉本、注疏本並同。盧本刪「不爲也」三字。考證曰：「臣不爲也」應如字，此係後人妄添。按，「臣不爲也」在「諸侯不爲匹夫興師」之下，此失其次，亦後人竄入之驗。

157 **辯佞** ○疏本亦作「辯佞」，今本注皆作「便佞」。

五年

158 **起弑** 音試 ○此當本作「起殺」。

八年

159 **駷馬** 本又作樕 ○盧本同。葉本「樕」作「摗」，注疏十行本、閩、監、毛本並同，此從木訛。

十年

160 **質柎** 又方于反 ○葉本、十行本、閩本同。監、毛本「方」作「芳」，盧本改從之。

161 **彊與** 其丈反 ○盧本同，誤也。葉本「彊」作「强」，十行本、閩本載釋文同，監、毛本自「暨宋，其器反」以下皆刪。按，注本作「强與」。

十三年

162 **比蒲** ○葉本作「比浦」，非。

十四年

163 **曰燔** 又作繙 ○盧文弨考證曰「繙」疑「鐇」字之誤。

十五年

164 **鼷鼠** 音兮 ○十行本、閩、監本載釋文同。毛本「兮」改「奚」。

165 **籧篨** 具居反 ○盧本同。葉本「具」作「其」，十行本、閩、監、毛本同。按，「籧」、「具」同母字。

哀二年

166 于栗二傳作鐵　○葉本「鐵」字空缺。

六年

167 色然驚駭貌本或作危　○葉本「貌」作「皃」，下並同。十行本載釋文亦作「本或作危」，閩、監、毛本作「又或」，盧本改從之。

十四年

168 援神音袁　○十行本、閩本同。監本自「大平」至「麒麟」四則音義皆失載。毛本「袁」改「爰」。

f01—169 瑞應　○此則舊本在「撥亂」之上，盧本誤倒。

春秋穀梁傳注疏校勘記

〔清〕阮元　總纂
李鋭　分校
張文　整理

目録

整理説明

春秋穀梁傳注疏校勘記十二卷，附釋文校勘記一卷，原題阮元撰、李鋭校字。李鋭（一七六九—一八一七），字尚之，號四香，江蘇元和人，諸生。曾受業於錢大昕，長於經義，精於天算，尤深古曆。與焦循、汪萊齊名，時稱「談天三友」。所著彙刻爲李氏遺書十一種十八卷。阮元撫浙之時，延入詁經精舍，參與纂修十三經注疏校勘記，分校周易、穀梁、孟子。傳見清史列傳卷六九、清史稿卷五〇七，阮元揅經室集二集卷四有李尚之傳，今人嚴敦杰著有李尚之年譜。

一、穀梁注疏校勘記所據版本及刊刻源流

穀梁注疏校勘記卷首詳列引據各本目録，其中單經本爲唐石經，經注本爲宋槧殘本，單疏本爲鈔宋殘本，注疏本則爲元本、十行本以及閩本、監本、毛本。穀梁注疏傳世版本不多，刊刻源流較爲明晰。爲充分了解穀梁注疏校勘記的撰著背景及内容特點，兹依其引據各本目録，分別經注本、單疏本、注疏本等門類，並參考張麗娟宋代經書注疏刊刻研究、顧永新經學文獻的衍生和通俗化等相關研究成果，擇要簡述穀梁主要版本及傳刻源流如下。

經注本：

穀梁刊板亦可溯至五代監本九經。後唐長興三年（九三二），馮道等奏請依石

經文字刻九經印板，其事歷經二十餘載，至後周廣順三年（九五三）告竣，此爲儒家經籍雕版之始。因其由國子監校訂刊行，故謂之監本。據舊五代史、五代會要等記載，後漢乾祐元年（九四八），「國子監奏見在雕印九經内，有周禮、儀禮、公羊、穀梁四經未有印本，欲集學官校勘四經文字鏤板，從之」。可知在此九經之中，穀梁等四經的刊刻稍居於後。五代監本九經，實即所謂九經三傳，其經數與唐石經相同，共爲十二經。其文字則兼有經文和注文，經文皆以唐石經爲本，而注文則取配當時通行的經注寫本之注。北宋國子監繼承五代監本書板，後來又陸續校訂重刻，南宋國子監復據北宋監本翻刻。五代、兩宋監本先後相承，爲穀梁經注本的源頭和主流，但在後世早已無傳。在此監本系統之外，還有其他官刻和坊刻的經注本。如南宋撫州公使庫曾先後刊刻九經三傳，今僅存周易、禮記、左傳、公羊四經，然其原刻當有穀梁。從現存傳本來看，撫州公使庫本亦屬於單經注本，其後完整附刻經典釋文，但未分散入經注之下。又有建安余仁仲萬卷堂所刊九經，今存禮記、左傳、公羊、穀梁四種，其特點是經典釋文分散入經注之下，已屬於經注附釋文本。余氏萬卷堂所刊春秋公羊經傳解詁卷前何休序後有刻書識語云：「公羊、穀梁二書，書肆苦無善本，謹以家藏監本及江浙諸處官本參校，頗加釐正。」此識語作於宋光宗紹熙二年（一一九一），則其刊刻時間大致亦在此時。因穀梁與公羊地位不及他經，其刊本也較爲少見，余氏所據僅有監本及江浙等地的官本。余氏所刊春秋穀梁傳十二卷，在清代有殘本流傳，存卷七至十二共六卷，何煌嘗據以校汲古閣本注疏，後爲瞿氏鐵琴銅劍樓所得，今藏臺北故宫博物院。余氏刊本在日本曾有完帙流傳，爲金澤文庫舊藏，後歸阿波國文庫，即經籍訪古志著録之本。後楊守敬得其影抄本刻入古逸叢書，而阿波國文庫所藏之原本，於二十世紀初歸光慶圖書館，戰後遭火災而焚燬。四部叢刊影印之春秋穀梁傳，卷七至十二即借用鐵琴銅劍樓所藏原本爲底本，而前六卷則取古逸叢書本作爲底本。南宋後期廖瑩中世綵堂刊刻九經，亦不曾刻穀梁，元初相臺岳氏依廖本九經重刊九經三傳，則據余氏萬卷堂本補刊穀梁。穀梁經注本之刊刻源流大略如此。

單疏本：

自宋太宗端拱元年（九八八）至真宗景德二年（一〇〇五），北宋國子監先後校定刊行五經正義、七經疏義。玉海卷四十二「咸平校定七經疏義」條載：「（景德二年）六月庚寅，國子監上新刻公穀傳、周禮儀禮正義印板。先是，後唐長興中，雕九經印板，而正義傳寫踳駁。太宗命刊校雕印，而四經未畢。上遣直講王焕就杭州刊板，至是皆備。」此爲穀梁單疏刊板之始。南宋時期又曾覆刻此北宋監本。宋刻穀梁單疏久已不傳，在清代僅有鈔本存世。該鈔本出於明代李開先家藏，缺文公以前五卷，存卷六至十二，長洲何煌嘗據以校汲古閣本注疏，後來歸吴中周錫瓚，今已不知其下落，然有數部轉抄之本存世。有清陳鱣家抄本，乃據周氏所藏李開先本轉抄，又加校勘並撰跋語，今藏北京大學圖書館。有清咸豐七年瞿氏恬裕齋抄本，蓋據陳鱣抄本轉抄，今藏國家圖書館。又張金吾愛日精廬藏書志著録穀梁單疏抄本，此本亦據李開先藏本輾轉傳寫，與陳鱣抄本同出一源，後來爲商務印書館涵芬樓購得，一九三二年燬於日寇轟炸。民國間劉承幹嘉業堂嘗以涵芬樓所藏張金吾抄本付刻，但劉氏刊刻時未完全依抄本原貌，於體例、文字等多有變動，已失單疏本舊有面目。

注疏本：

經書注疏之合刻，一般認爲始於南宋兩浙東路茶鹽司所刊八行本，然其中尚未有穀梁注疏。現存穀梁最早的注疏合刻本，則是南宋福建建陽所刻附釋文十行注疏本。今國家圖書館所藏監本附音春秋穀梁注疏二十卷，十行十七字，小字雙行二十三字，細黑口，左右雙邊，有書耳，版心上偶有字數，有部份補版葉。此即宋刊附釋文十行注疏本，中華再造善本據之影印。元代泰定前後，又翻刻此宋刊十行本，其書板傳至明代，迭經修補刷印，流傳較廣，或稱南監本。北京大學圖書館所藏監本附音春秋穀梁注疏二十卷，十行十七字，小字雙行二十三字，白口，左右雙邊。此即爲元刊明修本，中華再造善本據北京市文物局所藏十三經注疏本影印。明嘉靖間李元陽巡按福建時校刊十三經注疏，即以元刻明正德修補十行本爲底本，是爲閩本。萬曆中北京國子監又據閩本重刻，是爲北監本（校勘記省稱監本）。崇禎中毛氏汲古閣又據北監本重刻，是爲毛本。清乾隆四年，武英殿又據北監本校訂重刊，並附齊召南等所撰考證，是爲殿本。嘉慶二十年（一八一六），阮元又主持重刊十三經注疏，所據底本爲其家藏之十行本，自稱爲宋槧，其實亦爲元刊十行本。自元刊十行本以下，閩本、監本、毛本、殿本、阮本脈絡相承，其最初源頭即爲宋刊十行本。穀梁注疏合刻之源流大略如此。

在上述經注本、單疏本、注疏合刻本之外，還有一些時代較早的刊本傳世。如穀梁春秋白文不分卷，宋刊巾箱本，版框上加欄注音，摘録陸氏經典釋文，亦有不見於釋文者。版心上記字數，下記刻工姓名。宋諱匡、恒、貞、桓、慎等闕筆，然避諱不甚嚴格，正文及注音間有譌字，蓋出于孝宗以後坊刻俗本。今藏國家圖書館，中華再造善本據之影印。此本雖僅有經傳之文，然並非直接據唐石經鏤板，其文字與余本非常相近，彼此當有源流關係，蓋其所據即爲經注本，而删去其注文也。又如明萬曆間吴勉學所刻白文十三經，其中春秋穀梁傳十二卷，國家圖書館、西北大學圖書館均有收藏，今未見其書，不詳其版本源流。又崇禎間金蟠、葛鼒所刊永懷堂本十三經古注，其中春秋穀梁傳二十卷，爲經注附釋文本。永懷堂本十三經古注乃據閩本十三經注疏刊刻，源自注疏合刻本系統，故春秋穀梁傳用注疏合刻本之卷次，而非經注本之十二卷形態，其校勘價值亦有限。

二、穀梁注疏校勘記的内容特點及價值意義

穀梁注疏校勘記的撰作過程，據阮元宋本十三經注疏併經典釋文校勘記凡例云：「諸經皆舊有校本，復就江浙經生授經

分校，復加親勘，定其是非，以成是記。」又穀梁注疏校勘記序云：「康熙間長洲何煌者，焯之弟，其所據宋槧經注殘本、宋單疏殘本，並希世之珍，雖殘編斷簡，亦足寶貴，元曾校録。今更屬元和生員李鋭，合唐石經、元版及閩本、監本、毛本，以校宋十行本之譌，元復定其是非。」而張鑑雷塘庵主弟子記亦云：「先生弱冠時，以汲古閣本十三經注疏多譌謬，曾以釋文、唐石經等書手自校訂。督學以後，始以宋十行本爲主，參以開成石經及元明舊刻、葉林宗影宋抄本陸氏釋文等書，屬友人門弟子分編，而自下鉛黄，定其同異。」可知阮元於穀梁舊有校勘，曾據何煌所引校録宋槧經注殘本、鈔宋單疏殘本，至纂修十三經注疏校勘記之時，乃命李鋭以此十行本爲據，詳校唐石經以下諸本之文字異同，最後仍由阮元審定是非。

穀梁注疏校勘記以十行本爲據出文，依唐石經之分卷，對經傳注疏文字進行全面校勘。版本對校是校勘記的重心所在，在其引據各本目録之外，校勘記可能還參考利用了其他版本。如 07—002 條卷題「宣公」，校云：「余本分卷自此以下，亦每公爲一卷，與石經合。明刻經傳本同此宣公爲第七卷，單疏本同。」此處所述明刻經傳本，校勘記對其當有參考，但僅此一見，並非主要參校之本，故未列入引據各本目録，已不詳其確爲何本。校勘記的主要内容是羅列各本文字差異，包括異文以及脱訛衍倒等情況，進而考辨論定是非。此外還注意比較各本版式差異，詳述行款格式及卷次分合，藉以揭示版本傳刻源流。

校勘記引據版本之時，對文獻的形成

演變和刊刻流傳的歷史層次有深刻認識，體現出較爲精密的版本意識和校勘理念。如唐石經在開成初刻之後，中間幾經改刻補字，後世所見已非其本來面目，阮元嘗充太學石經校勘官，曾詳勘過唐石經，對其改刻補字種種複雜情狀有深入認識，在校勘記卷首引據各本目録之中，就注引顧炎武、錢大昕之説，以考辨唐石經補刻之篇卷，而校記中引據唐石經時，屢述及「元刻」、「初刻」、「改刻」、「改刊」、「補刻」、「萬曆本」、「補字」等情況，辨析極爲細密精微。又如其所據之十行本，由於長期刷印，中間遞經修補，而校勘記引述時注意區分原刻和後人剜補之跡。又如在版本對校之外，校勘記還多引陸德明經典釋文，充分利用其出文、音切以及所載古本異文，藉以考辨文字異同及是非，而於經典釋文則區分宋本和通志堂本的差異。

在版本對校之外，穀梁注疏校勘記還廣泛引據諸家論説，充分吸收前人校勘成果。其中所引有王應麟困學紀聞兩次、詩考一次；顧炎武金石文字記三次；臧琳經義雜記一次；惠棟校本三次、九經古義一次；齊召南之説兩次；浦鏜十三經注疏正字八次；錢大昕金石文跋尾二次、潛研堂集一次；姚鼐之説一次；段玉裁之説十三次；嚴杰之説十次。如所引齊召南之説，出自殿本穀梁注疏考證。殿本考證主要考辨傳注及疏文論説之是非，間亦校正監本的舛訛脱漏，計約二百多條，但真正屬於校勘的内容並不多，故校勘記於其採擇甚少。又如浦鏜十三經注疏正字，其書據監本、閩本、毛本及陸氏釋文等參互考證，全面校正諸本文字訛誤，爲清代群經校勘的重要著作。但其所據版本資料有限，而校勘理念亦不甚周密完善，故所校瑕瑜互見，頗有疏略之處。在校勘記凡例中，阮元既稱譽其書「多詳備可觀」，又指出「浦鏜雖研覈孜孜，惜未見古來善本，又以近時文體讀唐代義疏，往往疑所不當疑。又援俗刻他書肆意竄改，不知他書不必盡同義疏所引，而他書之俗刻尤非唐代所傳之本也」，於其成就和不足皆有深刻認識。十三經注疏正字凡八十一卷，其中穀梁傳兩卷，出校多達數百條，然校勘記所引僅爲八條，似乎絶大多數皆在棄置之列。實則校勘記已進行廣泛版本對校，很多條目内容已經涵蓋浦鏜所校，故無煩再轉述其説。真正爲校勘記所棄置的條目，多屬於阮氏所謂「疑所不當疑」以及「援俗刻他書肆意竄改」的情形，而其精華則或爲校勘記所引用吸收，或已在校勘記版本對校範圍之内。同時需要指出的是，校勘記對於前人論説並不盲目信從，而是實事求是，取其是而辨其非。如顧炎武之説凡三見，然其所論皆有誤，故又援據他説或加案斷以辨其非。

因穀梁自漢代以來不顯於世，傳授研習不盛，版本傳刻較少，是以穀梁注疏校勘記所據版本不及他經之多，引用諸家論説不如他經之廣，校記内容亦不若他經豐贍。儘管如此，校勘記還是通過直接或間接之方式，得以參用傳世主要版本，對於各種版本類型皆有涉及，仍能薈萃衆本、詳列異同，綜合運用各種校勘方法，充分吸收前人相關論説，全面校勘經傳注疏之文，可謂具有集大成性質的校勘成果，在經學史上具有重大意義，迄今仍有重要參考價值。

三、穀梁注疏校勘記的内容缺陷及不足之處

穀梁注疏校勘記内容詳備，具有重要學術價值，然而囿於客觀條件，也存在一些缺陷和不足，主要如下。

一是所據底本名不副實。其所據底本自言爲宋刊十行本，然而經過後世諸多學者的考證，今可確定實爲元刻明修本。元刻十行本雖據宋刊十行本翻刻，兩者版式文字非常相近，但也存在一些差異之處。元刻對宋刻的明顯訛誤有所改訂，但因其讎校不精，出現了很多新的文字訛誤，刊刻質量不及宋本精良。因此校勘記所述十行本，僅反映了阮氏所據之元刻十行本的版本信息，並非與宋刊十行本完全吻合，不能直接據以論考宋刊十行本之文字的是非。

一是有些版本未經目驗。如其所據宋槧經注殘本、鈔宋單疏殘本以及元刊注疏本，皆據何煌所校轉録，何氏雖精於校勘，但其所校不免會有疏漏和訛誤，對於何氏失校之處，校勘記只能付之闕如，而何氏誤校之處，校勘記也就沿襲其誤。故校勘記雖多引述這些版本，然不足以全面準確反映其異文情況。又如校勘記中大量引述「何校」，約有四百多處，據 01—004 條案語云：「凡何所校不能别爲何本者，則但稱『何校本』。」這些校記據何校過録了異文，於經傳注疏之文皆有涉及，但其所屬版本究竟是宋槧經注、鈔宋單疏還是元刻注疏，抑或是何氏以意增改，已經難以分曉。

一是有些版本信息不明。如 01—024 條注文「麟感而來應」，校云：「宋建安本同。石經、閩、監、毛本『感』下有『化』字。」此所述宋建安本，不見於引用各本目録。因爲校勘記據十行本出校，此言宋建安本與底本同，則其非指宋刊十行本。而其所據宋槧經注殘本雖爲南宋建安余氏所刊，然此卷適在其闕卷之内，何氏亦無從出校。則其究竟爲何本，今已不可考知。又 09—050 條注文「凡萬有五千人」，校云：「閩、監、毛本同。何校本『凡』下有『七』字，宋本同。」此處十行本無「七」字，據四部叢刊本春秋穀梁傳，可知宋槧經注殘本亦無「七」字，則不知此宋本確係何指。02—013 條、06—055 條、11—009 條，皆存在類似問題。

一是有些校記不甚嚴謹。如 08—034 條疏文「不同月則地會地盟者」，校云：「單疏本及南監本脱下『地』字。」按，校勘記出文以十行本爲據，此處僅言單疏本及南監本誤脱，而不言他本文字異同，則似十行本及閩本、監本、毛本等皆有下「地」字。其實此字宋刊十行本已脱，元刻十行本以及閩本、監本、毛本等皆然。而卷首引據各本目録十行本之下注文有云：「何煌所記諸舊本，尚有南監本一種。今案，南監本即十行本，故不別出。」此明言不別出南監本，以其即十行本也，而此條又述南監本，蓋直接據何氏所校過録，而未經删定改寫，故不甚妥帖嚴謹，與全書之例不甚相合。諸如此類，如果不覈查原本，而僅憑校記所述，就可能會産生誤會。

穀梁注疏校勘記自成書流傳以來，因其具有很大學術影響，在被廣泛參考利用之同時，亦有補苴罅漏之作陸續出現。如張金吾曾據單疏鈔本與通行注疏本進行校勘，補充多處單疏本「遠勝今本而校勘記未載」的異文，見於愛日精廬藏書志卷五。柳興恩嘗以穀梁注疏校勘記對讀毛本注疏，補正校勘記失校之處十餘條，載於穀梁大義述。王振聲爲瞿氏鐵琴銅劍樓定書目，乃據瞿氏所藏宋槧經注殘本、鈔宋單疏殘本以及南監本等覆勘阮元校勘記，於其疏失之處多有補正。劉氏嘉業堂重刊穀梁單疏殘本，並撰有校記附後，其中列舉單疏本中阮校未及之異文多處。楊守敬余仁仲萬卷堂穀梁傳考異，亦可糾補校勘記之失。此外如汪文臺十三經注疏校勘記識語、孫詒讓十三經注疏校記等，對穀梁注疏校勘記之疏失亦有辨駁補正。

穀梁注疏校勘記存在缺陷和不足，多是囿於當時的客觀條件所致，如今所能利用的版本資源和學術條件，要比阮元、李鋭撰作校勘記時優越。如就以版本而論，四部叢刊所影印之春秋穀梁傳，其後半部即爲宋槧經注殘本之原本，前半部所據亦爲古逸叢書影刻之本，大致可傳余仁仲萬卷堂本全貌；而鈔宋單疏殘本原本雖已下落不明，然有兩種傳抄本存世，又有嘉業堂叢書重刻本；至於注疏本，則有真正的宋刻十行本和元刊十行本，皆可直接據以參考。而在上述各種刊本之外，還有敦煌藏經洞所出春秋穀梁傳集解殘卷四种，皆爲唐石經以前古本，尚在雕版印刷興起之先，與後世刻本系統殊別，具有重要校勘價值。此外，還有一些產生較晚的校勘成果，如王引之經義述聞，其中校勘穀梁傳注疏文凡六十餘條，而校勘記未能引及。若能全面參校今存各種重要版本，充分吸收諸家校勘補正之成果，必定能彌補校勘記的疏失和不足，從而全面推進和提升穀梁注疏的校勘水平。

四、南昌府學本穀梁注疏所附校勘記

十三經注疏校勘記於嘉慶十一年告成，隨即由阮氏文選樓刊行，道光九年編刊清經解時，學海堂據文選樓本重刊。而在嘉慶二十年南昌府學重刊十三經注疏時，凡經注疏文有關校勘之處皆加圈於旁，由盧宣旬摘録十三经注疏校勘記附於各卷之後。盧氏摘録之時，對於校勘記原文有所改動，校記條目有增有刪，校語文字有改有補，由此形成十三經注疏校勘記的兩個系統：以文選樓本爲代表的單行本和以南昌府學本爲代表的附録本。兹述穀梁注疏校勘記兩種文本主要區别如下。

文選樓本穀梁注疏校勘記十二卷，凡1400條。南昌府學本穀梁注疏二十卷，各卷之後附以校勘記，凡844條，其中摘録835條，增出校記9條。南昌府學本所棄校記565條，大多屬於十行本不誤而他本誤者，以及古今正俗通用字體之類。其所增出之9條校記，大都明確標注「補案」或「補」，間引閩本、監本、毛本等版本，以校正十行本及南昌府學本的文字訛誤及疏文錯簡。在南昌府學本所附校勘記之中，有五十餘條對原校即文選樓本存在不同程度的改動，大致有以下幾類情形。一是南昌府學本已據校勘記校改正文，故所附校記作相應改寫，以與正文相合；一是原校僅列版本異同而無是非判斷，故南昌府學本補充是非判斷，在校記之末增出「是也」、「不誤」、「當不誤」等文字；一是原校所述存在疏失和訛誤，故對其有所補充修改；一是南昌府學本據十行本重刊，其行款和文字多與十行本相同，故所附校記有意略去十行本的一些版本信息；一是將原校「十行本」替換爲「此本」，以切合於南昌府學本；一是删去原校所引釋文文字。

綜而論之，南昌府學本保留了文選樓本注疏校勘記的主體内容，且其所增補的校記内容，對原校疏失訛誤多有修訂完善，具有重要學術價值。然而由於其删去大量校記，數量超過全部校勘記的三分之一，這無疑會略去很多版本信息，故遠不若單行本校勘記之詳備。而在其摘録校勘記之時，間亦有文字錯訛以及不合原校之處。據揅經室集三集卷二江西校刻宋本十三經注疏書後所附阮福案語，阮元當日對南昌府學所刊十三經注疏頗有不滿，以爲「校勘記去取亦不盡善」（亦見於雷塘庵主弟子記卷五「刻宋本十三經注疏成」條下）。後來嚴杰主持重刊學海堂本校勘記，對南昌府學本所附校勘記之「悠謬」亦深切咎責（見學海堂本周易注疏校勘記卷一之末識語）。由此可見，儘管南昌府學本所附校勘記有其獨特價值，且使用之時甚爲便利，自問世以來風行學界，迄今行用不衰，但不能全面反映阮元校勘記的原貌，不應將其與校勘記原書等同。

此次校點整理穀梁注疏校勘記，我們以續修四庫全書影印南京圖書館藏嘉慶阮氏文選樓刻本爲底本，以藝文印書館影印嘉慶二十年南昌府學刊本爲校本，並參校學海堂本。凡南昌本增出之條目，即在相應位置補入，並在其上端以「*」標示。凡南昌府學本删去之條目，即在其末尾以「×」標示。凡南昌府學本摘録之條目，如有文字增補和删改，則在卷後校記中詳細説明。力求既忠實反映阮元校勘記的本來面目，又參酌吸收南昌府學本增補的校勘成果，並注明二者的差異，從而爲參考利用校勘記提供便利。具體整理方法詳見全書凡例，此不再贅述。限於自己的學識水平和時間精力，整理本肯定存在一些疏失和舛謬，敬祈讀者指正爲感。

張　文

春秋穀梁傳注疏校勘記序

六藝論云「穀梁善于經」，豈以其親炙於子夏，所傳爲得其實與？公羊同師子夏，而鄭氏起癈疾，則以穀梁爲近孔子，公羊爲六國時人，又云「傳有先後」，然則穀梁實先於公羊矣。今觀其書，非出一人之手。如隱五年、桓六年竝引尸子，説者謂即尸佼。佼爲秦相商鞅客，鞅被刑後，遂亡逃入蜀。而預爲徵引，必無是事。或傳中所言者，非尸佼也。自漢宣帝善穀梁，於是千秋之學起，劉向之義存。若更始、唐固、麋信、孔衍、徐乾皆治其學，而范甯以未有善釋，遂沈思積年，著爲集解。晉書范傳云：「徐邈復爲之注，世亦偁之。」似徐在范後，而書中乃引邈注一十有七，可知邈成書於前，范甯得以捃拾也。讀釋文所列經解傳述人，亦可得其後先矣。漢志經傳各自爲帙，今所傳本，未審合併於何時也。集解則經傳竝釋，豈即范氏之所合與？范注援漢、魏、晉各家之説甚詳，唐楊士勛疏分肌擘理，爲穀梁學者，未有能過之者也。但晉豕魯魚，紛綸錯出，學者患焉。康熙間長洲何煌者，焯之弟，其所據宋槧經注殘本、宋單疏殘本，竝希世之珍，雖殘編斷簡，亦足寶貴，元曾挍録。今更屬元和生員李鋭，合唐石經、元版注疏本及閩本、監本、毛本，以校宋十行本之譌，元復定其是非，成穀梁注疏校勘記十二卷，釋文校勘記一卷。阮元記。

引據各本目録

單經本

唐石經　凡十二卷。顧炎武金石文字記曰：「襄、昭、定、哀四公卷朱梁補刻。」錢大昕金石文跋尾曰：「襄公篇朱梁重刻，成公篇重刻者居其半。僖公篇亦似後來重刻，却不避『城』字。炎武謂昭、定、哀三卷亦朱梁補刻，則考之未審矣。」

經注本

宋槧殘本　余仁仲萬卷堂藏本，兼載釋文。宣公以前缺，自宣公以後，分卷與石經合。今據何煌挍本。

單疏本

鈔宋殘本　章丘李中麓藏。文公以前缺，自文公以後，分卷亦與石經合。亦據何煌挍本。

注疏本

元本　亦據何煌挍本。

十行本　凡二十卷，閩、監、毛三本同。又何煌所記諸舊本，尚有南監本一種。今案，南監本即十行本，故不別出。

閩本

監本

毛本

春秋穀梁傳注疏校勘記卷一

01—001 **監本附音春秋穀梁傳註疏序** 閩、監、毛本無「監本附音序」五字。案，何煌校本跋云：「此卷先命奴子羅中郎用南監本逐字比校訖。」今驗此標題及下銜名二行，何校與十行本合。何所稱南監本，當即此十行本也。

002 **國子四門助教楊士勛撰 國子博士兼太子中允贈齊州刺史吴縣開國男陸德明釋文** 此銜名二行，閩、監、毛本作「晉范甯集解唐楊士勛疏」。

003 **春秋穀梁傳序** 閩、監、毛本上空二字。石經此六字八分書稍大，上不空字。十行本與石經合。釋文無「傳」字。

004 **亦既經傳其文** 閩、監、毛本同。何校本「其」作「共」，是也。案，凡何所校不能別爲何本者，則但稱「何校本」，以後並同。

005 **唯祭與號** 閩、監本同。毛本「號」誤「虢」。

006 **受經于子夏** 閩、監、毛本「于」作「於」。

007 **穀梁子名淑字元始** 宋王應麟云：「穀梁子，或以爲名赤，或以爲名俶，顏師古又以爲名喜。」○按，作「俶」是也。齊召南云：「爾雅俶訓始，故字元始。」

008 **故曰穀梁傳孫卿** 閩、監本同。毛本疊「傳」字。

009 **父名注** 閩本同。監、毛本「注」改「汪」，下「父注」同。○按，晉書本傳作「汪」。

010 **昔周道衰陵** 自此已下，十行本行行頂格，與石經合。閩、監、毛本並上空一字。

011 弑逆簒盜者國有　石經、閩、監、毛本同。釋文出：「弑逆，申志反。又作『殺』，音同。」又昭公十三年「弑其」下云：「凡『弑』字從式，『殺』字從殳。君父曰弑，取積漸之名，自外則皆曰殺。此可以意求也。傳本多作『殺』字，故時復音之，後放此。」案，古簒弑字即用「殺」，字同而讀異耳。

012 七耀爲之盈縮　石經同。閩、監、毛本「耀」作「曜」。釋文：「七耀，本又作『曜』。」

013 鬼神爲之疵厲　閩、監、毛本同。釋文：「厲又作『癘』。」 ×

014 謂冬温夏寒失其節度　閩、監本同。毛本「謂」誤「爲」。 ×

015 朓則侯王其恭　閩、監、毛本同。何校本「恭」作「荼」。○按，「荼」是也。古多叚「荼」爲「舒」。

016 二川震　閩、監本同。毛本「二」改「三」，是。

017 則桑扈之諷興　閩、監、毛本同。釋文：「諷，又作『風』。」 ×

018 善惡褒貶等皆所以示禍福成敗之原　十行本「善惡」二字擠，「皆」下空一格。閩、監、毛本排匀不空。

019 愚上不能用也　閩、監、毛本「上」作「者」，是也。

020 申侯與鄫人及犬戎　閩、監本同。毛本「侯」誤「后」。

021 迺喟然而歎曰　唐石經「歎」字改刊。

022 杜預注左氏云　閩、監、毛本「注」作「註」。○按，「注」、「註」正俗字。 ×

023 拯頹綱以繼三五　閩、監、毛本同。釋文：「穨，本又作『頽』。」

024 麟感而來應　宋建安本同。石經、閩、監、毛本「感」下有「化」字。釋文：「麟，本又作『驎』。」

025 升中於天而鳳皇降　閩、監本「皇」作「凰」。毛本作「鳥」，非。按，「凰」俗「皇」字。

026 餘不至也　閩本同。監、毛本「至」作「來」。

027 穀梁以爲不足乎揚　閩、毛本同。監本「揚」誤「楊」。

028 凡五十二家　何校本「二」作「三」，是也。閩、監、毛本作「凡二十五家」，尤誤。

029 入揚雄一家三十八篇　十行本此九字墨圍。○按，此九字乃漢書注。

030 游心於六藝之中　按，今本漢書藝文志作「游文」。

031 其本蓋出於史官　閩、監、毛本同。何校本去「其本」二字，與漢志合。

032 此其所長也　閩、監本同。毛本「其所」作「所以」，與漢志異。

033 選士大夫射　漢志無「大」字。

034 諸侯力政　閩、監、毛本「力」作「失」，非也。史、漢皆云：「諸侯力政。」

035 是神器可得而闚也　閩、監、毛本同。釋文：「闚，本又作『窺』。」

036 是嫡庶可得而齊也　閩、監、毛本同。釋文：「嫡，本又作『適』。」

037 不可強通者也　閩、監、毛本同。石經萬曆本「可」下有「得」字。

038 庸得不棄其所滯　閩、監、毛本同。石經「棄」作「弃」。案，此避「世」字故也。

039 據理以通經乎　閩、監、毛本同。釋文：

「據，亦作『据』。」 ×

040 若劉向注意穀梁　閩、毛本同。監本「注」作「註」。 ×

041 公羊胡母之學　閩、監、毛本「母」作「毋」。 ×

042 穀梁遂爾寖廢　閩、監、毛本「寖」作「寢」。 ×

043 先君北蕃迴軫　閩、監、毛本同。釋文：「蕃，又作『藩』。」 ×

044 是十二次名也　閩本同。監、毛本「是」作「謂」。 ×

045 謂甯之父注也　閩本同。監、毛本「注」改「汪」，是也。 ×

046 孔演　隋經籍志、唐藝文志「演」作「衍」。

047 劉瑶　隋、唐志並作「劉兆」。

048 昊天不弔　石經、閩、監、毛本同。釋文：「昊，本又作『旻』。」 ×

049 嚴霜夏墜　閩、監、毛本同。釋文出「夏隊」。 ×

050 二子泯没　閩、監、毛本同。釋文：「泯，又作『泜』。」 ×

051 言旻天者　閩、監、毛本「旻」作「昊」，下「旻天不弔」同。

052 監本附音春秋穀梁註疏隱公卷第一　閩、監、毛本無「監本附音」四字，後卷並同。

053 范甯集解　楊士勛疏　閩、監、毛三本「范」上有「晉」字，「楊」上有「唐」字，後卷並同。

054 春秋穀梁傳隱公第一　石經、釋文同。案，石經、釋文並以每公爲一卷，石經每卷首題「春秋穀梁傳某公第幾」，八分書大字。釋文此卷與石經同，餘卷止稱「某公第幾」。注疏本餘卷止存「某公」二字。又此題目十行本頂格，與石經合。閩、監、毛本上空一字，疏又低一字。

055 元年　自此已下，十行本行行頂格，每一年提行另起，與石經合。又每經之上，十行本皆作「○」界之。閩、監、毛本以經文提行頂格，次行以後並上空一字。

056 隱公之始年　十行本注文雙行夾寫。閩、監、毛本改爲單行，上加「註」字。

057 正者直方之間語　閩本同。監、毛本「者」誤「月」。

058 雖無事必舉正月　閩、監、毛本上加「傳」字，十行本無。案，石經經傳不別，十行本正與之合，加「傳」字非。

059 隱長桓幼　閩、監、毛本同。釋文：「長，又作『丈』。」　×

060 隱將讓而桓弒之　閩、監、毛本同。釋文：「弒，又作『殺』。」　×

061 外爲主焉　案，二年傳文「焉」下有「爾」字。

062 莊三十二年公羊傳文　閩、監本同。毛本「二」誤「三」。　×

063 貝玉曰含　閩、監、毛本同，疏同。儀禮經傳通解引亦作「貝」。石經同，補字「貝」作「珠」，非。釋文：「含，又作『啥』。」○按，依說文當作「琀」。

* 并有玄纁束　補：案，「束」下當有「帛」字。

064 知死者賵襚耳　按，公羊傳注「賵」誤「贈」，疏云「賵實生死兩施」是也。

065 故同禮　「同」乃「周」字之誤。

066 豹及諸侯之大夫盟於宋　閩、監本

同。毛本「於」作「于」。

067 天子畿内大夫　閩、監、毛本同。釋文：「畿，本或作『圻』。」

068 不出竟埸　閩、監、毛本同。釋文：「竟，本或作『境』。下同。」

069 據之君言之　閩、監、毛本上「之」字作「無」。

070 故傳云不與朝也　按，傳「不」作「弗」。

071 金鏃翦羽謂之鍭　閩、監、毛本「鏃」誤「鍭」。

072 罪故略之　閩本同。監、毛本「罪」作「惡」。

二年

073 南蠻北秋　「秋」當作「狄」，閩、監、毛本不誤。❶

074 皆底羌之別種　閩、監、毛本同。釋文出「皆氐」，云「本又作『底』」。

075 則三年王二月乙巳　閩、監本同。毛本「王」上增「春」字。浦鏜云「己」誤「乙」。按，浦說是也。

076 春公至自齊　案，「春」字乃承上文經而誤衍也，否則「夏」字之譌。

077 天言雷雨之異　閩、監、毛本「言」作「告」，是也。

078 相無三臣之策　閩、監、毛本「相」作「桓」。

079 時其不可　閩、監、毛本「時」作「明」，是也。

080 莊二十四年夏公如齊逆女　閩、監、毛本脱「二」字。

三年

081 己巳日有食之　閩、監、毛本「己」誤「巳」。釋文：「食，本亦作『蝕』，後皆放此。」

082 二穀不升謂之饉　閩、監、毛本「二」作「三」，疏引亦作「三」。○按，作「三」與襄二十四年傳文合。

083 徐邈亦作傷　段玉裁云：「『傷』當作『場』。下『曰壤』、『從壤』並當作『場』。『場』俗作『塲』。」

084 天王使不正者月　閩、監、毛本「者」作「稱」。

085 平王之喪在殯　閩本同。監、毛本「在」誤「未」。

086 桓王在喪未即位　閩、監本同。毛本「未」誤「朱」。

087 何休稱死而異名者　閩本同。監、毛本「者」誤「日」。

088 葬宋繆公　閩、監、毛本同。釋文：「繆，本亦作『穆』。」

089 史策之常也　閩、監、毛本同。釋文：「策，本又作『筴』。」

090 弒君不葬　閩、監、毛本同。釋文出「殺君」，是陸所據本與此不同。

091 宋共公　閩、監、毛本同。釋文：「共，本亦作『恭』。下同。」

092 言伯姬賢而不荅　閩本同。監、毛本「荅」作「答」。

四年

093 衛祝吁弒其君完　閩、監、毛本同。釋文：「弒其，音試，釋舊作『殺』，注下同。君完，本又作『皃』，音丸。」案，「皃」即八分書「完」字，筆迹小異耳，非容皃字又音丸也。

094 **故貶也**　閩、監、毛本同。石經作「故貶之也」。

095 **祝吁之挈**　閩、監、毛本同。釋文：「挈，本又作『絜』。注同。」案，通志堂本釋文「絜」誤「挈」，此从宋本。

096 **不書氏族提挈其名而道之也衆所同疾威力不足以自固失當國之嫌**　此注文也。閩、監、毛本凡注皆改單行，上加「注」字。此獨雙行，無「注」字，蓋改十行本之舊而未盡者。

五年

097 **疏傳入者至受也○釋曰重發傳者前起者邑今是國故重發之**　十行本無此一段疏。閩本如此。監本上「傳」作「注」。毛本無上「傳」字，「至」作「内弗」二字。❷

* **練冠麻麻衣**　補：案，「麻麻」誤重。

098 **則干在其中**　閩、監、毛本「干」作「羽」。❸

99 **乃暴師經年**　閩、監、毛本同。釋文：「暴，本或作『曝』。」　×

100 **爲十八年諸侯同圍之起也**　閩、監、毛本「起」作「地」，是也。

101 **兵去則可以歸還其爲**　閩、監、毛本同。何校本下有「害輕」二字，是也。

七年

102 **能共事君子可以往**　閩、監、毛本同。釋文出：「共事，音恭。本亦作『供』。」　×

103 **遲歸有時**　閩、監、毛本「時」誤「待」。　×

104 **若公羊以爲微國不名**　閩、監本同。毛本「微」字墨丁。何校本誤「徵」。　×

105 **其非正長嫡**　閩、監、毛本同。釋文：「嫡，本又作『適』。」

106 大天子之使　閩、監、毛本「大」作「夫」，是也。

107 當候在疆場　閩、監、毛本同。釋文出「在彊」，云「本又作『壃』，亦作『强』」。

108 司里授館　閩、監本同。毛本「里」誤「理」。

八年

109 三月鄭伯使宛來歸邴　左氏作「歸祊」。惠棟云古「方」、「丙」同字。

110 惡入者也　石經同。二年疏引同。閩、監、毛本脱「入」字。

111 而祭泰山之邑也　石經同。閩、監、毛本脱「也」字。

112 若今諸侯　閩、監、毛本同。釋文出「若令，力呈反」。案，「令」是。

113 周武有盟津之會　閩、監、毛本同。釋文：「盟，本亦作『孟』。」

九年

114 而有省之屬　按，周禮大行人注「而有」作「謂存」。

十年

115 以見篡弒之禍　閩、監、毛本同。釋文出「篡殺」。

116 以詐相襲　閩、監本同。毛本「詐」誤「戰」。

117 取二邑　閩、監、毛本同。石經多一「取」字，改刻作「又取」，故此行十一字。

118 戰不逐北　閩、監、毛本同。釋文：「逐北，本又作『逐奔』。」按，注疏本作「逐奔」。

119 伐載　閩、監、毛本同。釋文云：「本或作『戴』。」按，「載」爲「𢦏」之假借字，「戴」爲或作之字，説詳左傳釋文校勘記一。

十有一年

120 謂巡守 閩、監、毛本同。釋文：「本亦作『狩』。」 ✕

01—121 犆言同時也 閩、監、毛本同。釋文：「犆音特，本或作『特』。」 ✕

校記

❶南昌本出文作「南蠻北狄」，校語云：「此本『狄』誤『秋』，閩、監、毛本不誤，今據訂正。」

❷南昌本末增：「〇補案，此段疏文十行本初刻無，後補板剜擠在下『考仲子之宮』疏上。」

❸南昌本末增：「〇補，此『干』字作『羽』，則上『不言六佾者』，『佾』字亦當作『羽』。」

春秋穀梁傳注疏校勘記卷二

02—001 桓公　閩、監、毛本上空一字，十行本不空，後每公並同。

元年

002 桓弟弑兄　石經、閩、監、毛本同。釋文出「弟殺」，云「本亦作『弑』，下及下注同」。×

003 故嗣年即位　閩、監、毛本「嗣」改「踰」，是也。

004 而祭泰山之邑也　石經、閩、監、毛本同。釋文出：「大山，音泰。本亦作『泰』。」×

005 從天王巡守受命而祭也　閩、監本同。毛本「守」作「狩」。釋文出「巡守音狩」。×

006 擅相換易　閩、監、毛本同。釋文：「換，一本亦作『逭』。」×

007 五得不言邴也　閩、監、毛本「五」改「不」，是也。×

008 謂從王巡狩　何校本「狩」作「守」。×

009 羊以爲田多邑少稱田　「羊」上脱「公」字，閩、監、毛本不脱。

010 則不德其邑　閩、監本同。毛本「德」字空。浦鏜云「得」之誤，是也。

二年

011 宋督　閩、監、毛本同。釋文：「督，本又作『替』。」石經作「督」。

012 傳以失如言之　閩、監、毛本「如」改「嫌」。❶

013 臣既死君不忍稱其名　石經、宋本、閩本同。

監、毛本脱此九字。

014 孔氏父字謚也　段玉裁云：「『氏』字衍。孔父者，字謚也。字謚者，以字爲謚也。左傳曰『諸侯之制，以字爲謚』。亦見儀禮鄭注。」

015 但赴者以正月者亂　齊召南云「月者」當作「月告」。

016 以内爲志焉　閩、毛本同。監本「焉」誤「馬」。×

017 春秋親尊皆謂　閩、監、毛本「謂」作「諱」，是也。

018 納于大廟　閩、監、毛本「大」作「太」。釋文出：「大廟，音泰。下文及注同。」按，「大」字是也。×

019 則受成亂之責　閩、毛本同。監本「責」誤「貴」。×

020 春秋雖受親尊者諱　閩、監、毛本「受」改「爲」。

021 傳意成宋辭者　閩、監、毛本「辭」改「亂」，下「成宋辭也」同。❷

022 江熙以爲加君父之惡大初　閩、監、毛本「初」作「切」。❸

023 納于太廟　閩、監、毛本同。石經「太」作「大」。据上條，則釋文亦作「大」。

024 納者内不爲也　閩、監、毛本「爲」作「受」，是。

025 桓内弑其君　石經、閩、監、毛本同。釋文出「内殺」，云「下文注皆同」。×

026 此鼎本郜國所作　閩、毛本同。監本「郜」誤「部」。×

027 以是爲討之鼎也　石經、閩、監、毛本同。釋

文：「麇氏云『討或作糾』。」 ×

028 於是爲齊侯陳侯鄭伯討數日以賂　閩、監、毛本同。石經「討」作「計」。

029 鄧某地　閩、監、毛本同。釋文出「厶地」，云「本又作『某』」。○按，困學紀聞云：❹「某，或作厶。出穀梁注『鄧，厶地』。」

030 殆其往而喜其反　閩、監本同。毛本「殆」誤「待」。 ×

031 三年　十行本、閩、監、毛本並誤作「二年」。 ×

032 不歃血　閩、監、毛本同。釋文：「歃，本又作『唼』。」 ×

033 諸母般申之曰　石經、閩、監、毛本同。釋文：「般，一本作『槃』。」 ×

034 冕而親迎　石經、閩、監、毛本同。釋文：「迎，一本作『逆』。」

035 冬下穀畢入　閩、監、毛本「下」作「五」，是也。 ×

四年

036 秋曰蒐　閩本、明監本、毛本同。釋文：「蒐，麇氏本又作『搜』。」

037 達于右腢　○按，依説文，當作「髃」。説詳公羊注疏校勘記。 ×

038 案儀禮髀骨滕以上者是也　閩、監、毛本「滕」改「膝」，是也。

五年

039 必辟病潛行　閩、監、毛本同。釋文：「辟，本又作『避』。」 ×

＊ 城祝邱者　補：案，此段疏文當在下經「城祝邱」注下，誤在此。「城祝」至「安民」是下「城祝邱」疏錯簡，理亦得通。下當據毛本訂正。 ×

040 宮室榮與　閩、監、毛本「榮」作「崇」。○按，荀子大略篇、王應麟詩考並作「榮」。

041 經書時雩非正　閩本同。監、毛本「雩」作「雨」。

042 故發以明之　閩、監、毛本「明」誤「月」。　×

六年

043 桓公嫡子莊公　閩、監、毛本同。釋文：「嫡，又作『適』。」　×

044 後桓公殆爲妻淫見殺　閩本同。監、毛本「殆」作「始」，何校本作「終」。

八年

045 薦尚韭卵　閩、毛本同。監本「卵」誤「卯」。　×

046 夏祭曰禴　閩、監、毛本同。釋文：「禴，又作『礿』。」　×

047 薦尚黍肫　閩、監、毛本同。釋文：「肫，本又作『豚』。」　×

048 礿者麥始熟可礿也　段玉裁云下「礿」字當作「汋」，說詳公羊校勘記。

049 禘○無違禮　閩、監、毛本作「言禘無違禮」，是也。

050 比之隔年再烝　閩、毛本同。監本「比」誤「此」。　×

051 在郃之陽　閩、監、毛本同。釋文出：「在郃，本又作『洽』。」案，「郃」即「郃」誤。

052 夫婦叛合　閩、監、毛本「叛」作「配」。○按，今儀禮作「胖合」，古本只作「半合」，或作「判合」。

053 是王者親逆之明文也　閩、監、毛本「逆」作「迎」。　×

054 或亦隨便〇而言　閩本無「〇」，空一字。監、毛本不空。×

055 恐華成異　閩、監本同。毛本「成」改「戎」，是。×

九年

056 曹伯使其世子射姑來朝　石經、閩、監、毛本同。釋文：「射，音亦。」麋氏本即作『亦』。」×

057 使世子伉諸侯之禮　石經、閩、監、毛本同。釋文：「伉，本又作『亢』。」×

058 則是故命也　閩、監、毛本同。石經「故」作「放」，段玉裁云太平御覽百四十七卷引同。

十年

059 與夷見弒　閩、監、毛本同。釋文出「見殺」，云「下同，本又作『弒』」。×

060 結日列陳則日　閩、監本同。毛本「列」誤「例」。釋文出「列陳」。

十有一年

061 舍之於苕丘　「於」當作「于」。

062 盟於宋　「於」當作「于」。

063 下云柔會宋公陳侯蔡叔盟于折　毛本同。閩、監本「折」誤「拆」。

064 宋人者宋公也　案，閩、監、毛本此文之上例加「傳」字，今無「傳」字，蓋閩本未加，監、毛本即仍閩本之舊也。×

065 自來歸次之　案，成公十六年傳「來」作「某」。

066 而怪不稱世子者　「怪」當作「經」。閩、監、毛本不誤。

067 葬微文公　「微」當作「衛」。閩、監、毛本不誤。

068 表其失國　閩、監、毛本「其失」作「失其」，誤。

069 公會宋公于夫鍾　石經、閩、監、毛本同。釋文：「麋氏本『鍾』作『童』。」

十有二年

070 虚宋地　閩本同。監、毛本脱此注。

071 言責魯又與其所與伐者戰也❺　閩、監、毛本同。何校本「又」作「反」。

十有四年

072 政治紀綏之所置　閩、監、毛本「紀」作「舒」、「置」作「致」，是也。疏引同。

073 是謂不哲　閩、監、毛本同。釋文：「哲，一本作『晢』。」

074 舊解傳云　閩、監、毛本「云」作「文」。

075 其天降謂罰　閩、監、毛本同。浦鏜云「謂」當「譴」誤，是也。

076 夏五　閩、監、毛本同。釋文云：「本或有『月』者，非。」

077 鄭伯使其弟禦來盟　閩、監、毛本同。釋文出「弟御」，云「本亦作『禦』」。❻石經「禦來盟」三字漫漶。

078 疾謂溉揚之聲　閩、監、毛本「溉」作「激」，是也。

079 古者天子爲藉千畝　閩、監、毛本「藉」作「籍」，非。

080 以共粢盛　石經、閩、監、毛本同。釋文：「共，一本作『供』。」

081 師三公九卿諸侯大夫　閩、監、毛本「師」作「帥」，是也。

082 齊戒躬桑　閩、監、毛本同。釋文：「齊，本亦作『齋』。」

083 夫人三練　閩、監、毛本「練」作「纅」，疏同。釋文出「三纅」，「練」乃誤字。

084 而内之三宮　石經、閩、監、毛本同。釋文：「麋氏『宮』作『官』。」

085 諸侯夫人三宮也　閩、監、毛本「夫人」誤「大夫」。

086 必有兼甸之事焉　閩、監、毛本同。石經「甸」作「佃」。釋文出「兼佃」，云「一本作『甸』，注亦然」。

十有五年

087 傳反正也者釋其稱世子也　閩、監、毛本同。浦鏜云：「當在下『鄭世子忽復歸于鄭』傳下。」

088 則是以惡故曰入　閩、監、毛本同。何校本「故」作「入」。

十有六年

089 故直云惡也　閩、監、毛本「云」作「言」。

十有七年

090 公及邾儀父盟于趡　石經同。閩、監、毛本脱「公」字。

091 恥大不可言　閩、監、毛本「大」作「有」。

十有八年

092 以王法終治桓之事　嚴杰云：「元本左傳桓三年正義引『治』字上有『始』字，是也。」

093 公與夫人姜氏遂如齊　閩、監、毛本同。石經無「與」字。

094 他皆放此　閩、監本同。毛本「他」誤「也」。

095 以夫人之伉　石經、閩、監、毛本同。釋文：「伉，一本作『亢』。」

02—096　君弑賊不討　石經、閩、監、毛本同。釋文：「弑，又作『殺』。」×

校　記

❶ 南昌本末增「是也」二字。

❷ 南昌本末增「是也」二字。

❸ 南昌本末增「是也」二字。

❹「學」字原誤重，今刪。案，學海堂本不誤，南昌本亦誤重。

❺ 下「與」字原脱，據學海堂本、南昌本補。

❻ 南昌本删「釋文出弟御云本亦作禦」十字。

春秋穀梁傳注疏校勘記卷三

莊公

元年

03—001 傳始人之也　此疏十行本與上「繼弑」至「正也」疏并爲一段，閩、監、毛本以此下移，屬注「人道錄之」下，「傳」作「注」，誤。❶

002 則子不忍即位也　閩本同。監、毛本下衍「註」字。

003 夫人孫于齊　石經、閩、監、毛本同。釋文：「孫，本亦作『遜』。」○按，段玉裁云：「古經典無『遜』字，亦作『遜』者非是。」

004 傳人之至受命　此疏十行本在注「婦受夫之命」下。❷閩、監、毛本在注「義得貶夫人」下，「傳」作「許」，誤。

005 據僖二十九年　閩本同。監本「二」字模糊，毛本「二」作「三」。案，當作「三十」。❸

006 躬君弑於齊　石經、閩、監、毛本同。釋文出「君弑，申志反。又作『殺』，如字。注同」。

007 然則不言齊侯之來逆　閩、監、毛本「逆」作「迎」。

008 不使齊侯得與吾爲禮　閩本同，是也。監、毛本「吾」作「君」。

009 齊侯親逆　閩、監、毛本「逆」作「迎」。下「文王親逆」同。

010 桓弑逆之人　閩、監、毛本同。釋文出「殺逆」。

011 致遠則滯矣　閩、監、毛本同。釋文出「則

泥」，云「一本作『滯』」。 ×

012 六命賜官　閩、監、毛本「賜」作「受」。○按，周禮作「賜」。

013 能征不顯者賜弓矢　閩、監、毛本同。何校本作「順」。❹○按，今白虎通作「義」。

014 舊說解九錫之名　閩、監本同。毛本作「命」。

015 與士共之　閩本同，是也。監、毛本「士」作「人」。 ×

016 此王姬由魯而嫁　閩、監本同。毛本「由」作「繇」。案，毛避所諱也。

二年

017 爲之主者卒之也　石經同。閩、監、毛本脱「主」字。

三年

018 溺會齊侯伐衛　閩、監、毛本同。石經「侯」作「師」。按，隱二年疏引正作「師」。

019 齊魯黨大是罪人　閩、監、毛本「是」作「惡」。何校本「大是」作「天是」，云「是」疑「子」。

020 郊牛之口傷　閩、監、毛本同。何校本依通典上增「猶」字。

021 謂蔡謀也　閩、監、毛本同。何校本「謀」改「謨」。○按，蔡謨字道明，謚文穆，晉書有傳。

022 鄭云云　閩、監、毛本上「云」作「玄」。

023 亂可知也　閩、監、毛本「也」作「矣」。 ×

024 理所由也　閩、監本同。毛本「由」作「繇」。 ×

025 傳獨陰不生至稱焉　閩本同。監、毛本脱「傳」字。

026 然終推功冥極　閩、監本同。毛本「終」誤「後」。

027 不是獨陽能生也　閩、監、毛本「能」作「得」。

028 柔剛者　閩、監、毛本作「剛柔者」。

四年

029 夫人姜氏饗齊侯于祝丘　石經、閩、監、毛本同。釋文：「饗，本又作『享』。」

030 亯大牢以飲賔　閩、監、毛本同。何校本「亯」作「亨」。

031 諸侯絶傍朞　閩、監、毛本「傍」作「旁」。案，釋文出「傍朞」，作「旁」非。

032 故知閔之非爲危也　閩、監本同。毛本「故」誤「固」。

五年

033 傳師而曰如衆也　閩本同。監、毛本「傳」誤「注」。

034 傳不踰竟　閩本同。監、毛本「傳」誤「注」。

六年

035 春王三月　石經同，隱二年疏引亦作「三月」，閩、監、毛本誤「二月」。

036 王者安危天下所繫故亦與内同也　閩、監、毛本「安危天下」作「天下安危」，無「也」字。

037 傳善救衛也　閩本同。監、毛本脱「傳」字。

七年

038 辛卯昔恒星不見　閩、監、毛本此下衍「夜中星隕如雨」六字。釋文：「昔，本或作『晉』。」○按，古多假「昔」爲「夕」，段玉裁説，見公羊校勘記。

039 著於上見於上　閩、監、毛本次「上」字作「下」。

040 著其直見於下　閩、監、毛本無「其直見」三字。

041 則是雨説也　閩、監、毛本同。釋文出「是雨」，云「于付反，注同」，則亦與今本同。石經「雨」作「兩」。

042 豈雨説哉　閩、監、毛本同。石經「雨」作「兩」。

043 象諸侯隕墜　閩、監、毛本同。釋文「墜」作「隊」。×

044 又中夜而隕者　閩、監、毛本「中夜」作「夜中」。

八年

045 導之以德　閩、監、毛本同。釋文「導」作「道」。×

九年

046 若閔二年公子慶父出奔莒是也　閩、監本同。毛本「二」誤「三」。×

十年

047 但不知何爲侵耳　閩、監、毛本「耳」作「也」。×

048 謂自還者　閩本同。監、毛本「自」誤「目」。×

049 以蔡侯獻武歸　石經、閩、監、毛本同。釋文：「武，本亦依左氏作『舞』。」×

十有二年

050 宋萬弒其君捷　按，公羊傳「捷」作「接」。古音妾聲、捷聲同部。徐彦疏引長義云：「穀梁亦作『接』。」

051 荀息雖同復死之例　閩、監、毛本同。何校本「復」作「後」，是也。

十有三年

052 三說不同者　閩、監、毛本同。何校本「三」作「二」，是也。

053 侯推之　閩、監、毛本上有「諸」字。

054 注曹劌云云　閩本同。監、毛本「注」誤「傳」。×

055 而齊侯終亦還之　閩、監、毛本無「終」字。

十有四年

056 冬單伯會齊侯宋公衛侯鄭伯于鄄　石經同。閩、監、毛本脱「宋公衛侯」四字。

057 諸侯欲推桓以爲伯　閩、監、毛本脱「桓」字。

十有六年

058 同盟者加同欲也　按，公羊傳「加」作「何」。

059 使翼載天子　閩、監、毛本「載」作「戴」，是。

060 故曰一疑也　閩、監、毛本「曰」作「自」，非。×

061 故去公以著疑也　閩、監、毛本「去」作「云」。×

十有七年

062 與令得執　閩本同。監、毛本「得」作「相」。案，釋文出「令得」，作「相」非。×

十有八年

063 其食虧傷之處　閩、監、毛本「食」下衍「有」字。

064 其禮雖異　閩、監、毛本脱「雖」字。×

065 而昨夜有虧傷之處尚有　閩本同。監、毛本下「有」字作「存」。

066 不使戎邇於我也　閩、監、毛本同。釋文：「邇，一本作『介』。」×

067 故君入竟　閩本同。監、毛本「君」作「若」。

068 有蜮　閩、監、毛本同。釋文：「本亦作『蜮』。」×

069 陸機　閩、監本同，是也。毛本「機」作「璣」。❺

070 十有九年　釋文：「傳本或分此以下爲莊公與閔公同卷。」×

071 其遠之何也不以難邇我國也　石經同。閩、監、毛本脱「之」字。釋文：「邇，本又作『介』。」❻

二十有一年

072 ○弗目謂不題目文姜薨所也一曰弗目其罪　此釋文也，閩、監、毛本誤入注文。

二十有二年

073 肆失也　惠棟九經古義云：「『失』係古『佚』字。『佚』與『逸』同，謂逸囚也。」

074 陳人殺其公子禦寇　閩、監、毛本同。釋文：「禦，又作『御』。」×

二十有三年

075 傳公至自齊　閩、監、毛本「傳」作「春」。何校本無「傳」字。×

076 比行犯禮　閩本同，是也。監、毛本「比」作「此」。×

077 傳非常曰觀　閩本同。監、毛本「傳」作「〇」。×

078 **徐邈云** 閩本同。監、毛本「云」作「曰」。×

079 **曹伯射姑卒** 閩、監、毛本同。釋文：「射，本亦作『亦』。」×

080 **此行犯禮** 閩、監、毛本同。何校本「此」作「比」。

081 **霸主降心** 閩、監、毛本同。何校本「霸」作「伯」，疏同。

二十有四年

082 **取斷斷自修整** 閩、監、毛本同。釋文出「自脩飭」，云：「本或作『勑』。一本作『飾』，或作『整』。」×

083 **故謹而日之也** 石經、閩本同。監、毛本「日」誤「月」。

084 **徐乾曰** 閩、毛本同。監本「乾」誤「訖」。

085 **不直言赤** 段玉裁云「不」字疑衍。×

086 **是無以見微之義** 段玉裁云「微」當作「徵」。

二十有五年

087 **祭仲傳無文釋** 閩、監、毛本脱「傳」字。×

088 **言日言朔食正朔也鼓用牲于社** 閩、監、毛本作「鼓用牲于社言日言朔食正朔也」，非。

二十有六年

089 **漸自通于諸夏** 閩、監、毛本「于」作「於」。×

二十有七年

090 **僖元年會檉** 閩、監、毛本同。釋文出「于朾」，云「本亦作『檉』」。案，今本無「于」字，當是所據本有不同。

091 **傳諱出奔也** 閩本同。監、毛本「傳」作「○」。×

092 安得而哭之　閩、監、毛本同。釋文出「焉得」，音「於虔反」。案，據此，則此及下文「安得而勿哭」，二「安」字釋文本作「焉」。×

093 越竟逆女紀罪之　閩、監、毛本同。釋文出「越彊」，云「本或作『竟』」。×

094 蓋時王所絀　閩、監、毛本同。釋文：「絀，本又作『黜』。」×

二十有八年

095 兩國相與交戰　閩本同。監、毛本作「國都相與交戰」，是也。

096 今不書地　閩、監、毛本「地」誤「也」。×

097 是不與民共何利也　閩本同。監、毛本「何」作「同」，是。

098 未必田大水　「田」當作「由」。閩、監本「田大」作「由夫」，毛本作「繇夫」，並非。

099 不由水旱是也　閩、監本同。毛本「由」作「繇」。×

100 言内之無外交也　石經補字、閩本同。監、毛本「外」誤「我」。×

101 爲耕一百一十畝也　今本宣十五年注無上「一」字。×

102 二十有九年　十行、閩、監、毛本並脱「有」字，石經有「有」字。

103 傳新延廄　閩、監、毛本「傳」改「春」，非。×

104 周禮校人有其事　閩、監本同。毛本作「挍」，避諱。浦鏜云毛誤「挍」，非也。下同。×

105 駑馬給官中之役　嚴杰云：「依周禮注，『官』當作『宮』。」

106 象君臣淫泆有臭惡之行　閩、監、毛本

同。釋文出「淫泆」。❼ ×

107 傳以得土功之節者　閩、監、毛本「功」作「工」。 ×

三十年

108 周之分子也　閩、監、毛本同。釋文：「分，本或作『介』。注同。」○按，姚鼐云：「其文蓋本爲『周之別子』。古『別』字作『兆』，故傳本或作『分』，或作『介』，皆以古字形近而誤。范甯時傳本未誤，故注云『謂周別子孫也』。唐以後其文舛失，故疏解失之。」

109 言由山戎爲害　閩、監本同。毛本「由」作「繇」。 ×

三十有二年

110 其所未詳　閩、監、毛本「其」作「某」，是也；「詳」改「許」，非。

111 以齊終也　閩、監、毛本同。釋文：「齊，本亦作『齋』。」 ×

* 但踰年稱公范意亦與之同❽　毛本無此十一字，此本誤衍。

03—112 狄伐邢　石經、閩本同。監、毛本「狄」誤「秋」。 ×

校記

❶ 南昌本出文同，校語作：「閩、監、毛本以此下疏文移屬下注『以人道録之』下，『傳』誤作『注』。○案，此傳在下，疏當下屬，此本誤也。」

❷ 南昌本删「十行本在注婦受夫之命下」十一字。

❸ 南昌本末增「年」字。

❹ 南昌本「作」上補「顯」字。

❺ 南昌本末增「誤」字。

❻ 南昌本删「釋文邇本又作介」七字。

❼ 「釋文出淫泆」，學海堂本同。案，據經典釋文，「泆」當作「佚」。

❽ 「亦」原作「上」，據南昌本正文改。

春秋穀梁傳注疏校勘記卷四

閔公

元年

04—001 公及齊侯盟于洛姑　石經、閩、監、毛本同。釋文：「洛姑，一本作『路姑』。」

二年

002 又不於大廟　閩、監、毛本「又」誤「之」。

003 文二年　閩、監、毛本「二」誤「三」。

004 此莊公薨來二十二月　閩、監、毛本「來」作「未」，是。

005 夫人姜氏孫于邾　石經、閩、監、毛本同。釋文：「孫，本或作『遜』。」

04—006 鄭伯使其弟禦來盟　閩、監、毛本同。釋文「禦」作「御」。

春秋穀梁傳注疏校勘記卷五

05—001 僖公　十行本「某公」二字并頂格，此獨上空二字，與前後各卷異。×

元年

002 狄伐邢　閩本同。監本「伐」誤「救」，毛本「狄伐」誤「秋救」，與莊三十二年傳不合。×

003 又經書城邢　閩、監、毛本「城」誤「邢」。×

004 據經書齊師　閩本同。監、毛本「師」誤「侯」。

005 是向之師也　石經、閩、監、毛本同。釋文出「是鄉」，云「本又作『向』，注同」。×

006 今復列二國者　閩、監、毛本「二」作「三」，是也。❶

007 夫人薨不地地故也齊人以歸　石經同。閩、監、毛本作「齊人以歸夫人薨不地地故也」，誤倒。

008 于檉　閩、監、毛本同。釋文：「一本作『朾』。」×

009 于偃　閩、監、毛本同。釋文：「一本作『堰』。」×

010 由重傷故也　閩、監本同。毛本「由」作「繇」。×

011 猶須申傳　閩、監本同。毛本「申」誤「力」。

012 況傳文不知　閩、監、毛本同。何校本「知」作「失」。❷×

013 二年　閩本同。監、毛本「二」誤「三」。

014 由於夏陽之亡　閩、監本同。毛本「由」作「繇」。下「由滅州來」同。

015 傳三發之者　閩、監本同。毛本「三」作「二」。

016 玉有美惡　閩、監本同。毛本「玉」誤「王」。

017 不言提其耳　閩、監、毛本同。釋文出「言提」，云「本又作『題』」。

018 晉楚大於宋不序晉楚而言序宋者　按，今本公羊注脱二「楚」字，無「言」字。

019 但君子成人之美　按，公羊注無「但」字。

020 魯若與會　閩本同。監、毛本「與」誤「爲」。

三年

021 文不憂雨也　閩、監本同。毛本「文」作「反」，與文二年傳不合。

022 待雨則心喜　閩、監、毛本「待」作「得」，是。

023 故特録之　閩、監本同。毛本闕「之」字。

四年

024 責得其罪　閩、監本同。毛本「責」誤「貴」。

025 傳侵淺至正也　此一段疏，十行本在注「陘楚地」下，❸閩、監、毛本移在傳「明正也」下。

026 則日卒由正　閩、監本同。毛本「由」作「繇」。下並同。

027 不由正者　閩、監本同。毛本「正」誤

「王」。

028 則此新臣亦不正　按，「不正」當作「在外」。

029 諸侯死於國不地　閩、監、毛本「於」作「于」。

030 與其在國同　閩、監本同。毛本脱「其」字。

031 曰桓師也　段玉裁校本「曰」作「内」。

032 周昭王親征荆蠻　閩、監本同。毛本「親」誤「新」。

033 由客之不先敬主人　閩、監、毛本「不先」作「先不」。

034 注以萬物爲心也　閩、監、毛本脱「以」字。

五年

035 不敢令世子與諸侯齊列　閩本同。監、毛本「列」誤「例」。

036 云可以重之存焉　閩、毛本同。監本「存」誤「右」。

037 天子世子　閩、監、毛本同。石經「世」作「廿」，避所諱。

038 而尊王世子是也　閩本同。監、毛本「尊」作「譏」。

039 世子受之可乎　此疏十行本在注「逃義曰逃」下，❹閩、監、毛本移在傳「世子受之可也」下。

040 謂問世子受諸侯之尊已　閩、毛本「謂」作「請」。監本同，惟「已」字作「以」。

041 注逃義曰逃○釋曰莊十七年傳文　十行本與前疏連。❺閩、監、毛本移在注「逃義曰逃」下，脱「注」字。

042 弦國也何嫌非國傳特言弦國也發

之者將明微國不書日故辨之也 此疏十行本亦與前疏連。❻閩、監、毛本移在傳「微國也」下，於「何嫌」上增「○」及「釋曰」二字。

043 皆因會而執之 閩、監本同。毛本「因」字誤「囙」。×

044 或以爲執不言所於地 閩、監、毛本「於」作「以」。×

六年

045 何嫌非善 閩本同。監、毛本「嫌」誤「言」。×

七年

046 是失德之儔 閩、毛本同。監本「失」誤「夫」。×

047 省文以相包 閩、監、毛本同。何校本「包」作「苞」。

八年

048 以向之逃歸 閩、監、毛本同。釋文出「以鄉」，云「本又作『向』，注同」。×

049 故乞得與之 閩、監、毛本同。釋文出「得與」，云：「音豫，下『請與』并下注『而與』同。本或作『豫』。」×

050 禘于大廟 閩、監、毛本「大」作「太」，非。注同。釋文出「大廟」，是也。×

051 正嫡之稱 閩、監、毛本同。釋文出「正適」，云「本亦作『嫡』」。×

052 是妾不爲夫明矣❼ 此本「夫」字下空缺，閩、監、毛本作「體」。

九年

053 宋公禦説卒 閩、監、毛本同。釋文出「禦説」，云「本亦作『御』」。

054 櫕木如椁　閩、監、毛本同。釋文出「菆木」，云「本又作『櫕』」。

055 是注所據之文也　閩本同。監、毛本作「是據所注之文也」，誤。

056 内女卒葬例有六　閩本同。監、毛本「六」誤「大」。

057 此文一也　閩、監、毛本「文」誤「云」。

058 所謂無歃血之盟　閩、監、毛本同。釋文出「無歃」，云「本又作『唼』」。

059 是於此矣　閩本同。監、毛本「是」作「見」，是也。

060 專水利以障谷　閩、監、毛本同。釋文出「以鄣」。

061 樹子嫡子　閩、監、毛本同。釋文出「適子」。

062 而繫之於君也　閩本同。監、毛本「於」作「于」。

十年

063 狄滅温　石經、閩、監本同。毛本「狄」誤「秋」。

064 吾若此而入自明　石經、閩本同。監、毛本脱「吾」字，「明」下衍「明」字。

十有一年

065 善人君應變求索　閩、監、毛本同。釋文出「索也」，今本無「也」字，葢所據本不同。

066 固以久不雨別之　閩本同。監、毛本「固」作「故」。❽

067 則成七年冬大雩　閩本同。監、毛本「則」誤「爾」。

十有二年

068 春王正月 閩、監、毛本同。石經「正」作「三」。

十有四年

069 決梁山崩不日也 閩本同。監、毛本「決」誤「泱」。

十有五年

070 勤王之誠替于内 閩本同。監、毛本「内」誤「初」。

071 未足爲一世興衰 閩、監、毛本同。釋文：「衰，本或作『喪』。」×

072 大祖別子始爵封者 案，鄭氏注原文無「封」字。

073 唯祭法云大夫三廟 閩、監本同。毛本「廟」誤「祭」。×

074 今起禍亂之原 閩、監、毛本「今」作「令」。×

十有六年

075 六鷁退飛過宋都 閩、監、毛本同。石經「鷁」作「鶂」。下「五石六鷁」同。釋文出「六鶂」。案，十行本「鷁」字係剜補，乃淺人妄改，而仍有改之未盡者。○按，説文作「鶃」，❾無「鷁」字。

十有七年

076 桓公嘗有存亡繼絶之功 閩、監、毛本同。石經無「公」字。

077 謂齊無君 閩、監、毛本「君」作「人」。×

十有八年

078 故文十二年 閩、監本同。毛本「二」誤「三」。×

079 故不云及 閩、監、毛本同。案，釋文出「故去，起吕反」，在「以別」下，「于郱」上。今驗「以別」之下、「于郱」之上，無「故去」之文，當是陸所據本此「故不云及」四字作「故去及」三字。

080 盡二十三年　閩、監、毛本同。「二」當作「三」。

二十年

081 故不言閔宮而云西宮　閩、監本同。毛本上「宮」誤「公」。

082 以是爲閔宮也　閩、監、毛本脱「也」字。×

二十有一年

083 役傳云戎菽也　閩、監、毛本「役」作「彼」，是也。

084 終是伐得之　閩本同。監、毛本「伐」誤「伏」。×

085 會者外爲主焉爾釋宋公　石經同。閩、監、毛本作「釋宋公會者外爲主焉爾」，非。×

086 二十有二年　十行、閩、監、毛本脱「有」字。❿石經作「廿有二年」。

087 春秋三十有四戰　閩、監、毛本同。石經「三十」作「卅」，刓滅。○按，段玉裁云：「說文十部曰『廿，二十并也，古文省。卅，三十并也，古文省』。按，廿讀如入，卅讀如颯。秦刻石文多如是并爲一字，則不得讀爲兩字。」

二十有三年

088 旌亂於上　石經、閩本同。監、毛本脱「亂」字。

089 桓公之子襄公　閩本同。監、毛本脱此注。

090 茲父之不葬　閩本同。監、毛本脱「茲父之」三字。案，閩、監、毛本前條「桓公」上例有「注」字，此「茲父」上例有「傳」字，計共脱十一字。

091 二十有五年　十行、閩、監、毛本脱「有」字。⓫石經作「廿有五年」。

092 爲宋大夫蕩氏妻也　閩、毛本同。監本「妻」誤「妾」，不成字。

093 以其在祖之位　漢書梅福傳引無「之」字。

094 是復可以比例非之乎　閩本同。監、毛本「比」誤「此」。

二十有六年

095 秋楚人滅夔　石經、閩本同。監、毛本「人」誤「子」。

096 以共假借之役乎　閩、監、毛本同。釋文：「共，本又作『供』。」×

097 其實不異　閩本同。監本「異」誤「興」，毛本誤「與」。

二十有七年

098 齊侯昭卒　閩、監、毛本同。釋文：「昭，或作『照』，非。」×

099 諸侯不能以義相帥　案，上文云「必有我師」，「帥」是「師」之誤字。

100 以期見矣　閩本同。監、毛本「期」誤「類」。×

二十有八年

101 嫌得入中國　閩、監本同。毛本「入」誤「人」。×

102 晉侯齊師宋師秦師及楚人戰于城濮　閩、監、毛本同。石經「齊師」作「齊侯」。

103 日之所昭曰陽　閩、監、毛本「昭」作「照」。×

104 衛王之士　閩本同。監、毛本「士」作「土」。⑫

二十有九年

105 故有言來矣　閩、監、毛本同。何校本「有」作「直」。⑬

106 白秋來　「秋」當作「狄」。閩、監、毛本不誤。

107 皆貶之稱人　閩、毛本同。監本「貶」誤

「盟」。

三十年

108 經近上言天王使宰周公來聘　閩本同。監本「上」誤「此」，毛本誤「立」。

三十有一年

109 成王幼少　閩、監本同。毛本「少」作「小」。釋文出「幼少」。

110 終致太平　閩、監、毛本同。釋文出「大平」。

111 其名含樞紉　閩、監、毛本同。何校本「紉」作「紐」，是也。

112 其名汁光紀　閩、監、毛本同。何校本「汁」作「叶」。⑭

113 以天子得冬至祭天皇大帝　監、毛本同。閩本缺「祭」字。

114 故博卜三正　閩本同。案，「博」當「轉」之壞字。監、毛本作「傳」，亦非。

三十有二年

115 及鄭忽之殺　閩、監、毛本同。釋文出「之弒」。

116 則記注之文　閩本同。監、毛本「注」作「註」，釋文出「記注」。○按，古人用「記註」字多從言，與「傳注」字作「注」不同，説詳左傳校勘記。

三十有三年

117 百里子　石經、閩、監、毛本同。釋文：「百，或作『伯』，誤也。」

05—118 必於殽之巖唫之下　石經、閩、監、毛本同。釋文：「唫，本作『崟』。」

校記

❶ 南昌本末增「下重列二國同」六字。

❷南昌本末增「是」字。
❸南昌本刪「十行本在注陘楚地下」九字。
❹南昌本刪「十行本在注逃義曰逃下」十字。
❺南昌本「十行本與前疏連」七字改作「此疏」二字。
❻南昌本「十行本亦」四字改作「此本誤」三字。
❼南昌本「夫」下有「□」。
❽南昌本末增「是」字。
❾南昌本「鶂」作「鷁」。
❿南昌本「十行」改作「此本」。
⓫南昌本「十行」改作「此本」。
⓬南昌本末增「當不誤」三字。
⓭南昌本末增「當不誤」三字。
⓮南昌本末增「是也」二字。

春秋穀梁傳注疏校勘記卷六

06—001 文公　單疏本每卷標題「春秋穀梁疏某公卷第幾」，自此以下分卷亦以每公爲一卷，與石經合。此文公爲第六卷。

元年

002 莊閔僖不言即位　閩、毛本同。監本「僖」誤「信」。×

003 諸侯至達也　閩、監、毛本同。何校本上有「注」字。×

004 重天子之禮也　閩、監、毛本同。何校本上有「傳」字。×

005 先鄉魯國　閩、監、毛本「鄉」作「即」。

006 薨稱至加之矣　閩、監、毛本同。何校本上有「傳」字 ×

007 毛采邑　閩、監、毛本同。釋文出「采地」，云「地，本又作『邑』」。×

008 禮有至正也　閩、監、毛本同。何校本上有「傳」字。×

009 可以會外諸侯戚衛地　閩、監、毛本脱「戚衛地」三字。

010 注内卿至衛地　閩本同。單疏本「至衛地」作「云云」。監、毛本「衛地」作「諸侯」，非也。

011 可以會外諸侯者　閩、監、毛本脱「以」字。×

012 至於三年　閩、監、毛本同。何校本「三」作「二」，是也。

013 垂斂之曽 「會」誤「曽」。閩、監、毛本不誤。

014 楚世子商臣弑其君髠 石經、閩、監、毛本「商」作「啇」，下及注同。

015 夷狄至不正 閩、監、毛本同。何校本上有「傳」字。 ×

二年

016 作爲至可也 閩、監、毛本同。何校本上有「傳」字。 ×

017 故下傳云 閩、監、毛本「云」誤「文」。 ×

018 以事相繼 閩、監、毛本同。何校本「以」作「其」。

019 左主八寸 閩、監、毛本同。何校本「八」作「七」。○按，儀禮經傳通解引亦作「七」。❶

020 則内於西壁慆中 閩、監、毛本「慆」作「陷」，何校本作「埳」。

021 親喪已入壙 閩、監、毛本同。何校本據元文「入」改「下」。

022 桑猶喪也 按，今本公羊注脱此四字。

023 與其⿰牜角⿰牜角 閩、監、毛本同。何校本上「⿰牜角」作「麤」，是也。按，説文無「⿰牜角」字，蓋「⿰爿角」字轉寫之譌。段玉裁説詳公羊校勘記。

024 謂既埋虞主於兩階之間 閩本同。監、毛本「埋」誤「理」。 ×

025 蓋爲禘時別昭穆也 閩、監、毛本同。何校本依元文「禘」下增「祫」字。

026 注知之者 閩、監、毛本脱「者」字。 ×

027 使若與甚君盟 閩、監、毛本「甚」作「其」，是也。

028 何以不至致也　閩、監、毛本「不至」作「至不」，是也。何校本上有「傳」字。✕

029 傳決不言公者　閩、監、毛本同。何校本「決」字空缺。✕

030 故就此一發之後注云　閩、監、毛本同。何校本「一」作「亦」、「後」作「彼」，是也。

031 公孫敖會宋公陳侯鄭伯晉士穀盟于垂斂　閩、監、毛本同。石經「穀」作「縠」。釋文出「士穀」，云「本又作『縠』」，九年同。

032 可以會外諸侯　閩、監、毛本同。石經無「外」字。

033 歷時至雨也　閩、監、毛本同。何校本上有「傳」字。✕

034 而吉祭於大廟　閩、監、毛本「大」作「太」。案，釋文出「大廟」，云「注及傳『大祖』同」。作「太」非。✕

035 禘則功臣皆祭也　閩、監、毛本「功」誤「公」。✕

036 而云三年之喪未締者　閩、監、毛本「締」作「禘」，何校本作「終」。案，「終」是。✕

037 或如何說　閩、監、毛本「如」誤「以」。✕

038 以昭繆爲次序　閩本同。監、毛本「繆」誤「穆」。❷釋文出：「昭繆，音韶穆。下及傳同。」案，通志堂釋文亦誤作「昭穆」，此據宋本。陸以「穆」作「繆」音，則本文作「繆」可知。

039 大事至義也　閩、監、毛本同。何校本上有「傳」字。✕

040 則是僖在於莊上　閩、監、毛本同。何校本「僖」下有「公」字。

三年

041 外災不志　閩、監、毛本同。何校本上有「傳」字。✕

042 故不得一例危之　閩、監、毛本「危」作「施」。

043 亦以宋德薄　閩、監、毛本同。單疏本「德薄」乙轉。

044 著甚之驗　閩、監、毛本同。單疏本「驗」作「妙」。✕

四年

045 問者以使大夫逆例稱女　閩本同。監、毛本「者」誤「曰」。

046 故反覆推之　閩、監本同。毛本「故」誤「而」。

047 其曰婦至貶也　閩、監、毛本同。何校本上有「傳」字。✕

048 今故深發之者　閩、監、毛本「故深」作「復特」。何校本無此二字。

049 以彼稱夫人　閩、監、毛本同。何校本「以」作「然」。

050 娶於大夫者　閩、監、毛本同。何校本「於」作「乎」，與公羊傳合。

051 僖公母風姓　閩本同。監、毛本「姓」誤「氏」。✕

五年

052 王使榮叔歸含且賵　石經、閩、監、毛本同。釋文出「歸含」，云「釋舊作『唅』」。✕

053 又此傳云兼歸之非正也明天子於諸侯含襚常各異使也　閩、監、毛本同。單疏本無「又此」至「含襚」一十八字。何校本「常」作「當」。

054 而含已晚　閩、監、毛本同。石經「已」作「以」。○按，儀禮經傳通解引作「以」。

055 唯論諸侯自相於　宋本、閩本同。監、毛本「於」誤「施」。下兩「其諸侯相於」同。

056 以事既有殊　閩、監、毛本「既」誤「故」。×

057 何得云天子與諸侯禮異　閩、監、毛本同。何校本無「云」字。

058 證君之於臣　閩、監、毛本同。何校本「於」作「與」。

059 二注並不取鄭君非王含晚之説　閩本同。監、毛本「王」作「玉」，非。×

060 益明范云傳爲非也　閩、監、毛本同。何校本「云」作「以」。

六年

061 射姑殺者也　石經、閩、監、毛本「射」作「夜」。釋文出「夜姑」，云「左氏作『射姑』」。此十行本本亦作「夜」，淺人據左氏妄改，剜補之迹顯然。下「射姑之殺」、「射姑使人」並當作「夜」。

062 戰主于攻伐　閩本同。監、毛本「攻」字有脱畫。×

063 有惻隱之恩　閩、監本同。毛本「隱」誤「㥯」。×

064 處父主竟上事　閩、監、毛本同。石經「上」下有「之」字。

065 用特羊言廟　閩、監、毛本同。何校本「言」作「告」。

066 閏月矣何以謂之天无是月非常月也　閩、監、毛本「无」作「無」。何校本「矣」作「也」，「非」上疊「是月」二字，與公羊合。

067 故云五歲得六十日也　閩本同。監、毛本脱「也」字。

068 閏是叢殘之數　閩、監本同。毛本「叢」作「藂」。釋文出「叢」。

069 猶之至已也　閩、監、毛本同。何校本上有「傳」字。×

七年

070 二年王二月　閩、監、毛本同。何校本「王」上有「春」字，是也。×

071 及沂西田　閩、監本同。毛本「沂」誤「浙」。×

072 緩主逆祀　閩本同。監、毛本「祀」誤「紀」。×

073 宋公壬臣卒　閩、監、毛本同。石經「壬」作「王」。釋文出「壬臣」，云「本或作『王臣』」。

074 疏宋人殺其大夫　毛本同。閩、監本「疏」誤「註」。

075 案僖二十五年　閩、監、毛本同。何校本「僖」下有「公」字。

076 而不重瓜牙　監、毛本同。閩本、何校本「瓜」作「爪」。

077 既以喪娶　閩、監、毛本同。釋文出「喪取」，云「本亦作『娶』」。×

078 莅位也　閩、監、毛本同。何校本上有「傳」字。×

079 故明之　閩、監、毛本同。何校本下有「也」字。×

八年

080 公子遂會雒戎于暴　石經、閩、監、毛本同。釋文出「雒戎」，云「本或作『伊雒之戎』」，誤。×

081 鄭地　閩、監本同。毛本上有「暴」字。

082 不至而復　閩、監、毛本同。石經無「而」字。

083 謹而日之也　閩、監、毛本同。何校本上有「傳」字。

084 禮大夫云　閩、監、毛本同。何校本「云」作「去」，與成十六年注合。

085 今此在三年中言官義相違　閩、監本同。毛本「中」誤「申」。

九年

086 京大至言之也　閩、監、毛本同。何校本上有「傳」字。

087 内之如京師　閩、監、毛本「如」誤「於」。

088 王室至會葬　閩、監、毛本同。何校本上有「注」字。

089 故知諸侯無復往會者也　閩、監、毛本同。何校本「者」作「葬」，是也。

090 則不當書也　閩、監、毛本同。單疏本無「也」字。

091 卑以尊致有　閩、監、毛本同。何校本「有」作「者」字。❸

092 不稱夫人　閩、毛本同。監本「不」誤「雇」。

093 冬楚子使萩來聘　石經、閩、監本同。毛本空缺「冬」字。釋文：「萩，或作『菽』。」

十年

094 及蘇子盟于女粟　閩、監、毛本同。石經「粟」作「栗」。釋文出「女栗」。○按，當作「栗」。

十有一年

095 唯二人相敵　閩本同。監、毛本「二」誤「一」。

096 侯宕中國　閩、監、毛本同。石經「宕」作「害」。

097 何休云長百尺　閩、監、毛本同。何校本「云」上有「亦」字。釋文出「佚害」，云「害，本又作『宕』」。

098 高三尺二寸　閩本同。監、毛本「二」作「三」。案，「三」是。

099 曰古至諱也　閩、監、毛本同。何校本上有「傳」字。

100 其之至者也　閩、監、毛本同。何校本作「傳其之云云」。

101 何休云三國　閩、監、毛本同。何校本「三」上有「之」字。案，有者是。

102 魯成就周道之國　按，公羊注「國」作「封」。

103 齊晉霸者之後　按，公羊注「者」字作「尊周室」三字。

104 未知其之晉者也　閩、監、毛本同。何校本作「傳未知其云云」。

十有二年

105 公之母姊妹也　閩、監、毛本同。何校本上有「傳」字。

106 是以録其卒　閩、監、毛本同。何校本「以」作「其」。

107 言是別女　閩本同。監、毛本「別」誤「列」。

108 若文王之娶大姒是也　閩、監、毛本「大」作「太」。

109 著喪服所言　閩、監、毛本同。何校本「著」作「謂」。

110 以啟金縢之書　閩、監本同。毛本「啟」

字空缺。

111 謂在金縢也　閩、監、毛本同。何校本「謂」作「著」。×

112 秋滕子來朝　石經、閩、監本同。毛本「滕」誤「縢」。×

113 故略之也　石經、監本同。閩、毛本「略」作「畧」。○案，古「略」、「畍」字皆田在左。×

114 不言至略之也　閩、監、毛本同。何校本上有「傳」字。×

115 得此城得時　閩、監、毛本同。何校本上「得」作「但」。×

十有三年

116 是陳共公也　閩、監本同。毛本「共」誤「兵」。×

117 有壞道也　閩、監、毛本同。何校本上有「傳」字。×

118 君親割　閩、監、毛本同。何校本上有「傳」字。×

119 而封牲是也　閩、監、毛本「封」誤「割」。×

120 還者至畢也　閩、監、毛本同。何校本上有「傳」字。×

十有四年

121 世家及世本是齊昭公也　閩、監、毛本同。何校本上有「齊侯潘有二」五字。

122 公會宋公陳侯衞侯鄭伯許伯曹伯晉趙盾　閩、監、毛本同。石經「許伯」作「許男」。

123 及邵陵首止之徒　閩、監、毛本「徒」作「後」，是也。

124 命同盟詳心外楚　閩本同。監、毛本

「命」作「今」，是也。

125 中國外之彌甚　閩本同。監、毛本「甚」誤「盛」。

126 則戲盟及京城重丘之等　閩、監、毛本「京」誤「亳」。

127 將並弒其君　閩、監、毛本同。釋文出「並殺音試」。

128 緜猶彌○漫　案，「○」當在「漫」下，所以別音義。此誤倒，閩、監、毛本不誤。❹

129 微之也　閩、監、毛本同。何校本上有「傳」字。

130 以非專惡之稱　閩、監、毛本同。何校本「稱」作「也」。

131 其地於外也　閩、監、毛本同。何校本上有「傳」字。

132 宣十年　閩、監、毛本同。何校本「十」作「八」。❺

133 據隱四年衛州吁弒其君完　閩、監、毛本同。何校本「州」作「祝」，是也。釋文出「殺其」，云「本又作『弑』」。

134 不以嫌代嫌也　閩、監、毛本同。何校本上有「傳」字。

135 舍之至君也　閩、監、毛本同。何校本上有「傳」字。

136 失之也　閩、監、毛本同。何校本上有「傳」字。

137 案范注云言失其　閩、監、毛本同。單疏本無「注」字。何校本下有「氏族」二字。

十有五年

138 泰曰至存善　閩、監、毛本同。何校本上

有「注」字。×

139 其以官稱　石經同。閩、監、毛本「其以」誤「以其」。

140 前定也　閩、監、毛本同。何校本上有「傳」字。×

141 嫌異常故也鼓用牲于社莊二十五年　閩本同。監、毛本「鼓用」以下在經「鼓用牲于社」下，「莊」上增「○」。

142 其曰至免也　閩、監、毛本同。何校本上有「傳」字。×

十有六年

143 則公或視或不視　閩、監、毛本同。何校本上「或」字缺。×

144 公羊爲此公有疾猶可言　閩本同。監、毛本「爲」作「謂」。

145 以文至道矣　閩、監、毛本同。何校本上有「傳」字。×

146 所以示法　閩、監本同。毛本「示」誤「未」。×

十有八年

147 臺下非正也　閩、監、毛本同。何校本上有「傳」字。×

148 耳主也　閩本同。監、毛本「耳」作「聘」。

149 惡宣公也　閩、監、毛本同。何校本上有「傳」字。×

150 姪娣至緩帶　閩、監、毛本同。何校本上有「傳」字。×

06—151 下文揔言緩帶者　閩、監本同。毛本「言」誤「至」。

校記

❶南昌本脱「引」字。
❷南昌本「閩本同監毛本繆誤穆」改作「閩監本同毛本繆誤穆」，非也。
❸南昌本無「字」字。
❹南昌本末增「今依訂正」四字。
❺南昌本末增「案注是八字」五字。

春秋穀梁傳注疏校勘記卷七

07—001 終十八年　閩、監、毛本「終」作「盡」。

002 宣公　余本分卷自此以下，亦每公爲一卷，與石經合，明刻經傳本同此宣公爲第七卷，單疏本同。❶

元年

003 故引傳例以明之　閩本同。監、毛本「之」誤「也」。

004 固是其理❷　閩、監、毛本同。何校本「理」作「禮」。

005 由上致之也　石經、閩、監本同。毛本「由」作「繇」。

006 其曰至辭也　閩、監、毛本同。何校本上有「傳」也。

007 稱國至罪也　閩、監、毛本同。何校本上有「傳」字。又此下疏三條，十行本并爲一條，❸在注「故不致」下。閩、監、毛本分屬三節，此疏在傳「放無罪也」下，「離會故不致」段在注「故不致」下，「内不至齊也」段在注「故書齊取」下。

008 注離會故不致不引傳例者　閩、監、毛本「不引」上增「〇」及「釋曰」二字。

009 傳内不至齊也昭二十五年　監、毛本「傳」誤「注」，閩本不誤。又閩、監、毛本「昭」上增「〇」及「釋曰」二字。

010 公宣弑入　閩本同。監、毛本作「宣公弑立」。釋文出「宣弑」。

011 取雖是易　閩、監、毛本同。何校本無「是」字。

012 忠臣喜公得邑　監、毛本同。閩本「邑」誤「也」。

013 善救陳也　閩、監、毛本同。何校本上有「傳」字。

014 故言師　閩、監、毛本同。宋余仁仲本「師」誤「帥」。

015 以其大之也　閩、監、毛本同。何校本上有「傳」字。

016 于棐至美也　閩、監、毛本同。何校本上有「傳」字。

017 所以救宋也　閩、監、毛本同。何校本上有「傳」字。

二年

018 晉侯雖失衆　閩、監、毛本同。何校本下空一字。

019 皆生獲也　閩、監、毛本同。余本無「獲」字。

020 今兩書敗獲　閩、監本同。毛本「兩」作「而」。

021 法峻整　閩、監、毛本同。何校本上有「嚴」字。

022 上以病不知嘗藥　閩、監、毛本「上」作「止」，是也。何校本「病」上有「父」字。[4]

023 曰於至之至　閩、監、毛本同。何校本上有「傳」字。

三年

024 緩辭也　閩、監、毛本同。何校本上有「傳」字。

025 吳敗六國亡之者　閩、監、毛本「亡」作「言」，何校本作「云」。

026 而不急於軍事也　閩本同，是也。儀禮經傳通解引亦作「軍」，監、毛本「軍」作「使」。

027 理雖迂延　何校本「迂延」作「迂誕」，是也。閩、監、毛本「迂」作「遷」。

028 則引稷性而卜之　「牲」誤「性」，閩、監、毛本不誤。❺單疏本「稷」上有「社」字。○按，公羊傳「引」作「扳」，無「社」字。

029 其帝牲在于滌宮三月　案，公羊傳無「其」字、「宮」字，疏以意增也。儀禮經傳通解引同。

030 無災而已　閩、監、毛本同。單疏本「災」下有「害」字，與公羊注合。

031 乃者至辭也　閩、監、毛本同。何校本上有「傳」字。

032 嫌牛死與卜郊不從異也　閩、監、毛本同。單疏本「與」作「于」。

五年

033 平者成也　何校本上有「傳」字。

034 諸侯至稱也　何校本上有「傳」字。

035 理亦通爾　閩、監本同。何校本「爾」作「耳」。○按，毛本「理」作「禮」，非。

036 及者至姬也　何校本上有「傳」字。

037 注故書至非禮　閩、監、毛本同。何校本「至」作「及以明」三字。

038 會齊侯於陽穀　閩本同。監、毛本「於」作「于」。

039 故知云及爲非禮　閩本同。監、毛本「云」作「去」。

040 故故書及爲非禮　閩、監、毛本「故」字不重。案，十行本剜改，❻下「故」當依何校本作「知」。

六年

041 不正至師也　何校本上有「傳」字。×

042 將尊師少直言將　閩、監、毛本同。單疏本無「直」字。○按，無「直」字是也。公羊隱五年傳「言」作「稱」。

七年

043 來盟前定也　閩、監、毛本同。石經、余本「盟」下有「者」字。

044 來盟至不日　何校本上有「傳」字。×

八年

045 蓋有疾而還　何校本上有「注」字。×

046 亡乎人之辭也　何校本上有「傳」字。×

047 仲遂卒子垂　石經、閩、監、毛本「子」作「于」，是也。❼

048 即見罪惡之臣　閩、監、毛本同。單疏本「見」下有「是」字。

049 以譏乎宣也　閩、監、毛本同。石經「譏」誤「饑」。

050 壬午猶繹猶者可以已之辭也　石經同。閩、監、毛本「繹」下衍「萬入去籥」四字。釋文先「之享」，後「去籥」，亦其證。

051 猶者至賔也　何校本上有「傳」字。×

052 繹者繼昨日事　毛本公羊注「繼」誤「祭」。×

053 則天子以卿爲之　閩、監、毛本「則」作「即」，非。

054 卿大夫以下禮小　閩、監本同。毛本「禮小」作「豐不」，誤。

055 其三代之名者　閩、監本同。毛本「代」

誤「伐」。 ✕

056 繹陳昨日禮也　閩、監、毛本同。何校本「日」下有「之」字。

057 變於常禮　閩本同。監、毛本「於」誤「爲」。 ✕

058 楚人滅舒鄝　石經、閩、監、毛本同。釋文：「鄝，本又作『蓼』。」 ✕

059 葬既至制也　何校本上有「傳」字。 ✕

060 明爲雨止　閩、監、毛本同。何校本「爲」作「是」，是也。

* 若未及己丑之而遇雨　補：閩、監、毛本「之」下有「日」字，此本誤脱。

061 而緩辭也　何校本上有「傳」字。 ✕

062 日下昃乃克葬　閩、監、毛本同。何校本「昃」作「稷」。十行本此字剜改，當是本作「稷」也。○按，注云「稷，昃也」。

九年

063 諱亟也　閩、監本同。毛本「亟」誤「急」。

064 以根牟爲國名也　閩、監、毛本同。單疏本無「也」字。

* 每爲發傳日未踰竟也　補：毛本「日」作「曰」。

065 皆以侵伐會盟見經操扈經既無文　閩、監、毛本同。單疏本上「經」字空缺，無「操扈經」三字，元刻注疏本同。

066 楚子伐鄭　石經同。閩、監、毛本「子」誤「人」。

067 陳殺其大夫泄冶　閩、監、毛本同。石經「泄」作「洩」，下同。釋文出「泄冶」。

068 亦通其家　閩、監、毛本同。石經、余本「通」下有「于」字。

069 襦在衷也　閩、監、毛本同。釋文出「在裏」，

云「本又作『衷』」。 ×

十年

070 齊由以爲兄弟反之　石經、閩、監本同。毛本「由」作「繇」，「反」誤「友」。

071 不言至受之　何校本上有「傳」字。 ×

072 傳例曰　此注十行本在「齊侯元卒」下，閩、監、毛本誤在「日有食之」下。❽

073 今出奔　閩、監、毛本「今」誤「令」。 ×

074 歸父之聘輕也　閩、監、毛本「輕」誤「經」。 ×

075 饑　石經、閩、監、毛本同。釋文：「本或作『飢』。」 ×

十有一年

076 外狄　閩、監、毛本同。石經、余本下有「也」字。

077 不言及外狄也　何校本上有「傳」字。 ×

078 傎倒上下　閩、監、毛本同。釋文：「傎，本又作『顛』。」 ×

079 日入惡入者也　何校本上有「傳」字。 ×

080 二人與昏淫　閩、監、毛本同。余本「與」下有「君」字。

十有二年

081 殺泄冶　閩、監、毛本「泄」作「洩」。

082 則林公之惡　閩、監、毛本「林」作「靈」，是也。❾何校本「惡」作「罪」。

083 日其事敗也　此及「戊寅楚子滅蕭」疏，十行本并爲一段，在經「同盟于清丘」下。❿閩、監、毛本分屬兩節，一在傳「日其事敗也」下，一在「楚子滅蕭」下。

084 理足通也　閩、監、毛本同。單疏本「理」

作「亦」。

十有三年

085 晉殺其大夫先穀　閩、監、毛本同。石經「穀」作「縠」。宋本釋文出「先穀」，云「一本作穀」，兩者必有一誤。通志堂本「先穀，一本作縠」。

十有五年

086 平者成也　閩、監、毛本同。單疏本作「夏五月宋人及楚人平」。

087 其曰潞子嬰兒賢也　石經、閩、監、毛本同。惠棟云「曰」當作「日」。

088 謂衛滅許之類　單疏本、元本同。閩、監、毛本「許」作「邢」，是也。按，僖廿五年「衛侯燬滅邢」。

089 楚滅江吴滅滅州來之類　下「滅」衍字。單疏本、元本無下「滅」字。閩、監、毛本「江」下衍「黄」字，無下「滅」字。○按，「黄」字非衍文。楚滅江見文四年，滅黄見僖十四年，皆不書日。

090 又受田十五畝　閩、監、毛本同。余本無「五」字，是也。莊廿八年疏引作「又受田十畝」。

091 履畝十取一也　何校本上有「傳」字。 ×

092 凡爲田一頃一十二畝半也　閩本同。監、毛本下「一」誤「二」，與公羊注不合。

十有六年

093 成周宣榭災　石經、閩、監、毛本同。釋文：「榭，本或作『謝』」。 ×

094 宣榭宣王之榭　何校本下「榭」字作「謝」。

095 成周宣榭災　閩、監、毛本同。單疏本「榭」作「謝」，下同。案，此則單疏本所據經注必皆作「謝」，與釋文或作本合。

096 唯云土高曰臺　閩本同。監、毛本「云」

作「曰」。

097 有木謂之樹　閩、監、毛本同。何校本無「之」字。

098 是故貴其器　閩、監、毛本同。余本「貴」作「善」。

十有七年

099 周災不志也　何校本上有「傳」字。

100 同外楚也　何校本上有「傳」字。

101 故重舉所以包之也　閩、監、毛本同。單疏本無「所」字。

102 終身不食宣公之食　石經、閩本同。監、毛本「身」誤「日」。

103 取貴乎春秋　何校本上有「傳」字。

104 外足以厲不軌　閩、監、毛本同。單疏本「足」作「可」。

十有八年

105 邾人戕繒子于繒　石經、閩本同。監、毛本上「繒」誤「鄫」。釋文：「繒，本或作『鄫』。」

106 捝殺也　石經、閩、監、毛本同。嚴杰云：「石經初刻『捝』作『棁』，後改從手，非也。棁殺，謂以杖殺之，後漢書禰衡傳『手持三尺棁杖』是也。」

107 捝謂捶打殘賊而殺　錢大昕云：「晉、唐人書木旁字多作手旁，此必『朾』字之譌。說文『朾，橦也』。『朾』與『檇』、『椓』連文，知『橦』亦兼有橦擊義。」

108 夷狄至之也　何校本上有「傳」字。

109 故云簡之也　閩、監、毛本同。單疏本無「也」字。

110 正寢也　閩、監、毛本同。石經、余本上有「路寢」二字，疏標起訖同。

111 歸父還自晉還者事未畢也　石經、閩、監、毛本「晉」下衍「至檉遂奔齊」五字。案，釋文「至檉」

在「捐殯」、「之使」下，足證五字爲衍文。

112 **路寢正寢也**　此及下「歸父還自晉」疏，十行本并爲一條，在注「師還是也」下。⑪閩、監、毛本分屬二節，一在傳「正寢也」下，一在「師還是也」下。

113 **故例**　閩、監、毛本同。何校本下有「名」字。

114 **是以奔父也**　閩、監、毛本同。石經、余本「以」作「亦」。

07—115 **故不言出**　閩本同。閔二年引亦有「不」字，監、毛本脱。

×

校　記

❶ 南昌本「同此宣公」四字删改作「此」，末增「毛本同」三字。

❷ 「固」原誤「國」，據學海堂本、南昌本改。

❸ 南昌本「十行本」改作「此本」。

❹ 南昌本出文「上」改作「止」，校語「上作止是也」五字改作「同」，并删末「字」字。

❺ 南昌本出文「性」改作「牲」，并删校語「牲誤性閩監毛本不誤」九字。

❻ 南昌本「十行本」改作「此本」。

❼ 南昌本出文「子」改作「于」，校語改作：「石經、閩、監、毛本作『于』，此本誤『子』，今訂正。」

❽ 南昌本删「十行本在齊侯元卒下」九字，「毛本」之下無「誤」字。

❾ 南昌本出文「林」改作「靈」，校語「閩監毛本林作靈是也」九字改作：「此下疏文，閩、監、毛本作『靈』，此本誤『林』。」

❿ 南昌本「此及」至「丘下」二十四字改作「此下疏文」四字。

⓫ 南昌本「此及」至「是也下」二十三字改作「此下疏」三字。

春秋穀梁傳注疏校勘記卷八

08—001 終八年　閩、監、毛本「終」作「盡」。

002 成公　余本卷第八，單疏本同。

元年

003 又如加甚　閩、監、毛本同。余本無「如」字。案，疏兩引皆無「如」字，❶余本是也。

004 終時至辭也　閩、毛本同。監本「至」誤「之」。何校本上有「傳」字。×

005 最是寒盛之時　閩、監、毛本同。何校本「是」作「爲」。

006 襄三十八年　閩、監、毛本「三」作「二」，是。

007 故不傳　閩、監、毛本同。何校本「不」下有「發」字。

008 則周之正月　閩本同。監、毛本「周」誤「用」。×

009 作爲也　何校本上有「傳」字。×

010 後重發傳者　閩、監、毛本同。單疏本無「重」字。

011 則兼作也　閩、監、毛本同。單疏本上有「言新」二字。案，有者是。

012 有士民　何校本上有「傳」字。×

013 播殖耕稼者　閩、監本同。毛本「殖」作「植」。

014 以戌器物者　閩、監、毛本「戌」作「成」，是。×

015 案隱元年昧之盟❷　閩、監、毛本同。

浦鏜云「眛」誤「昧」。

016 **晉郤克眇衛孫良夫跛**　釋云：「左氏以爲跛，今云眇者，公羊無説。」案，臧琳經義雜記云：「據沈文阿引穀梁傳，知古本穀梁作『晉郤克跛』，故范注二年傳云『謂笑其跛也』。」

017 **郤克眇**　何校本上有「傳」字。×

018 **蕭同姪子**　石經、閩、監本同。毛本「同」誤「何」。×

019 **姓子字也**　閩、監、毛本「姓」改「姪」，是。×

二年

020 **叔孫僑如**　石經、閩、監、毛本同。釋文：「僑，本又作『喬』。」×

021 **其日至悉也**　何校本上有「傳」字。×

022 **曹無大夫**　何校本上有「傳」字。×

023 **前爲崇覊今爲戰**　閩、監、毛本同。單疏本「覊」作「霸」，誤。按，莊廿六年傳云「爲曹覊崇也」，疏云「論崇曹覊之事也」。

024 **壹戰緜地五百里**　石經同。閩、監、毛本「壹」作「一」。

025 **謂笑其跛**　閩、監、毛本同。釋文出「謂笑其蹤跛」五字。案，陸氏云：「杜預注左傳云『郤克跛』，此傳言『郤克眇』，范注當依傳，而作『跛』，恐非。」玩此，則釋文本元無「蹤」字。「蹤」、「跛」字皆从足，形相涉而誤衍「蹤」字也。

026 **請壹戰壹戰不克請再**　石經同。閩、監、毛本「壹」作「一」。

027 **傳曰不言高傒處父亢也**　閩、監、毛本同。案，莊二十二年、文二年傳並云「不言公」，此注「言」下當有「公」字，今本脱也。何校本有「公」字。

028 葢言高傒處父　閩、監、毛本同。余本脱「高傒」二字。

029 然則向之驕　閩、監、毛本同。釋文出「鄉之」，云「本又作『曏』，亦作『向』」。

030 是貴於同大夫之文　閩、監、毛本同。何校本「同」作「稱」。

031 繒人　石經、閩本同。監、毛本「繒」誤「繪」。

032 會與至事也　何校本上有「傳」字。

033 踐土之盟　閩本同。監、毛本「土」誤「王」。

034 不同月則地會地盟者　單疏本及南監本脱下「地」字。❸

三年

035 故云宋衛未葬　閩、監、毛本同。何校本「故」作「此」。

036 此象宣公簒位　按，公羊注「位」作「立」。

037 不宜列之昭穆　公羊注無「之」字。

038 不得久承宗廟之象也　公羊注「象」作「應」。

039 親之神靈所憑居　閩、監、毛本同。釋文出「所馮」。

040 以譏莊之不子也　閩、監、毛本同。單疏本「子」作「孝」。

041 其辭至譏矣　閩、監、毛本作「其辭恭且至爲無譏矣」。又此疏十行本在經「伐許」下，❹閩、監、毛本在傳「爲無譏矣」下。何校本上有「傳」字。

042 叔孫至圍棘　十行本、閩本此疏在經「伐牆咎如」下，監、毛本在「圍棘」下。❺

043 但爲前定則不日　閩、監、毛本同。單疏本「爲」作「是」。

044 解二人本意來聘　閩、監、毛本同。何校本「人」下有「或」字。

045 背晉爲諸侯所伐　監、毛本同。閩本「背」作「皆」，何校本作「叛」。

五年

046 婦人至來歸　此疏十行本在注「穀齊地」下，❻閩、監、毛本在傳「反曰來歸」下。何校本上有「傳」字。

047 縞冠素純以純喪冠　閩、監、毛本「純」作「紕」，誤。

048 其無績乎　石經、閩、監、毛本同。釋文：「績，本或作『續』。」

049 其罪先輕　閩、監、毛本「先」作「旣」。

六年

050 春王至自會　此疏十行本與「立武宮」疏并爲一段，在經「公至自會」下。❼閩、監、毛本分屬兩節，一在「公至自會」下，一在注「義與此違」下。

051 魯使大夫獲齊侯　閩、監、毛本同。單疏本「獲」作「擭」。○按，公羊注作「獲」。

052 或亦爲此年公遠會始至　閩、監、毛本同。單疏本「亦」作「以」。案，「以」是。

053 以其廟不毀　閩、監、毛本同。單疏本「毀」作「廢」。

054 以內外皆有　閩、監、毛本同。單疏本「以」作「有」。何云「以」字疑衍。

七年

055 以方改卜郊　十行本「方」下空一格，閩、監、毛本不空。單疏本「改」作「正」。○按，注作「改」字。

056 不言日急辭也　閩、監、毛本此上衍「改卜牛鼷鼠又食其角乃免牛」十二字。石經與十行本不誤。[8] ×

057 郊牛日展斛角而知傷　監本同。石經、閩、毛本「斛」作「觓」，是也。釋文出「觓角」，云「其樛反。一音求。本或作『觔』，非」。

058 郊牛至盡也　閩、監本同。毛本作「郊牛日至不盡也」。何校本上有「傳」字。×

059 乃知國無賢君　閩、監、毛本同。余本「君」誤「若」。×

060 其緩至過也　何校本上有「傳」字。×

061 所以放有司也　閩本「放」作「赦」，是也。監、毛本作「救」。

062 僖三十一年　閩、監、毛本「一」誤「二」。×

八年

063 雩不至雩也　何校本上有「傳」字。×

064 于齊緩辭也　何校本上有「傳」字。×

065 亦是緩也　閩、監本同。毛本「亦」誤「女」。單疏本無「是」字。

066 辭窮自命之　閩本同。監、毛本「窮」作「容」。

067 案隱二年　閩本同。監、毛本「二」誤「三」。×

068 逆之道微　閩本同。監、毛本「道」作「者」。○按，隱二年傳作「道」。

069 曰見一稱也　何校本上有「傳」字。×

070 或言天王　閩、毛本同。監本「王」誤「主」。○按，依公羊注，「或」字上有「或言王」三字，此不當刪。

071 菑以來至於魯然後與嫡行　閩本同。監、毛本「嫡」誤「俱」。何校本「至」作「致」。

九年

072 恩以絶矣　閩本同。監、毛本「以」作「已」。案，「以」、「已」通用。

073 爲親者諱疾　何校本上有「傳」字。

074 則又亦包魯可知　閩、監、毛本同。單疏本「又」作「文」，是也。

075 大夫至事也　何校本上有「傳」字。

076 與君臣不和自潰散少異　閩、監、毛本同。單疏本「少」作「小」。

077 今此莒帥衆民叛君從楚　閩、監、毛本同。單疏本無「帥」字。

078 不德能衛其人民　閩本同。余本、監本、毛本「德」作「復」。

079 城中至民也　何校本上有「傳」字。

080 舊解以爲有難而脩城　閩、監、毛本同。單疏本「脩」作「新」。

081 季孫行父城諸及鄆　案，文公十二年經「父」字下有「帥師」二字。

082 經既書之明譏例同　閩、監本同。毛本「例」誤「列」。

083 是十一月　閩、監、毛本同。單疏本「十一」作「其」字。

十年

084 今此城是十二月　閩、監、毛本同。單疏本「是」作「爲」。

085 所以皆云弟者　閩、監、毛本同。何校本「云」作「稱」。

086 亡乎人之辭也　何校本上有「傳」字。×

087 冬十月　閩、監、毛本同。浦鏜云：「中庸疏云『成十年不書冬十月』，公羊無此三字，今有者後人妄增，當爲衍文。」案，石經「公如晉」下漫漶，細驗之，「冬」字上半猶隱隱可辨，是范氏本穀梁有此三字也。

十有二年

088 周有至失之矣　何校本上有「傳」字。×

089 臣下誰敢於效爲之　閩、監、毛本同。單疏本「誰」作「孰」，「於」作「放」。

090 周公自其私土謂國也　案，公羊傳「謂國」作「而出」，此誤。

十有三年

091 乞師乞重辭也　何校本作「傳乞重至之也」。

092 舊以爲穀梁子後代人　閩本同。監、毛本「人」作「之」，非。

093 公如至師也　何校本上有「傳」字。×

094 公自京師遂會晉侯宋公衛侯鄭伯曹伯邾人滕人伐秦　閩、監、毛本同。石經「公」下有「至」字，「晉侯」下有「齊侯」二字。余本無「至」字，有「齊侯」二字。何煌云：「考石經三傳，左氏有『至』字，公羊無，疏云『公下自上有至字者，衍文也』。穀梁石經此年係宋人補刻，疑『至』字或亦出肊增也。」案，是年石經實非補刻，何蓋偶誤。公羊疏以「至」字爲衍文者，指公羊傳而言，穀梁自與公羊不同，何據彼疏疑此經，非是。又補刻石經係朱梁，謂宋人補刻，亦非是。

095 言受至周也　何校本上有「傳」字。×

096 因當書之　閩、監、毛本同。何校本「因」作「固」。

十有四年

097 葬時正也　何校本上有「傳」字。×

098 親迎例時　閩、監、毛本同。釋文出：「時迎，魚敬反，傳同。本或作『逆』。」案，下注有「時逆」字，陸爲「迎」字作音，當出「親迎」。今出「時迎」，是釋文本此文作「親逆」，下文「時逆」作「時迎」，與今注疏本互易。

099 公即云公子遂如齊逆女　閩、監、毛本「云」作「位」。單疏本「公即云」三字作「公即位下文即云」七字，葢十行本誤脱。

100 大夫至之也　何校本上有「傳」字。×

101 莊公親逆　閩、監、毛本同。何校本「逆」作「迎」。

102 則謂成公也　閩本同。監、毛本「則」下有「此」字。何校本「此」在「則」上。

十有五年

103 是是疏之罪由父故　閩本同。余本、監、毛本下「是」作「見」。

104 子由父疏之也　何校本上有「傳」字。×

105 斥執曹伯　何校本上有「傳」字。×

106 嫌晉之無罪　閩、監本同。毛本「嫌」誤「如」。

107 言執又歸之京師　閩、監、毛本同。何校本「執」下有「之」字。

108 稱人以執是伯　閩、監、毛本同。單疏本「人」作「侯」，「是伯」作「爲惡」。案，單疏本是，注疏本葢緣與下文相涉而譌。

109 晉人執宋仲幾　閩、監、毛本脱「人」字，與定元年經不合。

110 此大夫　何校本「大」上有「其」字，非也。

111 不與大夫之得伯討也　案，「得」字乃衍文，否則與定元年傳不合。

112 稱人以見彼　閩、監、毛本同。何校本「彼」作「微」，是也。

113 曹伯之入　閩本同。監、毛本「入」誤「人」。

114 以葬書時最爲正　閩、監、毛本「最」誤「葬」。

115 傳會又會外之也　依何校本增「傳」字。　×

十有六年

116 木冰此木介　閩本同。監本「冰此」作「水比」，毛本「此」作「比」。○按，作「比」是也。

117 日事遇晦曰晦　何校本上有「傳」字。　×

118 省文也　閩、監、毛本同。單疏本上有「故」字。

119 必知不如公羊以盡爲晦冥者　閩、監本同。毛本「盡」作「晝」，是也。

120 敗則目也　何校本上有「傳」字。　×

121 傳譏在諸侯也　此六字當在下疏首，下疏「不見公者」四字當在「釋曰」下。元本及十行本、閩、監、毛本並誤，單疏本不誤。

122 不見公者　此疏有脱誤，説見上。又十行本此疏在經「公至自會」下，閩、監、毛本在傳「譏在諸侯也」下。

123 自楚復歸于衛　閩、監、毛本同。余本「衛」下有「是」字。案，以上注例之，有「是」字者是。○按，桓十一年疏引有「是」字。

124 出入不名　何校本上有「傳」字。　×

125 行父至晉地　何校本上有「傳」字。　×

126 春正月　昭廿三年經「春」下有「王」字。

127 彼二文皆承月下　閩、監、毛本「下」誤「不」。

128 故知爲危　閩、監本同。毛本「知」誤「如」。

129 猶存公也　石經、閩本同。監、毛本「存」誤「在」。

130 存意公亦存也　閩、監、毛本同。石經、余本「也」作「焉」。

131 執者至存也　何校本上有「傳」字。×

132 不以致爲辭也　閩、監、毛本「不以」誤「而不」。

133 故不致行父　閩本同。監、毛本「故」誤「公」。

134 故詳而已之　閩、監、毛本「已」作「紀」，余本「已」作「日」。○按，作「日」是也，否則與成十六年注不合。

135 甯所未詳　閩、毛本同。監本「詳」誤「議」。

十有七年

136 不日至盟也　何校本上有「傳」字。

137 故云至自會　閩、監本同。毛本「自」誤「目」，下「鄭自」同。

138 故決其不以伐鄭致　閩、監、毛本同。單疏本無「不」字。何校本「致」作「至」。

139 以今時身在後　閩、監本同。毛本脱「在」字。

140 宫室至味也　何校本上有「傳」字。×

141 論用郊而陳宫室者　閩本同。監、毛本「用」作「有」。○按，儀禮經傳通解續廿二引作「用」。

142 欲見嚴父然後至其夫家國備然後然享　閩、監、毛本「夫」作「天」，下「然」作「能」。何校本下「然」作「祭」。儀禮經傳通解引亦作「天」、作「祭」。

143 理不通也　閩本同。監、毛本「不」作「亦」。

144 乞盟一者　閩、毛本同。監本「一」字闕。

145 壬申乃十月也　石經、閩、監、毛本同。余本脱「壬申」二字。

146 君惡甚矣　何校本上有「傳」字。

十有八年

147 十五年奔楚　閩、監本同。毛本「奔」作「犇」。

148 即既前文已云復入于晉　閩、監、毛本同。何校本無「即」字。

149 晉侯使士匄來聘　石經、閩、監、毛本同。釋文：「士匄，本又作『丐』。」○按，「丐」者俗「匄」字。❾

150 天子囿方十里　閩、監、毛本同。何校本「方」下有「百里公侯」四字，與公羊注合。

08—151 伯方七里子男方五里　案，公羊注無二「方」字。

校記

❶「字」字原誤重，今刪。案，學海堂本、南昌本不誤。

❷「昧」原誤「眛」，據南昌本改。

❸南昌本出文刪下「地」字，校語改作：「案，『盟』上當有『地』字。單疏本及南監本亦誤脱。」

❹南昌本刪「十行本在經伐許下」八字。

❺南昌本「十行本閩本此疏在經伐牆咎如下」十四字刪改作「閩本同」三字，「毛本」下增「此疏」二字。

❻南昌本刪「十行本在注穀齊地下」九字。

❼南昌本刪「十行」至「會下」十九字。

❽南昌本「十行本」改作「此」。

❾南昌本無「者」字。

春秋穀梁傳注疏校勘記卷九

09—001 襄公　余本卷第九，單疏本同。

元年

002 繼正即位正也　何校本上有「傳」字。 ×

003 繫彭至正也　何校本上有「傳」字。 ×

004 爲父子君意異繫不有殊　閩本同。監、毛本「君」作「若」。何校本「君」下有「臣」字，「異」下有「故」字。

005 曷爲繫之於宋　按，公羊傳無「於」字。

006 鄫或爲合　閩、毛本同。監本「鄫」誤「鄭」。

007 晉侯使荀罃來聘　閩、監、毛本同。石經「罃」作「罌」，二、三年並同。

008 故季札以六月致魯　閩、監、毛本「致」作「至」，單疏本作「到」。

二年

009 六月庚辰鄭伯睔卒　石經同。閩、監、毛本「辰」作「寅」，又毛本脱「鄭」字。

010 以明稱其前事　閩、監、毛本「其」作「于」。

011 稱于前事　何校本上有「傳」字。 ×

012 若言至鄭也　何校本上有「傳」字。 ×

三年

013 諸侯始失正矣　閩、監、毛本同。石經「正」作「王」。

014 及以至之也　何校本上有「傳」字。 ×

015 謂獨會公侯　閩、監、毛本同。單疏本「公」

作「外」。

016 此亦應爲君之命 閩、監、毛本同。單疏本「爲」作「受」。

017 公至自晉 閩、監、毛本同。石經「晉」作「會」。

四年

018 公羊以爲戈氏 監本同。閩、毛本「戈」改「弋」，是也。

五年

019 叔孫豹繒世子巫如晉者 閩、監、毛本無「者」字。案，此文當在下「公羊以繒世子巫」云云之上。注疏本以此句爲標起止，非也。

020 虢從中國 何校本上有「傳」字。×

021 狄人謂蚡泉爲矢胎 段玉裁云：「昭五年經『蚡』作『賁』，『矢台』作『失台』。」❶

022 越爲於越 閩、監、毛本同。單疏本「爲」作「謂」。

023 内辭也 何校本上有「傳」字。×

六年

024 善救陳也 何校本上有「傳」字。×

025 故言滅 余本、閩、監、毛本同。元本下有「也」字。×

026 非立異姓以莅祭祀 十行本「非」字空缺，❷閩、監、毛本無「非」字，石經、余本有。顧炎武云石經多一「非」字。何煌云「非」字疑衍。案，宣十五年傳「非稅畝之災也」，注云：「緣宣公稅畝，故生此災以責之。非，責也。」與此傳「非」字義同。繒非滅，謂之滅者，立異姓是滅亡之道，故責之。顧說、何説並誤。

七年

027 于鄬 閩、監、毛本同。釋文：「本又作『䧦』。」

028 鄭伯髡原如會　閩、監、毛本同。釋文：「髡，本又作『郡』，或作『頵』。」

029 日卒至正也　何校本上有「傳」字。×

030 宜云正葬　閩、監、毛本「云」作「同」。

031 嫌與他例異　何校本「他」誤「陀」。

八年

032 今書正月者　十行本此上空二字，閩、監、毛本不空。

033 獲蔡公子濕　閩、監本同。毛本「濕」作「溼」。釋文：「本又作『隰』。」

034 公子病矣　何校本上有「傳」字。×

035 見魯之失正也　何校本上有「傳」字。×

九年

036 以周公爲王後　閩、監、毛本同。何校本「王後」作「後王」。

037 公會晉侯宋公衛侯曹伯莒子邾子滕子薛伯小邾子齊世子光伐鄭　閩、監、毛本同。石經「薛伯」下有「杞伯」二字。

038 不異至鄭也　何校本上有「傳」字。×

039 謂會伐無鄭伯之文　閩、監、毛本「會伐」誤倒。

十年

040 會又會外之也　何校本上有「傳」字。×

041 其曰遂何　閩、監、毛本同。石經、余本下有「也」字。

042 注此日蓋爲遂耳　閩、監本同。毛本「爲」誤「與」。×

043 夷狄至國也　何校本上有「傳」字。×

044 彼向來陵遲　閩、監、毛本同。何校本「向來」作「尚未」。

045 爲臣所弑而不書弑　閩、監、毛本同。釋文出「所殺」，云「音試，下同」。×

046 稱盜至上也　何校本上有「傳」字。×

047 今諸侯則戍鄭　閩、監、毛本同。何校本「戍」作「伐」。

048 當見其無從善之心　閩本同。監、毛本「見」誤「是」。

049 以盟當決絶之　閩、監、毛本同。單疏本「盟」作「明」，是也。

十有一年

050 凡萬有五千人　閩、監、毛本同。何校本「凡」下有「七」字，宋本同。案，有「七」者非。上注云「萬有二千五百人爲軍，二千五百人爲師」，是軍與師不同。六師止有萬五千人，若七萬五千人，則六軍之數，非六師之數也。

051 四卜非禮也　何校本上有「傳」字。×

052 此卜違禮而禮亦非時　閩、監、毛本同。何校本「而」作「非」。

053 不以至鄭也　何校本上有「傳」字。×

054 此時鄭從楚楚彊　閩、監本同。毛本「從」誤「後」。單疏本「彊」作「張」。

055 伐而至辭也　何校本上有「傳」字。×

056 挈國之辭也　何校本上有「傳」字。×

057 稱人以執大夫　閩、監、毛本下有「者」字。○按，昭八年傳無「者」字。

058 襄十有八年　閩、監、毛本同。何校本無「有」字。

059 **晉執衛行人石買** 按，十八年經「晉」下有「人」字。

060 **是其文亦相通也** 閩、監、毛本同。何校本「亦」作「互」，是也。

061 **明君之與臣** 閩、監、毛本同。何校本「與」作「於」。

062 **或當非行人故也** 閩、監、毛本同。單疏本無「非」字。

十有二年

063 **圍邰** 閩、監、毛本同。釋文：「邰，又作『台』。」

×

十有四年

064 **二年之後** 閩、監、毛本同。何校本「二」作「三」，與公羊注合。

065 **文或當時明月同** 閩、監、毛本同。何校本「明」作「與」，是也。

十有六年

066 **盡三十一年** 閩、監、毛本「一」誤「二」。

067 **晉人至以歸** 閩、監本同。毛本「人」下衍「執」字。

十有七年

068 **叔孫豹如晉** 石經、閩本同。監、毛本「晉」誤「齊」。

069 **圍桃齊高厚帥師伐我北鄙** 閩、監、毛本同。余本脱此十一字。

070 **宋華臣出奔陳** 閩、監本同。毛本「奔」作「犇」，非。

十有八年

071 **故重明之** 閩、監、毛本同。何校本「明」作「發」。

072 非大而足同焉　閩、監、毛本同。石經、余本「焉」作「與」。案，釋文出「同與」，是陸所據本亦作「與」，作「焉」者非。

073 非圍至病矣　何校本上有「傳」字。　×

074 病猶罪惡也　閩本同。監、毛本「猶」誤「所」。

075 閔之也　何校本上有「傳」字。　×

十有九年

076 京城北之類是　閩本同。監、毛本「京」誤「亳」。

077 或執至其地　何校本上有「傳」字。　×

078 軋辭也　何校本上有「傳」字。　×

079 其不日惡盟也　何校本上有「傳」字。　×

080 還者至辭也　何校本上有「傳」字。　×

081 君子不求備於一人　十行本下空三字，閩本同，監、毛本不空。

082 然于善則稱君　閩、監、毛本同。何校本「于」作「於」。　×

二十年

083 弟兄不得以屬通　石經、閩、監、毛本同。余本「弟兄」作「兄弟」。

二十有一年

084 以者不以者也　何校本上有「傳」字。　×

085 公至自晉　石經、閩本同。監、毛本「晉」誤「會」。

086 今曆有無頻食之理　閩本同。監、毛本「有無」作「無有」。何校本「有」作「法」。

087 庚子孔子生　何校本上有「傳」字。　×

二十有二年

088 辛酉叔老卒　十行本「辛酉」二字誤作注，閩、監、毛本不誤。❸

二十有三年

089 而后言次　閩、監、毛本同。何校本「后」作「後」。×

090 言救至救也　何校本上有「傳」字。×

二十有四年

091 五穀至大侵　何校本上有「傳」字。×

092 有死曰大餓无死曰饑　單疏本、監、毛本「死」下有「者」字，閩本「无」作「無」。監、毛同「餓」、「饑」字倒。○按，公羊注作「有死傷曰大饑，無死傷曰饑」。

093 塗塗飾　閩、監、毛本同。何校本下「塗」作「堊」。釋文出「堊飾」。

094 理亦通之　閩本同。監、毛本無「之」字。

二十有五年

095 然后楚乃可得伐　閩、監、毛本同。何校本「后」作「後」。×

096 諸侯不生名　何校本上有「傳」字。×

二十有六年

097 此不正其日何　何校本上有「傳」字。×

098 衛侯衎復歸于衛　石經、閩、監、毛本同。釋文：「衎，本作『衍』。」×

099 故録日以見之書日　閩、監本同。毛本「日」誤「曰」。余本無「以見之書日」五字。×

100 是待弒而入　閩本同。監、毛本「入」誤「已」。×

101 日歸至弒也　何校本上有「傳」字。×

102 國有非正　閩、監、毛本同。何校本「國」

作「固」。

103 故知雖世子 閩本同。監、毛本「雖」誤「非」。

104 恭子不正 閩本同。監、毛本「恭」誤「公」。

二十有七年

105 若獻入以喜有弒君之罪 閩、監、毛本同。余本「入」作「公」。

106 而得殺之 閩、監、毛本同。何校本「得」作「復」。案，釋文出「而復」，作「復」是。

107 涉公事矣 何校本上有「傳」字。 ×

108 納君許以寵賂 閩本同。監、毛本「納」作「約」。

109 重盟約 閩、監、毛本同。釋文：「爲約，本或作『盟約』。」 ×

110 孔子以爲上仁 閩、監、毛本「上」作「三」，是也。

111 不亦直乎 閩、監、毛本「直」作「宜」。 ×

112 不舉姓氏 閩、監、毛本同。余本「姓氏」作「氏姓」。

113 晉趙至會也 何校本上有「傳」字。 ×

114 故合師諸侯大夫爲恭 閩、監、毛本「師」作「帥」。何校本「合」作「今」。

二十有九年

115 致君至義也 何校本上有「傳」字。 ×

116 寺人也 閩、監、毛本同。釋文：「寺人，本又作『侍人』。」 ×

117 閽門至之也 何校本上有「傳」字。 ×

118 刑非所近也 閩本同。監、毛本作「刑人非所近」。

119 今吴子以奄人爲閽　閩、監、毛本「吴」作「吾」，蓋音相近而譌。

120 成尊於上也　何校本上有「傳」字。×

121 解時但有言燕者　閩、監、毛本同。余本「燕」下有「有」字。

122 從史文也　何校本上有「傳」字。×

三十年

123 然則善有所明　閩、監、毛本同。余本「善」作「義」。

124 蔡世子般弑其君固　石經、閩、監、毛本同。釋文：「般，本或作『班』。」×

125 大旨同也　閩本同。監、毛本「旨」作「致」。

126 許世子止弑其君罪　閩、監本「罪」作「買」，是。毛本誤「賈」。

127 取卒至姬也　何校本上有「傳」字。×

128 姬能守災死之貞　閩、監、毛本同。何校本「災死」作「夫在」。

129 諸侯目不首惡　閩本同誤。監、毛本「目」作「且」。○按，石經亦作「且」。

130 況於天子乎　何校本上有「傳」字。×

131 外夫至葬之也　閩、監本同。毛本「夫」下衍「人」字。何校本「外」上有「傳」字。×

132 不言至之也　何校本上有「傳」字。×

133 襄二十一年　閩、監、毛本同。何校本「二」作「三」，是也。

134 不曰至子也　何校本上有「傳」字。×

135 月卒日葬者也　閩、監、毛本同。何校本「葬」下有「非葬」二字，與成十五年傳合。

136 此云不日卒而月葬　閩、毛本同。監本「不」誤「二」。

137 晉人至財也　閩、監、毛本同。何校本作「晉人齊人云云」。×

138 無侵伐八年　何校本上有「傳」字。×

三十有一年

139 襄公太子　閩本同。監、毛本「太」作「大」。案，「大」是。

140 文十八年　閩本同。監、毛本脱「十」字。

09—141 莊三十二年　閩本同。監、毛本「莊」誤「襄」。

校記

❶ 「矢台作失台」，學海堂本、南昌本同。案，據段玉裁說文解字注，「矢台」當作「矢胎」。

❷ 南昌本「十行本」改作「此本」。

❸ 南昌本末增「〇今依訂正」。

春秋穀梁傳注疏校勘記卷十

10—001 昭公　余本卷第十，單疏本同。

元年

002 繼正即位正也　何校本上有「傳」字。×

003 二月取鄆　閩、監、毛本同。石經「二」作「三」，是也。

004 親而奔之惡也　何校本上有「傳」字。×

005 晉荀吴帥師敗狄于太原　閩、監本同。石經、毛本「太」作「大」。釋文出「大原」，云「下及注同」。

006 所以帥師者　閩、毛本同。監本「帥」誤「師」。×

二年

007 受制疆臣　閩、毛本「疆」改「彊」，是也。監本作「愛制疆臣」，尤誤。

008 恥如至疾也　何校本上有「傳」字。×

009 故經言有疾而別之　閩、監、毛本同。單疏本「而」作「以」。

010 惡季孫宿也　何校本上有「傳」字。×

011 惡季孫宿　閩、監、毛本同。單疏本上有「此云」二字。

012 安得謂之譖公者　閩、監、毛本同。單疏本「謂」作「爲」。

三年

013 夏叔至成公　閩、監、毛本同。單疏本作「五月葬滕成公」。

四年

014 從史文也　何校本上有「傳」字。×

015 注雪或爲雹　閩本同。監、毛本脱此五字。

016 爲齊討也　石經、閩本同。監、毛本「討」誤「封」。

017 弒其兄之子　何校本上有「傳」字。×

018 孔子曰至謂與　閩、監、毛本同。何校本上有「傳」字，無「至謂與」三字。×

019 欲行霸者之事　閩、監、毛本同。單疏本「霸」作「伯」。

五年

020 以其地來也　余本、閩、監、毛本同。石經無「其」字。

021 狄人謂賁泉失台　案，襄公五年疏「賁」作「蚡」，「失胎」作「矢台」。❶

022 其意云嫡子生　閩、監本同。毛本「云」誤「子」。×

六年

023 以用狄道也　閩、監、毛本同。單疏本「以」作「似」，是也。

024 冬薳罷帥師伐吴　閩、監、毛本同。石經、余本「冬」作「楚」，不誤。

七年

025 平者成也　石經、閩、監、毛本同。余本脱此四字。

026 故發明之婼亦受命也　閩、監、毛本同。單疏本「明之」作「之明」。

027 鄉曰衛齊惡　石經、閩、監、毛本同。釋文出

「嚮」，云「本亦作『曏』，八年同」。

028 欲使重父命也父受命名于王父　閩、監、毛本同。余本「使」下有「人」字，無下「命」字。

029 則聽王父之命名之　閩、監、毛本同。余本「聽」作「稱」。

030 王父名子也　何校本上有「傳」字。　×

031 若卒哭而後　閩、監、毛本同。單疏本「而」作「以」。

八年

032 盡其親　閩、監、毛本同。何校本上有「傳」字，下有「云云」二字。　×

033 比云陳世子者　閩、監、毛本同。單疏本「比」作「此」。

034 兄弟不得以屬通　閩、監、毛本同。石經、余本「兄弟」作「弟兄」。

035 陳侯溺卒　石經、閩本同。監、毛本脱「侯」字。釋文出「侯溺」。

036 楚人執陳行人干徵師殺之　石經、閩、監本同。毛本「干」誤「于」。

*怨接於上也　補：此下有疏文，誤在下經「陳公子留出奔鄭」下。

037 稱人至上也　此疏十行本在經「陳公子留出奔鄭」下，閩、監、毛本在傳「怨接于上也」下。❷何校本上有「傳」字。

038 重發傳者　自此至「發傳以同之」，并經文「陳公子留出奔鄭」七字，閩本闕，監本剜增，故此半頁獨十行。

039 狩則主爲游戲　監、毛本同。閩本缺「戲」字。

040 禮之大者也　閩、監、毛本同。單疏本無「也」字。　×

041 通帛旃　閩、監、毛本同。余本「帛」下有「爲」字，是也。

042 轅門卬車　閩、監、毛本同。釋文：「卬，本又作『昂』。」

043 或爲褐　閩本同。監、毛本「爲」誤「作」。釋文出「爲褐」。

044 御轚者不得入　石經、閩、監、毛本同。釋文：「轚，本或作『擊』。」

045 各去門邊空握　閩、監、毛本同。余本「空」作「容」。

046 轚挂則不得入門　閩、監、毛本同。案，釋文出「挂也」，云「户卦反，又音卦，礙也」。與今本不同，疑陸氏所據本「轚」下「挂」上有「挂也」二字。❸

047 揜禽旅　石經、閩、監、毛本同。釋文：「揜，本亦作『俺』。」○按，「俺」當是「掩」之誤。

048 惡虐幼小　閩、監、毛本同。余本「小」作「少」。案，釋文出「幼少」，音「詩召反」，余本是也。

049 艾蘭至力也　何校本上有「傳」字。

050 與衆同生　閩本同。監、毛本「與」誤「而」。

051 謂之毛布覆之　閩、監、毛本同。單疏本「謂」作「爲」。

052 足令車通　閩本同。監、毛本「令」誤「合」。

053 謂建旃表門之旒　閩、監、毛本同。單疏本「旒」作「流」。

054 惡楚子也　何校本上有「傳」字。

055 但爲惡之　閩、監、毛本同。單疏本「爲」作「是」。

056 閔公也　閩、監、毛本同。石經、余本「公」作「之」。

057 滅國○釋曰　閩、監、毛本同。單疏本「滅國」作「傳閔之也」四字，「釋曰」下有「傳解」二字。

九年

058 居處薄淺　閩、監、毛本同。余本「薄淺」作「淺薄」。

059 故畧而不月　何校本「畧」作「略」。×

060 不得從國遷常例　閩本同。監、毛本「常」誤「居」。×

十年

061 故貶之　閩本同。監、毛本脱「之」字。

十有一年

062 楚子虔誘蔡侯般殺之于申　石經、閩、監、毛本同。釋文：「虔，或作『乾』。」×

063 亦言諸侯不生名者　閩、監、毛本同。單疏本無「者」字。

064 凡罰當其理　閩本同。監、毛本「罰」誤「討」。釋文出「罰當」。

065 夷狄之至謹之也　閩、監、毛本同。單疏本作「傳夷狄云云」。×

066 似華討罪事同　閩、監、毛本同。單疏本「華」下有「夷」字。

* 弑其君故　補：毛本「故」作「固」。案，襄三十年經是「固」字。

067 夷狄有中國之君　閩、監、毛本同。何煌云「誘」誤「有」。

068 比月大蒐人衆器械　閩本同。余本「比」作「此」。監、毛本「月」作「蒲」，「人衆」作「衆人」。

069 厥慭地也　閩、監、毛本「也」作「名」。×

070 叩其鼻以衈血　僖九年傳「血」作「社」，注云「取鼻血以衅祭社器」。

071 傳例以明　閩本同。監、毛本「以」作「已」。×

072 一事注乎志　石經、閩本同。監、毛本「注」誤「註」，注同。釋文出「注乎」。

073 其志殺〇國二君以取其國　閩、監、毛本「〇」作「蔡」，何校本作「一」。

074 此子至子也　何校本上有「傳」字。×

十有二年

075 則應名而絶之　閩、監、毛本同。余本「而」作「以」。

076 燕伯之不名何也　何校本上有「傳」字。×

077 季孫氏　何校本上有「傳」字。×

078 春秋多與夷狄並伐　閩、監、毛本同。余本下有「者」字。

079 而不救　閩、監、毛本同。余本「不」下有「能」字。

080 夷狄交伐　何校本上有「傳」字。×

081 范意以楚滅陳蔡　閩、監、毛本同。單疏本「意」作「云」。

十有三年

082 自晉至焉爾　何校本上有「傳」字。×

083 弑君者　閩、監、毛本同。何校本作「傳弑君云云」。×

084 當上之辭也者　十行本此下疏在「弑君者」一段内，單疏本同。閩、監、毛本删「者」

字，以「當上之辭也」五字爲標起止，下增「○」及「釋曰」二字，移屬注文「故以君殺大夫之辭言之」下。

086 楚公子棄疾殺公子比　閩、監、毛本同。石經「棄」作「弃」，下同。

087 若比欲取國而殺君者　閩、監、毛本同。何校本「殺」作「弑」。

088 以稱公子　閩、監、毛本脱「稱」字。

089 故范決其不言弑其君也　閩本同。監、毛本「弑」作「殺」。

090 外盟不日者　閩、監、毛本同。何校本上有「知」字。

091 於歸論致美之義者　閩本同。監、毛本「義」作「意」，非。

092 使如至滅也　何校本上有「傳」字。　×

093 無君道　閩本同。監、毛本「君道」誤「道君」。　×

094 失德至事也　此疏十行本在「吴滅州來」下，閩、監、毛本在注「故葬之」下。何校本上有「傳」字。

095 盡三十二年　閩、監、毛本誤作「二十三」。　×

十有四年

096 曹莒至異也　何校本上有「傳」字。　×

097 注曹叔至之國　閩、監本同。毛本「國」誤「内」。

098 定四年左傳文　閩、監、毛本同。何校本「傳」作「氏」。

099 禮也　何校本上有「傳」字。　×

十有五年

100 君命至不通　閩、監、毛本同。何校本作「傳君命無所不通」。✕

十有六年

101 疏意如如晉　閩、毛本同。監本「疏」誤「注」。✕

102 解去有本末　閩、監、毛本「去」作「云」，是也。

十有七年

103 不曰孛于大火　閩、監、毛本同。釋文「星孛」下出「茀于」，云「本亦作『孛』」。今本作「孛」，與釋文亦作本合。

104 於越敗吳于檇李是也　監、毛本「于」誤「於」，閩本不誤。「檇」皆誤從扌。

105 進楚子故曰戰　何校本上有「傳」字。✕

106 何嫌以發解戰言及所以別客主❹　閩本「及」作「乃」。監、毛本「言及」作「〇註」。

十有八年

107 故須起例以明之　閩、監、毛本同。單疏本「以」作「而」。

108 明之災得書之由　閩本同。監、毛本「之」作「宋」，單疏本作「外」。

109 十有九年　監本「十」誤「子」。

110 故以比之夷狄　閩、監、毛本同。余本無「之」字。

111 知其弒　閩、監、毛本同。余本「其」下有「不」字。

112 正卒至責止也　何校本上有「傳」字。✕

113 而復書葬以赦何　閩、監、毛本同。單疏本無「何」字。

114 我與弑君之人同罪　閩本同。監、毛本「君」作「父」。

115 母之罪也　閩、監、毛本同。石經元刻上有「父」字，改刻删去，故以「父也曰子既生不免乎」九字爲一行。

116 羈貫成童不就師傅　石經、閩本同。監、毛本「傅」誤「傳」。釋文：「羈，又作『羇』。」

二十年

117 曹公孫會自夢出奔宋　石經、閩、監、毛本同。釋文：「夢，本或作『蔑』。」

118 曹無大夫　何校本上有「傳」字。×

119 而目言衛侯之兄者　閩、監、毛本「目」作「自」，余本作「斥」。

120 盜賤也　何校本上有「傳」字。×

121 衛謂之輒　石經、閩、監、毛本「輒」作「輙」，是也。釋文：「本亦作『縶』。」

二十有二年

122 秋而至事也　何校本上有「傳」字。×

123 以者不以者也　何校本上有「傳」字。×

124 嫌其義別起例以詳之也　閩本同。監、毛本「起」誤「其」。

二十有三年

125 癸酉朔日有食之　石經、閩、監、毛本同。余本脱「朔」字。

126 解許用新臣卒　閩、監、毛本「用」作「男」。

127 死於外國　閩、監、毛本同。單疏本「外」作「他」。

128 沈子盈滅　石經、閩、監、毛本同。釋文：「子盈，本亦作『逞』。」×

129 中國不言敗　閩、監、毛本此上衍「獲陳夏齧」

四字，石經無。

130 中國不言敗 何校本上有「傳」字。

131 定以言敗 閩、監、毛本同。單疏本「定」作「足」。

132 以釋其滅 閩、監、毛本同。單疏本「釋」作「稱」。

133 賢胡沈之君死社稷 閩本同。監、毛本「胡」誤「乎」。

134 始王至之也 此疏十行本在注「尹氏欲立之」下，閩、監、毛本在「故居于狄泉稱王」下。何校本上有「傳」字。

135 未通此傳之意 十行本「未」下一字筆畫舛誤，閩、監、毛本作「喻」，何校本作「通」。

136 朝唯尹氏欲立之 閩、監、毛本同。何校本「朝」作「明」。按，作「明」是也。

137 重發傳何 閩、監、毛本同。單疏本「重」作「復」。

138 不義之罪 閩、監、毛本同。單疏本「義」作「達」。

139 而愚夫之所不或 單疏本、元本同。閩、監、毛本「或」作「惑」。

二十有五年

140 有鸜鵒來巢 閩、監、毛本同。釋文：「鸜，本又作『鸛』。」

141 如增言巢爾 閩、監、毛本同。何校本「如」作「加」。

142 公孫于齊 閩、監、毛本同，是也。釋文：「孫，本亦作『遜』。」

143 孫之爲言猶孫也諱奔也次于陽州 閩、監、毛本「次于陽州」四字誤倒在「孫之爲言猶孫也」

上。石經此經漫漶，「諱奔也陽州」五字尚可辨，知十行本與石經合。

144 孫之至奔也　何校本上有「傳」字。×

145 復發傳　閩、監、毛本同。單疏本下有「者」字。

146 何得略以見義　閩、監、毛本同。單疏本「何」下有「以」字。

147 晉侯因會旦而鄭伯未見　閩、監、毛本同。單疏本「而」下有「卒」字。

148 四者書地地有所由　閩、監、毛本同。單疏本「書地」作「地書」。

149 易辭之義兼内　閩、監、毛本同。單疏本「内」上有「外」字，是。

150 同而事辨異　閩、監、毛本同。單疏本「辨」作「別」。

二十有六年

151 則公得歸國　閩、監、毛本同。何校本依公羊疏，「則」下增「嫌」字。

152 公在外　何校本上有「傳」字。×

153 又日前不外公言外　閩、監、毛本同。何校本「日」作「曰」。

154 非國至大公也　何校本上有「傳」字。×

155 義不外公也　何校本上有「傳」字。×

156 自齊爲虚致　閩、監、毛本同。單疏本「致」作「至」。

157 有入無出也　何校本上有「傳」字。×

158 刺其不殊也　閩、監、毛本「殊」作「誅」。

二十有七年

159 楚殺其大夫郤宛　石經、閩、監、毛本同。釋文出「郤宛」。

160 宋樂祁犂　閩、監、毛本同。石經「犂」作「犁」。釋文出「祁犁」。

161 邾畀我庶其並來奔　閩、監、毛本同。釋文：「畀，本或作『鼻』。」×

二十有九年

162 唁公至魯也　何校本上有「傳」字。×

163 皆無公也　何校本上有「傳」字。×

三十年

164 雖時猶加於月　閩、監、毛本同。單疏本「於」作「以」。

165 滅國例之同　閩、監、毛本同。單疏本「例」作「與」。

166 故章禹從正例而不疑也　閩本同。單疏本、監、毛本「禹」作「羽」。

三十有一年

167 會晉荀櫟于適歷　閩、監、毛本同。釋文：「櫟，舊作『躒』。」×

168 唁公至魯也　何校本上有「傳」字。×

169 三十有二年　十行本「三」字脱中間一畫，閩、監、毛本誤作「二」。

170 衞太叔申　閩、監、毛本同。石經「太」作「大」。釋文出「大叔，音泰」。○按，「大」、「太」古今字。

171 又無朝覲之禮　閩、監、毛本同。余本「覲」作「見」。

172 於此乃言周衰變之正　閩、監、毛本同。單疏本「於」作「以」。

10—173

諸侯無桓文之霸　閩、監、毛本同。單疏本「霸」作「伯」。

×

校　記

❶「失胎作矢台」，學海堂本、南昌本同。案，據襄公五年疏文，當乙正爲「失台作矢胎」。

❷南昌本删「十行本在經陳公子留出奔鄭下」十三字，「毛本在」下有「上」字。

❸南昌本「鼙下挂上有挂也二字」改作「鼙挂下有也挂二字」。

❹「客主」二字原誤倒，據學海堂本、南昌本乙正。

春秋穀梁傳注疏校勘記卷十一

定公

元年

11—001 定公　余本卷第十一，單疏本同。

002 但以先君殺而後主不忍行即位之禮　閩、監、毛本「主」作「立」。何校本「殺」作「弑」。

003 復何得言歸于京師　閩、監、毛本同。何校本「何」作「可」。

004 此晉自治之効　閩、監本同。毛本「効」作「效」。

005 其言足誤天王居于狄泉　閩、監、毛本同。浦鏜云「誤」疑「證」字誤。

006 具見執之異處而歸天子　閩本同。×監、毛本「具」誤「見」。

007 故春秋不與其專執地於京師　閩本同。×監、毛本「於」作「于」。

008 何以知大夫有義而然周之稱名　閩、監、毛本同。何校本「然」作「後」。

009 此其大夫　閩、監、毛本同。石經、宋本無「其」字。案，成公十五年疏引無「其」字。○按，上文疏引亦無「其」字。

010 兼不亦言　閩、監、毛本同。何校本作「嫌殯亦然」。

011 定之至察也　何校本上有「傳」字。×

012 不即入　閩本同。監、毛本「入」誤「日」。×

013 又有義焉　石經、閩、監、毛本同。余本「焉」作

「也」。

014 故周人弔　石經、閩、監本同。毛本「人」誤「入」。

015 王命猶不得背殯　閩、監、毛本同。何校本「背」作「皆」。

016 冬大雩非正也秋大雩雩之爲非正　閩、監、毛本同。石經無下「雩」字，儀禮經傳通解引同。余本脱「冬大雩非正也」六字。

017 謂耕耘之功未畢　閩、監、毛本同。釋文出「耕芸」，云「本又作『耘』」。×

018 故周頌噫嘻之篇　閩、監、毛本同。何校本無「嘻」字。

019 食雖民天　閩、監、毛本同。何校本「雖民」二字闕。

020 亦治有洪之潤　閩、監、毛本「治」作「沾」，何校本「洪」作「渷」，是也。

021 公羊所言不毛　閩本同。監、毛本「不」作「正」，非。×

022 爲君必有先也❶　閩、監、毛本同。余本「爲」作「謂」，是也。○按，儀禮經傳通解引亦作「謂」。

023 請乎應上公　何校本上有「傳」字。×

024 與魯天子同雩上帝　閩、監、毛本同。何校本「與魯」乙轉。

025 上帝既雩雩　閩、監、毛本同。何校本「雩」字不重。

026 立者至者也　何校本上有「傳」字。×

027 輕重之例　閩本同。監、毛本「例」作「序」。

028 此謂范例之數　閩、監、毛本同。何校本「謂」作「爲」。

029 未可至舉輕 何校本上有「傳」字。 ×

二年

030 故災在兩觀下矣 閩、監、毛本同。余本「矣」作「爾」。

031 雉門至觀災 閩、監、毛本同。何校本「至」作「及兩」二字。

032 而今過魯制 閩、監、毛本同。惠棟校本「過魯」作「魯過」。

033 作爲至度也 何校本上有「傳」字。 ×

四年

034 後而再會 閩、監、毛本同。石經、余本「後」作「二事」兩字。

035 公會至疑也 閩、監、毛本同。何校本「公會」作「傳一事」三字。

036 案傳例地而伐疑辭 閩、監、毛本同。何校本「例」作「異」，「伐」作「發」。

037 楚當時爲之所困 閩、監、毛本同。何校本「之」作「吴」。

038 則責諸侯之疑 閩、毛本同。監本「責」誤「貴」。 ×

039 非列土之諸侯 余本、閩、監本同。毛本「土」誤「士」。 ×

040 此不卒至賢之也 何校本上有「傳」字。 ×

041 此何以卒也天王崩 閩、監本同。毛本「王」誤「下」。單疏本「卒」下有「之」字，與傳不合。

042 挾弓持矢而干闔廬 石經、閩、監本同。毛本「持」誤「扶」。

043 傳不至興師 閩、監本同。毛本「傳」作

「君」。何校本「至」作「爲匹夫」三字。

044 然則成湯之誅葛伯　閩、監、毛本「誅」誤「諫」。 ×

045 故武王致天之罪　閩、監、毛本同。何校本「罪」作「罰」。

046 亦不爲匹夫興師　閩、監、毛本同。何校本「不」下有「專」字。

047 吴子有因諸侯之怒　閩、監、毛本同。何校本「有」作「既」。

048 得其實論也　閩、監本同。毛本「得」誤「稈」。 ×

049 故令忠臣　閩、監、毛本「令」誤「今」。 ×

050 傳舉見其非　閩、監、毛本同。單疏本「非」作「爲」。

051 其在可知　閩、監、毛本同。何校本「其」作「理」。

052 南郢楚郡　閩、監、毛本同。余本「郡」作「都」。 ×

053 救大也　何校本上有「傳」字。 ×

054 狄何以言救齊　閩、監、毛本同。何校本「何」作「可」。 ×

055 然未同諸夏　閩、監、毛本同。單疏本「諸」作「中」。

056 以吴子及楚人戰于伯舉　閩、毛本同。監本「吴」誤「是」。 ×

057 知見伐由己故懼而出奔　余本、閩本同。監、毛本脱此十字。

058 楚無能抗禦之者　閩、監、毛本同。余本「抗禦」作「亢御」。釋文出「能亢」、「御之」，與余本合。案，十行本係剜修，當是本作「亢御」，淺人妄改。

五年

059 飢故諸侯歸之粟　閩、監、毛本「飢」改「饑」。　×

六年

060 由乎意如　閩、監、毛本同。余本「乎」作「于」。

061 三家張也　何校本上有「傳」字。　×

七年

062 以重辭也　何校本上有「傳」字。　×

063 以有二義　閩、監、毛本同。單疏本「以」作「已」。　×

064 傳以言重辭　閩、監、毛本同。何校本「以言」乙。

八年

065 公如至致也　何校本上有「傳」字。　×

066 非其至之亡　何校本上有「傳」字。　×

067 傳曰於經何例當之　「傳」當作「釋」。閩本誤同，監、毛本不誤。

068 止謂二穀不政　閩、監、毛本同。何校本「政」作「收」，是也。

069 此可以應其義　閩、毛本同。監本「可」誤「司」。　×

十年

070 請皆還之　閩、監本同。毛本「還」誤「遠」。　×

071 喪其膽核矣　閩、監、毛本「核」作「胲」。

072 後世慕其風規　閩本同。監本「其」誤「具」，毛本「規」作「軌」。

十有一年

073 宋公之弟辰未失其弟也　石經同。閩、監、毛本「辰」下衍「及仲佗石彄公子地自陳入于蕭以叛宋公之弟辰」二十字。

074 言辰未有失其爲弟之道　閩、監、毛本「辰」誤「臣」。×

075 未失其地也　何校本上有「傳」字。×

076 故著暨以表彊辭　閩本同。監本「著」誤「者」。毛本誤同，又脱「故」字。

077 書及而辨尊卑　閩、監、毛本同。單疏本「而」作「以」。

十有二年

078 非國言圍　閩、監、毛本同。石經、余本「國」下有「不」字。

079 一國之貴重　閩、監本同。毛本「貴」誤「小」。×

080 比於凡邑則大矣　閩、監本同。毛本「大」誤「爲」。×

081 邊乎齊也　石經、閩、監、毛本同。余本「邊」誤「造」。×

十有三年

082 叛直叛也　何校本上有「傳」字。×

083 不解入而重發叛例　閩本同。監本「入」誤「人」。毛本「解」誤「稱」。×

084 故復發也　閩、監、毛本同。何校本作「故重復發傳也」。

085 專入晉陽以興兵甲　閩、監、毛本同。余本「兵甲」乙轉。

十有四年

086 吳子光卒　石經、閩、監、毛本同。余本脱此四字。

087 熟曰膰　石經、閩、監、毛本同。釋文：「膰音煩，

本或作『煩』。」 ×

088 貴復正也　何校本上有「傳」字。 ×

089 文承秋下　閩、毛本同。監本「下」誤「卜」。 ×

090 然則大蒐秋　閩、監、毛本同。何校本「蒐」下有「在」字。

091 常事不書　閩、監本同。毛本「不」誤「下」。 ×

092 書之者何即昭八年秋蒐于紅　閩、毛本同。監本「紅」誤「經」。何校本「即」作「解」。

093 今不言下　監、毛本同。閩本「下」誤「不」。 ×

十有五年

094 食非一處而至死　閩、監、毛本同。余本「而」作「以」。

095 不敬莫大焉　何校本上有「傳」字。 ×

096 皆是不敬　閩、監、毛本「皆是」誤「莫敢」。 ×

097 弋氏卒　石經、閩、毛本同。監本「弋」誤「戈」。

098 注邾滕至屬國　閩、監、毛本同。何校本「至」作「魯之」二字。 ×

099 曹滕二邾　閩、監、毛本同。單疏本「邾」作「莒」。何煌云：「疑此脱『莒』，鈔脱『邾』。蓋曹、滕、二邾、莒，爲五國也。」

100 又曰在鄗上　閩、監、毛本同。何校本「鄗」作「比」。嚴杰云：「『會葬之禮於鄗上』，文五年傳文。何校本作『比上』，非也。」

101 稷昊也　閩、監、毛本「昊」作「昃」，下同。

102 葬既有日　何校本上有「傳」字。 ×

103

注宣八至詳矣　閩、毛本同。監本「詳」誤「許」。何校本「至」字作「年注」二字。✕

11—104

日中而克葬各二　閩、監、毛本同。單疏本「而」作「不」，是也。

校　記

❶ 南昌本「有」改作「爲」，是也。

春秋穀梁傳注疏校勘記卷十二

12—001 哀公　余本卷第十二，單疏本同。

002 公名蔣　閩、監、毛本同。何校本上有「哀」字。

003 敬王三十六年　閩、監、毛本同。何校本「三」作「二」，不誤。

004 謚法　監、毛本同。閩本作「謚瀍」。

元年

005 是有文見復也　閩、監、毛本同。單疏本「復」作「後」。

006 此該之變而道之也　閩、監、毛本同。石經、余本「之」上有「郊」字，與儀禮經傳合。❶顧炎武曰：「石經『該』誤作『郊』。」錢大昕曰：「石刻止存『郊之變而』四字，以字數計之，『郊』上當有『該』字，炎武非也。」

007 此該至之也　閩、監、毛本同。何校本作「傳此該郊之變而道之也」。

008 僖三十一年　閩、監本同。毛本「三」誤「二」。

009 郊牛之口傷　閩、監本同。毛本「口」誤「日」。

010 襄十一年　閩、監、毛本「一」作「二」，誤。

011 子之所言至道之何也　閩、監、毛本同。單疏本脱「之」字。

012 亦在其明　閩、監本同。毛本「明」作「間」。❷

013 故致天變　閩本同。監本「天」字上畫不全，毛本誤「大」。

014 葢不可矣　石經、閩、監、毛本同。余本「矣」誤「也」。

015 其過極多　閩、監、毛本同。何校本「極」作「差」。

016 謂下一辛而三也　閩、監、毛本同。余本「下」作「卜」。

017 去禮已遠　閩、監、毛本同。何校本「已」作「爲」。×

018 郊牛之口傷　閩、監本同。毛本「口」誤「日」。×

019 故卜免牛也　石經、閩本同。監、毛本誤「免卜」。

020 寧嘗有卜　閩、監、毛本同。余本「嘗」作「當」。

021 名之爲上帝牲矣　閩、監本同。毛本「爲」誤「曰」。×

022 皆我用之　閩、監、毛本同。余本「皆」作「在」。

023 子之至道也　何校本上有「傳」字。×

024 上言子曰　閩、監、毛本同。何校本「曰」作「者」。

025 庀具　閩、監本同。毛本「庀」誤「凡」。×

026 吉與不吉　閩、監、毛本上「吉」誤「言」。×

027 子不忘三月卜郊何也　閩、監、毛本同。石經、余本「忘」作「志」。

028 注三月至二月　閩、監、毛本同。何校本作「傳子不志三月卜郊何也」。×

029 二月之下郊　閩、監、毛本同。何校本

「下」作「卜」，是也。

030 取其新潔莫先也　閩、監、毛本同。余本「潔」作「絜」。○按，「絜」、「潔」正俗字。　×

二年

031 取漷東田漷東未盡也　石經同。閩、監、毛本「田」下衍「及沂西田傳取漷東田」九字。❸

032 蒯聵欲殺母　閩、監、毛本同。釋文出「欲弑」，云「本又作『殺』」。　×

033 二顧速不進　「二」當作「三」，閩、監、毛本不誤。何校本此上有「大子」二字，與左傳合。

034 君薨稱子其　閩、監本同。毛本「其」改「某」，是。

035 鄭世忽復歸于鄭　閩、監、毛本「世」下有「子」字，是也；無「復」字，非。

036 以輒不受也　石經、閩、監、毛本同。余本脱此五字。

037 此矛楯之喻也　閩、監、毛本同。釋文：「鉾，本又作『矛』。」　×

038 鄭世子忽復歸于鄭　閩、監、毛本同。余本脱「鄭世子」三字。

039 則拒之者非邪　閩、監、毛本同。釋文出「邪也」，則陸所據本「邪」下有「也」字。

040 則是不尊父也　閩、監本同。毛本「父」上有「王」字，下「則尊父也」同。

041 陳乞弑其君荼傳曰　閩、監本同。毛本「曰」作「云」。　×

042 齊小白入于齊　閩、監本同。毛本「白」誤「卯」。　×

043 若已被廢　閩、監本同。毛本「若」誤「花」。×

044 有祝吁之難故　閩、監本同。毛本「難」誤「一」。×

三年

045 不繫戚於衛者　石經、閩本同。監、毛本「於」誤「于」。

四年

046 不稱弑其君　閩、監、毛本同。何校本下有「者」字。

047 內其至道也　何校本上有「傳」字。×

048 辟中至襲利　何校本上有「傳」字。×

049 又盤庚五遷　閩、監本同。毛本「又」作「及」。

六年

050 則其曰君何也　石經、閩、監、毛本同，二年疏引亦有「其」字，余本脫。

051 內弗受也荼不正何用弗受以其受命可以言弗受也　閩、監本同。毛本「可」誤「何」，石經「弗」並作「不」。

052 小白立乃後弑　閩、監、毛本同。余本「弑」作「殺」。

053 注荼殺至後殺　閩本缺「注」字。監、毛本上「殺」作「弑」。何校本「至」下有「立乃」二字。×

054 則將許乎　閩本同。監、毛本「許」改「誰」，與注合。

七年

055 緩辭也斷在京師也　閩、監本同。毛本「辭」、「斷」並誤作「歸」字。

056 三月丙午　閩、監本同。毛本「三」誤「七」。

057 次惡則月　閩、監本同。毛本「次」誤「欲」。

058 春秋至言焉　閩、監、毛本同。何校本作「傳春秋有臨天下之言焉」。

059 天王狩于河陽　閩、監本同。毛本「于」作「於」。何校本「狩」作「守」，與石經同。

060 如王於天下　閩、監、毛本「王」誤「上」。

061 有臨至言焉　何校本上有「傳」字。

062 有臨一家至焉　閩、監、毛本同。何校本上有「傳」字，「至」作「之言」二字。

063 其言至辭焉　何校本上有「傳」字。

064 以漆閭丘來奔　閩、監本同。毛本「閭」誤「間」。

八年

065 宣九年　閩、監、毛本同。何校本「九」作「元」，是也。

066 蓋亦賂也　閩本同。監、毛本「亦」誤「言」。

067 益之名失國也　何校本上有「傳」字。

068 以明失國之故也　閩、監、毛本同。單疏本「故」上有「惡」字。

九年

069 以師而至鄭病矣　閩、監、毛本同。何校本上有「傳」字，「至」作「易取」二字。

070 而今宋以易得之辭言之　閩、監、毛本「今」作「令」。

十年

071 則無以見公惡事之成也　閩、監、毛本同。何校本「以」作「用」，「公」下有「之」字，與莊六年傳合。

072 則無以見公惡事之成也者　何校本「以」作「用」，「公」下有「之」字，是也。

十有一年

073 是與此同義　閩、監本同。毛本「與」誤「以」。

十有二年

074 城方十里　閩、監、毛本「城」作「成」。

075 用田賦而使丘民　閩、監、毛本同。何校本「而」下有「知」字。

076 古者公田什一　閩本上有「傳」字，監、毛本脱。

077 各出馬牛之賦　閩、監、毛本同。何校本「各」作「並」。

078 古者五至百畝　何校本「五」下有「口」字。

079 正以七六五爲率者　閩、監、毛本「正」誤「止」。何校本「七六五」作「七人六人五人」，與鄭注周禮合。

080 老者一人　閩、監、毛本同。何校本上有「出」字，是也。

081 其餘彊弱相半　案，周禮注文「彊弱」上有「男女」二字，「彊」作「强」。

082 故漢書殖貨志　閩、監、毛本同。單疏本「殖」作「食」，不誤。

083 井田一里　閩、監、毛本同。何校本「田」作「方」，與食貨志合。

084 凡家受田一百十二畝半也　閩本

同。監、毛本「受」作「授」。

085 然三代受畝 閩、監本同。毛本「三」誤「二」。 ×

086 則夫皆一百一十畝 閩、監本同。毛本「夫」誤「入」。 ×

087 而助十畝於公 閩、監、毛本同。何校本「十」作「七」，是也。

088 重之于堯舜 閩、監、毛本同。何校本「于」作「於」。 ×

089 輕之於堯舜 閩、監、毛本「於」作「于」。 ×

090 人貊小貊 「大」誤「人」，閩、監、毛本不誤。

091 准弋氏 閩、毛本同。監本「弋」誤「戈」。 ×

092 哀公之母定戈十 閩、監本同。毛本「戈」作「弋」，何校本作「姒」。

十有三年

093 尊卑言及 閩本同。監、毛本「卑」誤「別」。 ×

094 欲因魯至而襲 何校本上有「傳」字。 ×

095 然後羣臣嚮化 閩本同。監、毛本「嚮」作「向」。

096 緇布衣 閩、監、毛本「布」誤「有」。 ×

097 于池之類 閩、監、毛本同。何校本「池」上有「黃」字。

098 故言數〇數致小國以合乎中國也 閩、監、毛本「〇」作「數」，疊三「數」字。何校本刪一「數」字。

099 王尊稱也子卑稱也 何校本上有「傳」字。 ×

100 以此二事之故致之爾　閩本同。監、毛本「二」誤「三」。

101 葬許元公　石經、閩、監、毛本同。余本脱「元」字。

102 有星孛入于北斗　閩本同。監、毛本「星孛」誤倒。

103 微殺大夫謂之盜　閩、監本同。毛本「微」誤「欲」。

十有四年

104 言后妃有關雎之德也　閩、監、毛本「德」誤「意」。

105 故今言獲麟自爲孔子來　閩、監、毛本同。余本無「故」字。

106 艾陵之戰吴獲齊國書　閩本同。監本「艾」誤「文」，「吴」誤「具」。毛本「吴」亦誤「具」。

107 是諸獲皆不與之辭也　閩、監本同。毛本「獲」誤「侯」。

108 狩地至適也　何校本上有「傳」字。

109 公及齊人狩而郜　閩、監、毛本「而」改「于」，是也。

110 是狩皆書地　閩、毛本同。監本「狩」誤「得」。

111 猶若其常　閩、監、毛本同。余本「其常」作「有恒」。

12—112 蜚蜮非葬端之嘉虫　閩本同。監、毛本「葬端」作「祥瑞」。

* 傳皆曰有一亡　補：案，「皆曰」下脱「一」字。

校記

❶「與儀禮經傳合」，學海堂本、南昌本同。案，此處文義不通，文字當有訛脱。據儀禮經傳通解續卷二十二引穀梁文「此該郊之變而道之也」，正與出文相合，則「經傳」下當補「通解」二字。

❷南昌本末增「不誤」二字。

❸「傳」字原脱，「九」原誤「八」，據學海堂本、南昌本補改。

春秋穀梁傳釋文校勘記

隱公

元年

f01—001 宰咺況阮反　○盧文弨校本同。宋本「阮」作「玩」。

三年

002 所吞又音天　○盧本同。宋本「天」誤「尺」。

四年

003 之挈本又作挈　○盧本「挈」作「契」。案，作「挈」則與正文同。段玉裁云「挈」當爲「絜」。

五年

004 入郕音成注同　○盧本同。宋本無「注」字，「同」字上空一字。案，「郕」字並不見注，此「注」字後人妄填。

七年

005 僭侈又尺是反　○盧本「是」改「氏」。

桓公

二年

006 在疆　○葉抄本「疆」作「彊」。

二年

007 數　○盧本上增「計」字。

十一年

008 夫鍾　○盧本同。宋本「鍾」作「鐘」。

莊公

二年

009 踰竟後踰竟例皆同　○盧本同。宋本「竟」作「之」，非也。

四年

010 舍此音捨　○葉抄本「捨」誤「舍」。

九年

011 敗惡　○盧本改「反惡」，非。

十年

012 長勺時酌反　○葉抄本「酌」作「勺」，非。

二十三年

013 堊堊白土　○葉抄本「土」作「堊」，非是。

二十四年

014 雉腒傳曰堯腊舜始腒　○盧文弨考證作「傳曰堯腊舜腒」。○按，説文肉部「傳曰：堯如腊，舜如腒」，亦見論衡。

二十六年

015 屈完君勿反　○盧本「君」改「居」。

二十七年

016 兵車之會四僖八年會于洮十六年會淮　○盧本同。葉抄本「于」作「於」，「淮」作「幽」，並非。

三十二年

017 已見　○葉抄本「已」作「己」，非也。

僖公

二年

018 挈其去結反　○盧本考證作「苦結反」。

九年

019 葴木本又作櫕同　○葉抄本「櫕」作「攅」，非也。

十八年

020 豎刁　○盧本「刁」改「刀」。

二十五年

021 甸師扶徧反 ○盧本「扶」改「徒」。案，「扶」字非也。

文公

二年

022 昭穆 ○盧本同。葉抄本「穆」作「繆」。按，陸氏音「韶穆」，葉抄是也。

十二年

023 而冠江喚反 ○盧本「江」作「工」。

十五年

024 其郛芳俘反 ○宋本、盧本「俘」作「浮」。

十八年

025 敬嬴依左傳應作頃熊 ○盧本「左傳」二字作「公羊」，是也。

宣公

026 三年華元 「三」當作「二」，宋本、盧本不誤。

十年

027 不冠工翫反 ○盧本「翫」改「亂」。

十三年

028 先穀一本作穀 ○盧本同。宋本「穀」作「穀」。○按，當作「先穀，一本作穀」。

十八年

029 挩殺 ○葉抄本「挩」作「棁」，不誤。說詳注疏校勘記。

030 謂捶草藥反 ○盧本「草」改「章」。○按，「草」乃「革」之誤。

成公

元年

031 良夫跛戒可反 ○盧本「戒」作「波」。

032 公子手僂於矩反 ○葉抄本「矩」字空缺。

八年

033 一稱尺證反　○盧本下有「注同」二字。

襄公

二年

034 齊姜齊謚也　○葉抄本「謚」作「諡」。○按，作「諡」是也。説詳左傳隱八年校勘記。

四年

035 杞　○盧本下增「姒」字。

八年

036 公子濕　○盧本「濕」改「溼」。

十年

037 于柤莊如反　○盧本「如」作「加」。

昭公

元年

038 子卷左氏作麇　○盧本「麇」作「麕」，是也。

四年

039 弑其注及下弑君皆同　○葉抄本「下」作「于」，非也。

五年

040 賁泉左氏作蚡泉　○葉抄本「蚡」作「盼」，非也。

七年

041 鄉　○葉抄本「鄉」作「嚮」。

八年

042 御軰挂也　○葉抄本作「桂也」，誤。

九年

043 許復扶又反　○盧本同，是也。宋本「又」作「久」。

044 陳火左氏作災　○盧本同。宋本「災」作「灾」。

十一年

045 子痤在禾反　○盧本同。宋本「禾」作「戈」。

046 罰當　○葉抄本「罰」作「罸」，非。

十八年

047 子惡音烏　○盧本同。宋本作「烏路反」。

十九年

048 歠又常悦反　○盧本同。宋本「又」作「下」。

049 羈貫羈又作羈　○盧本「羈」改「羇」。

二十五年

050 鸛音灌　○盧本作「音權」，是也。

三十一年

051 適歷丁狄反　○盧本「狄」改「歷」。

定公

四年

052 臯鼬臾又反　○盧本考證作「由又反」，是也。

十年

053 撻平上達反　○盧本「上」改「土」。

十四年

054 屬其意欲反　○宋本、盧本「意」作「章」。❶

十五年

055 歸脤生祭肉也　○葉抄本「生」作「主」，非也。

056 渠蒢　○葉抄本「蒢」，石經亦從艸。按，說文作「篨」。

哀公

元年

057 不見賢遍反　○葉抄本「遍」作「偏」。六年「見當」同。

058 監　盧本下增「門」字。

四年

f01—059
即殺　○盧本此下增一條云：「西郛音孚。」

校　記

❶「意」原誤「怠」，據學海堂本改。